1 & 2 Clement

APOSTOLIC FATHERS GREEK READER

VOLUME 4

1 & 2 Clement

APOSTOLIC FATHERS GREEK READER

VOLUME 4

EDITED BY
Shawn J. Wilhite and Jacob N. Cerone

INTRODUCTIONS BY
Michael A. G. Haykin

NOTES BY
Jacob N. Cerone (1 Clement)
Jason Andersen (2 Clement)

GlossaHouse
Wilmore, KY
www.GlossaHouse.com

1 & 2 Clement
© GlossaHouse, LLC, 2018

GlossaHouse, LLC 110 Callis Circle Wilmore, KY 40309

www.GlossaHouse.com

Publisher's Cataloging-in-Publication Data

1 & 2 Clement. Greek.

1 & 2 Clement / edited by Shawn J. Wilhite and Jacob N. Cerone; introductions by Michael A.G. Haykin; notes by Jacob N. Cerone (1 Clement), Jason Andersen (2 Clement). – Wilmore, KY : GlossaHouse, ©2018.

xvi, 130 pages ; 22 cm. -- (AGROS) -- (Apostolic fathers Greek reader ; vol. 4)

Greek text of 1 & 2 Clement, accompanied by the English translation of many select words in footnotes. Includes bibliographical references.

ISBN 9781942697640 (paperback)
ISBN 9781942697336 (hardback)

_1. 1 Clement--Introductions. 2. Christian ethics--History--Early church, ca. 30-600. 3. Church--History of doctrines--Early church, ca. 30-600. 4. 2 Clement-- Introduc-tions. I. Title. II. Apostolic fathers Greek reader; vol. 4. III. Accessible Greek re-sources and online studies. IV. First Clement. Greek. V. Second Clement. Greek VI. Wilhite, Shawn J. VII. Cerone, Jacob N. VIII. Haykin, Michael A. G. IX. Anderson, Jason.

Library of Congress Control Number: 2018934521

The fonts used to create this work are available from linguistsoftware.com/ lgku.htm. Cover design by T. Michael W. Halcomb. Text layout by Jacob N. Cerone. The Greek base text of 1 & 2 Clement is taken from J.B. Lightfoot.

This series is dedicated to all who have struggled to make Greek a regular part of their study of Scripture.

CONTENTS

AGROS

ACCESSIBLE GREEK RESOURCES AND ONLINE STUDIES

SERIES EDITORS
T. MICHAEL W. HALCOMB
FREDRICK J. LONG

VOLUME EDITOR
JACOB N. CERONE

GlossaHouse 𝒢𝓗
Wilmore, KY
www.glossahouse.com

AGROS

The Greek term ἀγρός is a field where seeds are planted and growth occurs. It also can denote a small village or community that forms around such a field. The type of community envisioned here is one that attends to Holy Scripture, particularly one that encourages the use of biblical Greek. Accessible Greek Resources and Online Studies (AGROS) is a tiered curriculum suite featuring innovative readers, grammars, specialized studies, and other exegetical resources to encourage and foster the exegetical use of biblical Greek. The goal of AGROS is to facilitate the creation and publication of innovative, accessible, and affordable print and digital resources for the exposition of Scripture within the context of the global church. The AGROS curriculum includes five tiers, and each tier is indicated on the book's cover: Tier 1 (Beginning I), Tier 2 (Beginning II), Tier 3 (Intermediate I), Tier 4 (Intermediate II), and Tier 5 (Advanced). There are also two resource tracks: Conversational and Translational. Both involve intensive study of morphology, grammar, syntax, and discourse features. The conversational track specifically values the spoken word, and the enhanced learning associated with speaking a language in actual conversation. The translational track values the written word, and encourages analytical study to aide in understanding and translating biblical Greek and other Greek literature. The two resource tracks complement one another and can be pursued independently or together.

APOSTOLIC FATHERS GREEK READERS

The Apostolic Fathers are generally assigned by historians of ancient Christianity to a narrow collection of non-canonical Christian texts that date within the first and second-centuries AD. This brief collection includes the letters of Clement of Rome, Ignatius of Antioch, Polycarp *To the Philippians* and *The Martyrdom of Polycarp*, the Didache, Epistle of Barnabas, the Shepherd of Hermas, Diognetus, Fragments of Papias, and the fragment of Quadratus.

The goal of the APOSTOLIC FATHERS GREEK READER (AFGR) is to assist readers of ancient Christian literature. Each volume will provide unique and unfamiliar vocabulary for beginning students of the Greek language: words appearing 30 times or less in the NT. The AFGR is a Tier 4 Resource within the AGROS Series (Accessible Greek Resources and Online Studies) produced by GlossaHouse.

The beckoning call of Stephen Neill and Tom Wright, in *The Interpretation of the New Testament* 1861–1986 (1988) undergirds the need for this series. Familiarity with these texts informs students of the New Testament and Church History regarding the birth of the Christian Church. "If I had my way," invites Neill and Wright, "at least five hundred pages of Lightfoot's Apostolic Fathers would be required reading for every theological student in his first year" (61). Although the AFGR is not an introduction like Lightfoot's, it nevertheless invites readers to encounter firsthand the texts of the Apostolic Fathers, thus preparing them to explore nascent Christianity.

No substitute exists for gaining mastery of reading the Greek language outside of sustained interaction with primary texts. The AFGR, we believe, will aid and encourage students and teachers to achieve this goal.

AFGR Volumes

The Letters of Ignatius Vol. 1
— Notes by Coleman M. Ford, Robert A. van Dalen, Aaron S. Rothermel, Griffin T. Gulledge, Brian W. Davidson, Jacob N. Cerone, and Trey Moss

The Didache and Barnabas Vol. 2
— Notes by Shawn J. Wilhite and Madison N. Pierce

Polycarp, Papias, and Diognetus Vol. 3
— Notes by Shawn J. Wilhite, Michael T. Graham, Jr., Matthew J. Albanese, and Matthew J. McMains

1–2 Clement Vol. 4
— Notes by Jacob N. Cerone and Jason Andersen

The Shepherd of Hermas Vol. 5
— Notes by Adam Smith, Wyatt A. Graham, and Nathan G. Sundt

ACKNOWLEDGEMENTS

During the entire process of this project, many people deserve to be mentioned because of their help, encouragement, criticisms, and editorial eyes—especially Jonathan Pennington and Rick Brannan. Jason Fowler, in particular, helped cultivate the initial vision of the project.

Each contributor and editor deserves recognition for their diligence in the project—Matthew Albanese, Jason Anderson, Jacob Cerone, Roberto van Dalen, Brian Davidson, Coleman Ford, Michael Graham, Griffin Gulledge, Matthew McMains, Trey Moss, Madison Pierce, Aaron Rothermel, and Nathan Sundt. Paul Cable helped with the initial work on the Shepherd of Hermas. Jacob Cerone needs to be singled out for his exceptional work. He went above the expected duties by editing the Didache and Martyrdom of Polycarp. Furthermore, as the project was losing steam, he stepped in to revive it and see it to its completion. Additionally, Nathaniel Cooley helped typset this project.

Michael Haykin, who is both mentor and friend, wrote the introduction to each book within the collection. Paul Smythe, professor at Golden Gate Baptist Theological Seminary, provided a list of bibliographic resources for those desiring further study in the Apostolic Fathers.

I offer special thanks to the kind folks at GlossaHouse, namely Fredrick J. Long and T. Michael W. Halcomb. Their vision for language resources has influenced this project in many beneficial ways. I am grateful for their vision for the AFGR project, their patience in its production, and their desire for accessible ancient language resources. Brian Renshaw compiled texts, vocabulary lists, and devoted countless hours to helping with this project in its initial stages.

Shawn J. Wilhite
Editor of the AFGR Series

A NOTE ABOUT THE *AFGR*

We have limited the vocabulary to those words appearing in the New Testament 30 times or less—provided via Accordance Bible Software. In this way, second year Greek students are able to make use of the Greek reader. This is an arbitrary number and a first year Greek student can make this a personal goal.

All glosses are taken from the following works and in the following order. The glosses are, at times, not contextually determined.

1. Bauer, Walter, Frederick W. Danker, William F. Arndt, and F. Wilbur Gingrich, *A Greek-English Lexicon of the New Testament and Other Early Christian Literature*. 3rd ed. Chicago: University of Chicago Press, 2000. (BDAG)

2. Henry George Liddell and Robert Scott, *A Greek-English Lexicon*. 9th ed. with new supplement. Revised by Henry Stuard Jones and Roderick McKenzie. Oxford: Oxford University Press, 1996. (LSJ)

3. G. W. H. Lampe. *A Patristic Greek Lexicon*. Oxford: Oxford University Press, 1961.

Each entry will contain the following:

1. **Nouns:** Nominative form, Genitive ending, Article, and Gloss.

    E.g. Βάσανος, ου, ἡ, torture

2. **Adjectives:**
    (a)   2nd Declension Masculine form, 1st Decl. Fem. ending, 2nd Decl. Neuter ending, Gloss.

    E.g. ψυχρός, ά, όν, cold (lit.), without enthusiasm.

(b)   3ʳᵈ Declension m/f form, 3ʳᵈ Decl. Neuter ending, Gloss.

E.g. ἀσεβής, ές, impious, ungodly

3. **Verbs:**

(a) For the Indicative, Subjunctive, or Optative Mood: Lexical Entry, Verbal Form, Mood, Voice, Person, Number, Gloss.

E.g. ἀποδημέω pres act ind 3p, absent

(b) For Infinitives: Lexical Entry, Form, Voice, Mood, Gloss.

E.g. γρύζω aor act inf, mutter, complain

(c) For Participles: Lexical Entry, Form, Voice, Mood, Gender, Number, Case, Gloss.

E.g. παροικέω pres act ptcp f.s.nom., inhabit a place as a foreigner, be a stranger

This Greek reader is not designed to supplement rigorous lexical studies. Students are still encouraged to reference the aforementioned lexicons. The Greek reader intends to aid reading and permit readers to translate quickly with minimal effort.

ABBREVIATIONS

1—1st person
2—2nd person
3—3rd person
acc—accusative
act—active
adv—adverb
aor—aorist
conj—conjuction
dat—dative
f—feminine
fut—future
gen—genitive
impr—improper
imp—imperfect
impv—imperative
inf—infinitive
intj—interjection
lit—literally

m—masculine
mid—middle
n—neuter
nom—nominative
opt—optative
p—plural
part—particle
pass—passive
perf—perfect
plupf—pluperfect
prep—preposition
pres—present
ptcp—participle
s—singular
sub—subjunctive
subst—substantive
superl—superlative
trans—translation

1 Clement

APOSTOLIC FATHERS GREEK READER

VOLUME 4

I Clement

An Introduction

Author

According to Irenaeus, Clement was the bishop of Rome after two otherwise unknown figures, Linus and Anacletus.[1] Although there is no indication in 1 Clement that an episcopacy as it was known to Irenaeus was present in the Christian communities in Rome at the time of the composition of the letter, this does not mean that Clement was not a bishop/elder in Rome.[2] Though we may hope to more precisely identify the author of 1 Clement, Peter Lampe notes that he "... cannot be more closely defined, and hypotheses that claim otherwise are mistaken."[3] And after a very careful study, Lampe concluded: "All in all, the individual author of 1 Clem. remains remarkably in darkness, in spite of the abundance of material."[4]

And yet, there is the remark in Herm. Vis. 2.4.3 (8.3) which may well identify the Clement who actually, physically wrote the letter we know as 1 Clement: "You shall write two little books and you shall send one to Clement and one to Grapte. Then Clement will send one to the other cities, for that has been entrusted to him." This is the earliest reference to a man named Clement belonging to the church at Rome.[5] It is evident from the text that this Clement serves as "a foreign

---

[1] *Haer.* 3.3.1.

[2] Odd Magne Bakke, *"Concord and Peace": A Rhetorical Analysis of the First letter of Clement with an Emphasis on the Language of Unity and Sedition*, WUNT 2/143 (Tübingen: Mohr Siebeck, 2001), 2.

[3] Peter Lampe, *From Paul to Valentinus: Christians at Rome in the First Two Centuries*, trans. Michael Steinhauser and ed. Marshall D. Johnson (Minneapolis: Fortress, 2003), 206.

[4] Lampe, *From Paul to Valentinus*, 217. The study runs from pages 206–17.

[5] There is a Clement mentioned in Phil 4:3.

correspondent or church secretary."[1] Usually, The Shepherd of Hermas is dated AD 100–120. It is quite likely then that this is the same person as the person who penned 1 Clement. If this is the case, then this text also contains one of the reasons for the growth of episcopal church government in the second century: One of the elders became the regular correspondent with other churches and thus became known as *the* elder of the church.

But according to the letter itself, who is its author? The preface of 1 Clement says, "the Church of God at Rome." The letter identifies itself as a communal work. It is noteworthy that the Greek patristic tradition remembered this communal aspect of the letter's authorship.[2] This does not mean that the community convened to write the letter. Rather, Clement wrote the letter on behalf of the entire congregation.

The Date of the Letter

The date of the letter to the Corinthians is generally accepted to be around AD 96.[3] Partial support for this dating is found in the reference to the bearers of the letter in 1 Clem. 63.3. At least two generations are in view here, about forty or fifty years or so. Since the church at Rome was founded around the mid-40s, this would suggest an AD 90s date. On the other hand, there is 1 Clem. 5, which speaks of Paul and Peter dying in Clement's generation. Another time indicator can be found in 1 Clem. 44, where the generation of elders appointed by the Apostles has died. And finally, the reference to the Church at Corinth being "ancient" (1 Clem. 47) speaks of a later rather than earlier dating.

---

[1] Bakke, *Concord and Peace*, 2–3.

[2] Bakke, *Concord and Peace*, 3–4.

[3] Andrew Louth, "Clement of Rome," in Maxwell Staniforth trans., *Early Christian Writings: The Apostolic Fathers* (1968 ed.; repr. Harmondsworth, Middlesex: Penguin, 1987), 20. Thomas J. Herron has argued for a date around AD 70 ("The Most Probable Date of the First Epistle of Clement to the Corinthians," StPatr 21 [1989], 106–21).

Purpose of the Letter?

First Clement has been written to cure a prominent schism among the Corinthians (1 Clem. 1; 3.2; 46.5) and thus safeguard the elect (1 Clem. 2.4; 59.2). Little information is given regarding the exact cause of the schism, although it would appear that the congregation's elders have been removed without reason (1 Clem. 44). This is primarily identified as the action of a few (1 Clem. 1.1; 47.6 ["one or two persons"]; 57.1). Yet, the community has acquiesced—thus the need for 1 Clement's exhortation—and even unbelievers know of the problems (1 Clem. 47). This over-riding concern shapes the entire letter. For instance, a faint allusion to 1 Cor 13 in 1 Clem. 49 addresses this issue: "Love knows of no divisions, love promotes no discord, all the works of love are done in perfect fellowship."[1]

Text

The text of 1 Clement, unavailable throughout the medieval era, came to light again with the discovery of the fifth-century *Codex Alexandrinus*, which was sent by Cyril Lucaris (1572–1638), the Calvinistic Greek Patriarch of Constantinople as a New Year's present to King Charles I (1600–1649) of England in 1627. Alexandrinus' copy of 1 Clement lacks 57.7–63.3. Six years later, the Royal Librarian and Scottish patristic scholar Patrick Young (1584–1652) edited and published 1 Clement, along with 2 Clement, which was also in Codex Alexandrinus with modern chapter notation. Young was the first to assign what became the traditional dating of 1 Clement to around AD 96.[2] The full text, complete with the remarkable prayers of 1 Clem. 59–61, is found only in Codex Hierosolymitanus (AD 1056), which was identified by Philotheos Bryennios (1833–1917), the Greek Orthodox metropolitan of Nicomedia, in 1873.

---

[1] E. A. Russell, "Godly Concord: en homonoia (1 Clement 9.4)," *Irish Biblical Studies* 11 (October 1989), 190.

[2] Herron, "Most Probable Date," 106.

ΚΛΗΜΕΝΤΟΣ
ΠΡΟΣ ΚΟΡΙΝΘΙΟΥΣ Α

NOTES BY JACOB N. CERONE

Ἡ ἘΚΚΛΗΣΙΑ τοῦ Θεοῦ ἡ παροικοῦσα[1] Ῥώμην[2] τῇ ἐκκλησίᾳ τοῦ Θεοῦ τῇ παροικούσῃ[3] Κόρινθον,[4] κλητοῖς,[5] ἡγιασμένοις[6] ἐν θελήματι Θεοῦ διὰ τοῦ Κυρίου ἡμῶν Ἰησοῦ Χριστοῦ. χάρις ὑμῖν καὶ εἰρήνη ἀπὸ παντοκράτορος[7] Θεοῦ διὰ Ἰησοῦ Χριστοῦ πληθυνθείη.[8] ← *see also 1 Pet. 1:2, 2 Pet. 1:2, and Jude 1:2 for optative use of this verb. (passive form)*

1:1 Διὰ τὰς αἰφνιδίους[9] καὶ ἐπαλλήλους[10] γενομένας ἡμῖν συμφοράς[11] καὶ περιπτώσεις,[12] ἀδελφοί, βράδιον[13] νομίζομεν[14] ἐπιστροφὴν[15] πεποιῆσθαι περὶ τῶν ἐπιζητουμένων[16] παρ' ὑμῖν πραγμάτων,[17] ἀγαπητοί, τῆς τε ἀλλοτρίας[18] καὶ ξένης[19] τοῖς ἐκλεκτοῖς[20] τοῦ Θεοῦ μιαρᾶς[21] καὶ ἀνοσίου[22] στάσεως,[23] ἣν ὀλίγα

---

[1] παροικέω pres act ptcp f.s.nom., sojourn *2X in NT*

[2] Ῥώμη, ης, ἡ, Rome *8X in NT*

[3] παροικέω pres act ptcp f.s.dat., sojourn *2X in NT*

[4] Κόρινθος, ου, ἡ, Corinth *6X in NT*

[5] κλητός, ή, όν, called *10X in NT*

[6] ἁγιάζω perf pass ptcp m.p.dat., sanctify *28X in NT*

[7] παντοκράτωρ, ορος, ὁ, Almighty, Omnipotent *10X in NT*

[8] πληθύνω aor pass opt 3s, increase, multiply *12X in NT* *occurs 2X in NT*

[9] αἰφνίδιος, ον, sudden ~~does not occur~~

[10] ἐπάλληλος, ον, repeated, in rapid succession — *does not occur in NT*

[11] συμφορά, ᾶς, ἡ, misfortune, calamity — *does not occur in NT*

[12] περίπτωσις, εως, ἡ, experience, happening *does not occur in NT*

[13] βραδύς, εῖα, ύ, slow *occurs 3X in NT*

[14] νομίζω pres act ind 1p, consider, pay attention to *occurs 15X in NT*

[15] ἐπιστροφή, ῆς, ἡ, turn one's attention *occurs 1X in NT*

[16] ἐπιζητέω pres mid ptcp n.p.gen., dispute *occurs 13X in NT*

[17] πρᾶγμα, ατος, τό, thing, matter *11X in NT*

[18] ἀλλότριος, ια, ον, foreign, alien *14X in NT*

[19] ξένος, η, ον, strange *14X in NT*

[20] ἐκλεκτός, ή, όν, chosen *22X in NT*

[21] μιαρός, ά, όν, abominable, wretched, foul *does not occur in NT*

[22] ἀνόσιος, ον, unholy *2X in NT*

[23] στάσις, εως, ἡ, uprising, riot, revolt *occurs 9X in NT*

but ἄγω occurs 3 times

πρόσωπα προπετῆ[1] καὶ αὐθάδη[2] ὑπάρχοντα εἰς τοσοῦτον[3] ἀπονοίας[4] ἐξέκαυσαν,[5] ὥστε τὸ σεμνὸν[6] καὶ περιβόητον[7] καὶ πᾶσιν ἀνθρώποις ἀξιαγάπητον[8] ὄνομα ὑμῶν μεγάλως[9] βλασφημηθῆναι. 2 τίς γὰρ παρεπιδημήσας[10] πρὸς ὑμᾶς τὴν πανάρετον[11] καὶ βεβαίαν[12] ὑμῶν πίστιν οὐκ ἐδοκίμασεν;[13] τήν τε σώφρονα[14] καὶ ἐπιεικῆ[15] ἐν Χριστῷ εὐσέβειαν[16] οὐκ ἐθαύμασεν; καὶ τὸ μελαγοπρεπὲς[17] τῆς φιλοξενίας[18] ὑμῶν ἦθος[19] οὐκ ἐκήρυξεν; καὶ τὴν τελείαν[20] καὶ ἀσφαλῆ[21] γνῶσιν[22] οὐκ ἐμακάρισεν;[23] 3 ἀπροσωπολήμπτως[24] γὰρ πάντα ἐποιεῖτε, καὶ τοῖς νομίμοις[25] τοῦ Θεοῦ ἐπορεύεσθε, ὑποτασσόμενοι τοῖς ἡγουμένοις[26] ὑμῶν καὶ τιμὴν τὴν καθήκουσαν[27] ἀπονέμοντες[28] τοῖς παρ᾽ ὑμῖν πρεσβυτέροις· νέοις[29] τε μέτρια[30] καὶ σεμνά[31]

---

[1] προπετής, ές, reckless, rash
[2] αὐθάδης, ες, arrogant, self-willed
[3] τοσοῦτος, αύτη, οῦτον, so much, so great
[4] ἀπόνοια, ας, ἡ, madness, frenzy
[5] ἐκκαίω aor act ind 3p, kindle, start (a schism)
[6] σεμνός, ή, όν, worthy of respect
[7] περιβόητος, ον, renowned, famous
[8] ἀξιαγάπητος, ον, worthy of love
[9] μεγάλως, adv, greatly
[10] παρεπιδημέω aor act ptcp m.s.nom., visit
[11] πανάρετος, ον, most excellent
[12] βέβαιος, α, ον, firm, steadfast
[13] δοκιμάζω aor act ind 3s, approve
[14] σώφρων, ον, sober, self-controlled
[15] ἐπιεικής, ές, gentle, kind
[16] εὐσέβεια, ας, ἡ, piety, godliness
[17] μεγαλοπρεπής, ές, magnificent, sublime
[18] φιλοξενία, ας, ἡ, hospitality

[19] ἦθος, ους, τό, character, habit, custom
[20] τέλειος, α, ον, complete, perfect
[21] ἀσφαλής, ές, sound, firm, stable
[22] γνῶσις, εως, ἡ, knowledge
[23] μακαρίζω aor act ind 3s, call blessed, fortunate
[24] ἀπροσωπολήμπτως, adv, impartiality
[25] νόμιμος, η, ον, lawful, in accordance with the law
[26] ἡγέομαι pres mid ptcp m.p.dat., lead
[27] καθήκω pres act ptcp f.s.acc., proper, due
[28] ἀπονέμω pres act ptcp m.p.nom., showing, giving
[29] νέος, α, ον, young
[30] μέτριος, ία, ιον, moderate, temperate
[31] σεμνός, ή, όν, reverent, worthy of respect

6

νοεῖν[1] ἐπετρέπετε·[2] γυναιξίν τε ἐν ἀμώμῳ[3] καὶ σεμνῇ[4] καὶ ἀγνῇ[5] συνειδήσει[6] πάντα ἐπιτελεῖν[7] παρηγγέλλετε, στεργούσας[8] καθηκόντως[9] τοὺς ἄνδρας ἑαυτῶν· ἔν τε τῷ κανόνι[10] τῆς ὑποταγῆς[11] ὑπαρχούσας τὰ κατὰ τὸν οἶκον σεμνῶς[12] οἰκουργεῖν[13] ἐδιδάσκετε, πάνυ[14] σωφρονούσας.[15]

2:1 Πάντες τε ἐταπεινοφρονεῖτε,[16] μηδὲν ἀλαζονευόμενοι,[17] ὑποτασσόμενοι μᾶλλον ἢ ὑποτάσσοντες, ἥδιον[18] διδόντες ἢ λαμβάνοντες, τοῖς ἐφοδίοις[19] τοῦ Θεοῦ ἀρκούμενοι·[20] καὶ προσέχοντες[21] τοὺς λόγους αὐτοῦ ἐπιμελῶς[22] ἐνεστερνισμένοι[23] ἦτε τοῖς σπλάγχνοις,[24] καὶ τὰ παθήματα[25] αὐτοῦ ἦν πρὸ ὀφθαλμῶν ὑμῶν. **2** Οὕτως εἰρήνη βαθεῖα[26] καὶ λιπαρὰ[27] ἐδέδοτο πᾶσιν καὶ ἀκόρεστος[28] πόθος[29] εἰς ἀγαθοποιΐαν,[30] καὶ πλήρης[31]

---

[1] νοέω pres act inf, to think
[2] ἐπιτρέπω imp act ind 2p, command, instruct
[3] ἄμωμος, ον, blameless
[4] σεμνός, ή, όν, reverent, worthy of respect
[5] ἀγνός, ή, όν, pure
[6] συνείδησις, εως, ἡ, conscience
[7] ἐπιτελέω pres act inf, command
[8] στέργω pres act ptcp f.p.acc., love, feel affection for
[9] καθηκόντως, adv, fitting
[10] κανών, όνος, ὁ, rule
[11] ὑποταγή, ῆς, ἡ, obedience, subjection, subordination
[12] σεμνῶς, adv, honorably, worthily
[13] οἰκουργέω pres act inf, household affairs, responsibilities
[14] πάνυ, adv, altogether
[15] σωφρονέω pres act ptcp f.p.acc., sound mind, discretion
[16] ταπεινοφρονέω imp act ind 2p, humble

[17] ἀλαζονεύομαι pres mid ptcp m.p.nom., boast, be boastful
[18] ἡδέως, adv, gladly
[19] ἐφόδιον, ου, τό, provision(s)
[20] ἀρκέω pres mid ptcp m.p.nom., be enough, sufficient
[21] προσέχω pres act ptcp m.p.nom., take care, be concerned
[22] ἐπιμελῶς, adv, carefully, diligently
[23] ἐνστερνίζομαι perf mid ptcp m.p.nom., store away within oneself
[24] σπλάγχνον, ου, τό, affections, heart, inward parts
[25] πάθημα, ατος, τό, suffering
[26] βαθύς, εῖα, ύ, deep, profound
[27] λιπαρός, ά, όν, rich
[28] ἀκόρεστος, ον, insatiable
[29] πόθος, ου, ὁ, desire, longing
[30] ἀγαθοποιΐα, ας, ἡ, doing good
[31] πλήρης, ες, full, abundant

Chapter 2

7

πνεύματος ἁγίου ἔκχυσις[1] ἐπὶ πάντας ἐγίνετο· **3** μεστοί[2] τε ὁσίας[3] βουλῆς[4] ἐν ἀγαθῇ προθυμίᾳ[5] μετ' εὐσεβοῦς πεποιθήσεως[6] ἐξετείνετε[7] τὰς χεῖρας ὑμῶν πρὸς τὸν παντοκράτορα[8] Θεόν, ἱκετεύοντες[9] αὐτὸν ἵλεων[10] γενέσθαι, εἴ τι ἄκοντες[11] ἡμάρτετε. **4** ἀγὼν[12] ἦν ὑμῖν ἡμέρας τε καὶ νυκτὸς ὑπὲρ πάσης τῆς ἀδελφότητος,[13] εἰς τὸ σῴζεσθαι μετὰ δέους[14] καὶ συνειδήσεως τὸν ἀριθμὸν[15] τῶν ἐκλεκτῶν[16] αὐτοῦ. **5** εἰλικρινεῖς[17] καὶ ἀκέραιοι[18] ἦτε καὶ ἀμνησίκακοι[19] εἰς ἀλλήλους. **6** πᾶσα στάσις[20] καὶ πᾶν σχίσμα[21] βδελυκτὸν[22] ὑμῖν. ἐπὶ τοῖς παραπτώμασιν[23] τοῖς πλησίον[24] ἐπενθεῖτε·[25] τὰ ὑστερήματα[26] αὐτῶν ἴδια ἐκρίνετε. **7** ἀμεταμέλητοι[27] ἦτε ἐπὶ πάσῃ ἀγαθοποιΐᾳ,[28] ἕτοιμοι[29] εἰς πᾶν ἔργον ἀγαθόν. **8** τῇ παναρέτῳ[30] καὶ σεβασμίῳ[31] πολιτείᾳ[32] κεκοσμημένοι[33] πάντα ἐν τῷ φόβῳ αὐτοῦ

---

[1] ἔκχυσις, εως, ἡ, outpouring
[2] μεστός, ή, όν, full
[3] ὅσιος, ία, ον, holy, devout, pious
[4] βουλή, ῆς, ἡ, council
[5] προθυμία, ας, ἡ, willingness, readiness, goodwill
[6] πεποίθησις, εως, ἡ, confidence, trust
[7] ἐκτείνω aor act ind 2p, stretch out
[8] παντοκράτωρ, ορος, ὁ, almighty
[9] ἱκετεύω pres act ptcp m.p.nom., supplicate, beseech
[10] ἵλεως, ων, adv, gracious, merciful
[11] ἄκων, ἄκουσα, ἆκον, unwilling, inadvertently
[12] ἀγών, ἀγῶνος, ὁ, struggle, contest
[13] ἀδελφότης, ητος, ἡ, fellowship
[14] δέος, ους, τό, fear, awe
[15] ἀριθμός, οῦ, ὁ, number
[16] ἐκλεκτός, ή, όν, elect
[17] εἰλικρινής, ές, pure
[18] ἀκέραιος, ον, pure, innocent
[19] ἀμνησίκακος, ον, having no malice

[20] στάσις, εως, ἡ, strife, discord, uprising
[21] σχίσμα, ατος, τό, schism
[22] βδελυκτός, ή, όν, abominable, abhorrent, detestable
[23] παράπτωμα, ατος, τό, transgression, offense, wrongdoing
[24] πλησίον, adv, neighbor
[25] πενθέω imp act ind 2p, mourn
[26] ὑστέρημα, ατος, τό, deficiency, shortcoming
[27] ἀμεταμέλητος, ον, not to be regretted, without regret, feeling no remorse
[28] ἀγαθοποιΐα, ας, ἡ, doing good
[29] ἕτοιμος, η, ον, ready
[30] πανάρετος, ον, most excellent, all-virtuous
[31] σεβάσμιος, ον, honorable
[32] πολιτεία, ας, ἡ, way of life, conduct
[33] κοσμέω perf pass ptcp m.p.nom., adorn

ἐπετελεῖτε·[1] τὰ προστάγματα[2] καὶ τὰ δικαιώματα[3] τοῦ Κυρίου ἐπὶ τὰ πλάτη[4] τῆς καρδίας ὑμῶν ἐγέγραπτο.

3:1 Πᾶσα δόξα καὶ πλατυσμὸς[5] ἐδόθη ὑμῖν, καὶ ἐπετελέσθη[6] τὸ γεγραμμένον· Ἔφαγεν καὶ ἔπιεν καὶ ἐπλατύνθη[7] καὶ ἐπαχύνθη[8] καὶ ἀπελάκτισεν[9] ὁ ἠγαπημένος. **2** Ἐκ τούτου ζῆλος[10] καὶ φθόνος,[11] καὶ ἔρις[12] καὶ στάσις,[13] διωγμὸς[14] καὶ ἀκαταστασία,[15] πόλεμος[16] καὶ αἰχμαλωσία.[17] **3** οὕτως ἐπηγέρθησαν[18] οἱ ἄτιμοι[19] ἐπὶ τοὺς ἐντίμους,[20] οἱ ἄδοξοι[21] ἐπὶ τοὺς ἐνδόξους,[22] οἱ ἄφρονες[23] ἐπὶ τοὺς φρονίμους,[24] οἱ νέοι[25] ἐπὶ τοὺς πρεσβυτέρους. **4** διὰ τοῦτο πόρρω[26] ἄπεστιν[27] ἡ δικαιοσύνη καὶ εἰρήνη, ἐν τῷ ἀπολείπειν[28] ἕκαστον τὸν φόβον τοῦ Θεοῦ καὶ ἐν τῇ πίστει αὐτοῦ ἀμβλυωπῆσαι,[29] μηδὲ ἐν τοῖς νομίμοις[30] τῶν

[1] ἐπιτελέω imp act ind 2p, accomplish, complete
[2] πρόσταγμα, ατος, τό, commandment
[3] δικαίωμα, ατος, τό, ordinance, regulation
[4] πλάτος, ους, τό, side to side, breadth, width
[5] πλατυσμός, οῦ, ὁ, extension, enlargement, expansion, growth
[6] ἐπιτελέω aor pass ind 3s, fulfill, complete, end
[7] πλατύνω aor pass ind 3s, make broad, enlarge
[8] παχύνω aor pass ind 3s, make fat, well-nourished
[9] ἀπολακτίζω aor act ind 3s, kick (up the heels)
[10] ζῆλος, ου, ὁ, jealousy, zeal
[11] φθόνος, ου, ὁ, envy, jealousy
[12] ἔρις, ιδος, ἡ, strife, discord, contention
[13] στάσις, εως, ἡ, rebellion, uprising, sedition
[14] διωγμός, οῦ, ὁ, persecution
[15] ἀκαταστασία, ας, ἡ, disorder, unruliness
[16] πόλεμος, ου, ὁ, war, battle, fight
[17] αἰχμαλωσία, ας, ἡ, captivity
[18] ἐπεγείρω aor pass ind 3p, arise, excite, stir up
[19] ἄτιμος, ον, dishonored, despised
[20] ἔντιμος, ον, honored, respected
[21] ἄδοξος, ον, without reputation
[22] ἔνδοξος, ον, honored, distinguished
[23] ἄφρων, ον, foolish, ignorant
[24] φρόνιμος, ον, wise, prudent
[25] νέος, α, ον, young, new, fresh
[26] πόρρω, adv, far, distance
[27] ἄπειμι pres act ind 3s, be absent, away
[28] ἀπολείπω pres act inf, abandon, leave behind, desert
[29] ἀμβλυωπέω aor act inf, be dim-sighted
[30] νόμιμος, η, ον, law, lawful

προσταγμάτων[1] αὐτοῦ πορεύεσθαι μηδὲ πολιτεύεσθαι[2] κατὰ τὸ καθῆκον[3] τῷ Χριστῷ, ἀλλὰ ἕκαστον βαδίζειν[4] κατὰ τὰς ἐπιθυμίας τῆς καρδίας αὐτοῦ τῆς πονηρᾶς, ζῆλον[5] ἄδικον[6] καὶ ἀσεβῆ[7] ἀνειληφότας,[8] δι' οὗ καὶ θάνατος εἰσῆλθεν εἰς τὸν κόσμον.

4:1 Γέγραπται γὰρ οὕτως· Καὶ ἐγένετο μεθ' ἡμέρας ἤνεγκεν Κάϊν[9] ἀπὸ τῶν καρπῶν τῆς γῆς θυσίαν[10] τῷ Θεῷ, καὶ Ἄβελ[11] ἤνεγκεν καὶ αὐτὸς ἀπὸ τῶν πρωτοτόκων[12] τῶν προβάτων καὶ ἀπὸ τῶν στεάτων[13] αὐτῶν. **2** καὶ ἐπεῖδεν[14] ὁ Θεὸς ἐπὶ Ἄβελ[15] καὶ ἐπὶ τοῖς δώροις[16] αὐτοῦ, ἐπὶ δὲ Κάϊν[17] καὶ ἐπὶ ταῖς θυσίαις[18] αὐτοῦ οὐ προσέσχεν.[19] **3** καὶ ἐλυπήθη[20] Κάϊν[21] λίαν[22] καὶ συνέπεσεν[23] τῷ προσώπῳ αὐτοῦ. **4** καὶ εἶπεν ὁ Θεὸς πρὸς Κάϊν·[24] Ἱνατί[25] περίλυπος[26] ἐγένου, καὶ ἱνατί[27] συνέπεσεν[28] τὸ πρόσωπόν σου; οὐκ ἐὰν ὀρθῶς[29] προσενέγκῃς ὀρθῶς[30] δὲ μὴ διέλῃς,[31] ἥμαρτες;

---

[1] πρόσταγμα, ατος, τό, injunction, commandment
[2] πολιτεύομαι pres mid inf, live, lead one's life
[3] καθήκω pres act ptcp n.s.acc., be appropriate, fitting, proper
[4] βαδίζω pres act inf, walk
[5] ζῆλος, ου, ὁ, jealousy, zeal
[6] ἄδικος, ον, unjust, crooked, unrighteous
[7] ἀσεβής, ές, irreverent, impious, ungodly
[8] ἀναλαμβάνω perf act ptcp m.p.acc., take up
[9] Κάϊν, ὁ, Cain
[10] θυσία, ας, ἡ, offering, sacrifice
[11] Ἄβελ, ὁ, Abel
[12] πρωτότοκος, ον, firstborn
[13] στέαρ, ατος, τό, fat
[14] ἐφοράω aor act ind 3s, look, gaze upon

[15] Ἄβελ, ὁ, Abel
[16] δῶρον, ου, τό, gift
[17] Κάϊν, ὁ, Cain
[18] θυσία, ας, ἡ, offering, sacrifice
[19] προσέχω aor act ind 3s, be concerned with, pay attention to
[20] λυπέω aor pass ind 3s, distressed, sad
[21] Κάϊν, ὁ, Cain
[22] λίαν, adv, very, exceedingly
[23] συμπίπτω aor act ind 3s, fall
[24] Κάϊν, ὁ, Cain
[25] ἱνατί, adv, why
[26] περίλυπος, ον, distressed, sad, deeply grieved
[27] ἱνατί, adv, why
[28] συμπίπτω aor act ind 3s, fall
[29] ὀρθῶς, adv, correctly, rightly
[30] ὀρθῶς, adv, correctly, rightly
[31] διαιρέω aor act sub 2s, divide, distribute

5 ἡσύχασον·[1] πρὸς σὲ ἡ ἀποστροφὴ[2] αὐτοῦ, καὶ σὺ ἄρξεις αὐτοῦ. **6** καὶ εἶπεν Κάϊν[3] πρὸς Ἄβελ[4] τὸν ἀδελφὸν αὐτοῦ· Διέλθωμεν εἰς τὸ πεδίον.[5] καὶ ἐγένετο ἐν τῷ εἶναι αὐτοὺς ἐν τῷ πεδίῳ[6] ἀνέστη Κάϊν[7] ἐπὶ Ἄβελ[8] τὸν ἀδελφὸν αὐτοῦ καὶ ἀπέκτεινεν αὐτόν. **7** Ὁρᾶτε, ἀδελφοί, ζῆλος[9] καὶ φθόνος[10] ἀδελφοκτονίαν[11] κατειργάσατο.[12] **8** διὰ ζῆλος[13] ὁ πατὴρ ἡμῶν Ἰακὼβ[14] ἀπέδρα[15] ἀπὸ προσώπου Ἡσαῦ[16] τοῦ ἀδελφοῦ αὐτοῦ. **9** ζῆλος[17] ἐποίησεν Ἰωσὴφ μέχρι[18] θανάτου διωχθῆναι καὶ μέχρι[19] δουλείας[20] εἰσελθεῖν. **10** ζῆλος[21] φυγεῖν[22] ἠνάγκασεν[23] Μωϋσῆν ἀπὸ προσώπου Φαραὼ[24] βασιλέως Αἰγύπτου[25] ἐν τῷ ἀκοῦσαι αὐτὸν ἀπὸ τοῦ ὁμοφύλου·[26] Τίς σε κατέστησεν[27] κριτὴν[28] ἢ δικαστὴν[29] ἐφ᾽ ἡμῶν; μὴ ἀνελεῖν[30] μέ σὺ θέλεις, ὃν τρόπον[31] ἀνεῖλες[32] ἐχθὲς[33] τὸν Αἰγύπτιον.[34] **11** διὰ ζῆλος[35] Ἀαρὼν[36] καὶ Μαριὰμ[37]

---

[1] ἡσυχάζω aor act impv 2s, be quiet, remain silent
[2] ἀποστροφή, ῆς, ἡ, turning
[3] Κάϊν, ὁ, Cain
[4] Ἄβελ, ὁ, Abel
[5] πεδίον, ου, τό, field
[6] πεδίον, ου, τό, field
[7] Κάϊν, ὁ, Cain
[8] Ἄβελ, ὁ, Abel
[9] ζῆλος, ου, ὁ, jeaslousy, zeal
[10] φθόνος, ου, ὁ, envy, jealousy
[11] ἀδελφοκτονία, ας, ἡ, brother's murder, fratricide
[12] κατεργάζομαι aor mid ind 3s, bring about, produce
[13] ζῆλος, ου, ὁ, jealousy, zeal
[14] Ἰακώβ, ὁ, Jacob
[15] ἀποδιδράσκω aor act ind 3s, run away, escape
[16] Ἡσαῦ, ὁ, Esau
[17] ζῆλος, ου, ὁ, jealousy, zeal
[18] μέχρι impr prep (+ gen), until
[19] μέχρι impr prep (+ gen), until
[20] δουλεία, ας, ἡ, slavery
[21] ζῆλος, ου, ὁ, jealousy, zeal
[22] φεύγω aor act inf, flee, escape
[23] ἀναγκάζω aor act ind 3s, compel, force
[24] Φαραώ, ὁ, Pharaoh
[25] Αἴγυπτος, ου, ἡ, Egypt
[26] ὁμόφυλος, ον, fellow-tribesman, compatriot
[27] καθίστημι aor act ind 3s, make, cause
[28] κριτής, οῦ, ὁ, judge
[29] δικαστής, οῦ, ὁ, judge, ruler, arbitrator
[30] ἀναιρέω aor act inf, do away with, destroy, kill
[31] τρόπος, ου, ὁ, manner, way
[32] ἀναιρέω aor act ind 2s, do away with, destroy, kill
[33] ἐχθές, adv, yesterday
[34] Αἰγύπτιος, ία, ιον, Egyptian
[35] ζῆλος, ου, ὁ, jealousy, zeal
[36] Ἀαρών, ὁ, Aaron
[37] Μαριά, ἡ, Miriam

11

ἔξω τῆς παρεμβολῆς[1] ηὐλίσθησαν.[2] **12** ζῆλος[3] Δαθὰν[4] καὶ Ἀβειρὼν[5] ζῶντας κατήγαγεν[6] εἰς ᾅδου[7] διὰ τὸ στασιάσαι[8] αὐτοὺς πρὸς τὸν θεράποντα[9] τοῦ Θεοῦ Μωϋσῆν. **13** διὰ ζῆλος[10] Δαυεὶδ φθόνον[11] ἔσχεν οὐ μόνον ὑπὸ τῶν ἀλλοφύλων,[12] ἀλλὰ καὶ ὑπὸ Σαοὺλ[13] βασιλέως Ἰσραὴλ ἐδιώχθη.

5:1 Ἀλλ' ἵνα τῶν ἀρχαίων[14] ὑποδειγμάτων[15] παυσώμεθα,[16] ἔλθωμεν ἐπὶ τοὺς ἔγγιστα γενομένους ἀθλητάς·[17] λάβωμεν τῆς γενεᾶς ἡμῶν τὰ γενναῖα[18] ὑποδείγματα.[19] **2** Διὰ ζῆλον[20] καὶ φθόνον[21] οἱ μέγιστοι καὶ δικαιότατοι στῦλοι[22] ἐδιώχθησαν καὶ ἕως θανάτου ἤθλησαν.[23] **3** λάβωμεν πρὸ ὀφθαλμῶν ἡμῶν τοὺς ἀγαθοὺς ἀποστόλους·

5:4 Πέτρον, ὃς διὰ ζῆλον[24] ἄδικον[25] οὐχ ἕνα οὐδὲ δύο ἀλλὰ πλείονας ὑπήνεγκεν[26] πόνους,[27] καὶ οὕτω μαρτυρήσας ἐπορεύθη εἰς τὸν ὀφειλόμενον τόπον τῆς δόξης. **5** Διὰ ζῆλον[28] καὶ ἔριν[29]

---

[1] παρεμβολή, ῆς, ἡ, fortified camp
[2] αὐλίζομαι aor pass ind 3p, spend the night, lodge
[3] ζῆλος, ου, ὁ, jealousy, zeal
[4] Δαθάν, ὁ, Dathan
[5] Ἀβιρών, ὁ, Abiram
[6] κατάγω aor act ind 3s, lead down
[7] ᾅδης, ου, ὁ, Hades
[8] στασιάζω aor act inf, rebel
[9] θεράπων, οντος, ὁ, servant, attendant, aide
[10] ζῆλος, ου, ὁ, jealousy, zeal
[11] φθόνος, ου, ὁ, envy, jealousy
[12] ἀλλόφυλος, ον, Philistine
[13] Σαούλ, ὁ, Saul
[14] ἀρχαῖος, αία, αῖον, ancient, old
[15] ὑπόδειγμα, ατος, τό, example
[16] παύω aor mid sub 1p, leave, cease
[17] ἀθλητής, οῦ, ὁ, contender, athlete
[18] γενναῖος, α, ον, noble, illustrious
[19] ὑπόδειγμα, ατος, τό, example
[20] ζῆλος, ου, ὁ, jealousy, zeal
[21] φθόνος, ου, ὁ, envy
[22] στῦλος, ου, ὁ, pillar, column
[23] ἀθλέω aor act ind 3p, compete
[24] ζῆλος, ου, ὁ, jealousy, zeal
[25] ἄδικος, ον, unjust, unrighteous
[26] ὑποφέρω aor act ind 3s, endure, submit to
[27] πόνος, ου, ὁ, pain, distress, affliction
[28] ζῆλος, ου, ὁ, jealousy, zeal
[29] ἔρις, ιδος, ἡ, strife, discord, contention

Παῦλος ὑπομονῆς βραβεῖον[1] ὑπέδειξεν,[2] **6** ἑπτάκις[3] δεσμὰ[4] φορέσας,[5] φυγαδευθείς,[6] λιθασθείς,[7] κῆρυξ[8] γενόμενος ἔν τε τῇ ἀνατολῇ[9] καὶ ἐν τῇ δύσει,[10] τὸ γενναῖον[11] τῆς πίστεως αὐτοῦ κλέος[12] ἔλαβεν, **7** δικαιοσύνην διδάξας ὅλον τὸν κόσμον καὶ ἐπὶ τὸ τέρμα[13] τῆς δύσεως[14] ἐλθών· καὶ μαρτυρήσας ἐπὶ τῶν ἡγουμένων,[15] οὕτως ἀπηλλάγη[16] τοῦ κόσμου καὶ εἰς τὸν ἅγιον τόπον ἐπορεύθη, ὑπομονῆς γενόμενος μέγιστος ὑπογραμμός.[17]

6:1 Τούτοις τοῖς ἀνδράσιν ὁσίως[18] πολιτευσαμένοις[19] συνηθροίσθη[20] πολὺ πλῆθος ἐκλεκτῶν,[21] οἵτινες πολλαῖς αἰκίαις[22] καὶ βασάνοις[23] διὰ ζῆλος[24] παθόντες, ὑπόδειγμα[25] κάλλιστον ἐγένοντο ἐν ἡμῖν. **2** Διὰ ζῆλος[26] διωχθεῖσαι γυναῖκες, * Δαναΐδες[27] καὶ Δίρκαι,[28] αἰκίσματα[29] δεινὰ[30] καὶ

---

[1] βραβεῖον, ου, τό, prize, award
[2] ὑποδείκνυμι aor act ind 3s, show, give direction
[3] ἑπτάκις, seven times
[4] δεσμίς, οῦ, ὁ, chain, bond, fetter
[5] φορέω aor act ptcp m.s.nom., wear, bear
[6] φυγαδεύω aor pass ptcp m.s.nom., banish from the country, live in exile
[7] λιθάζω aor pass ptcp m.s.nom., stone
[8] κῆρυξ, υκος, ὁ, herald, proclaimer
[9] ἀνατολή, ῆς, ἡ, east
[10] δύσις, εως, ἡ, west
[11] γενναῖος, α, ον, illustrious, noble
[12] κλέος, ους, τό, fame, glory
[13] τέρμα, ατος, τό, end, limit, boundary
[14] δύσις, εως, ἡ, west
[15] ἡγέομαι pres mid ptcp m.p.gen., lead

[16] ἀπαλλάσσω aor pass ind 3s, leave, depart
[17] ὑπογραμμός, οῦ, ὁ, example
[18] ὁσίως, adv, holy, devoutly
[19] πολιτεύομαι aor mid ptcp m.p.dat., live, lead one's life
[20] συναθροίζω aor pass ind 3s, gather join, unite
[21] ἐκλεκτός, ή, όν, elect, chosen
[22] αἰκία, ίας, ἡ, mistreatment, torture
[23] βάσανος, ου, ἡ, torture, torment
[24] ζῆλος, ου, ὁ, jealousy, zeal
[25] ὑπόδειγμα, ατος, τό, example
[26] ζῆλος, ου, ὁ, jealousy, zeal
[27] Δαναΐδες, ων, αἱ, Danaids
[28] Δίρκη, ης, ἡ, Dirce
[29] αἴκιμα, ατος, τό, mistreatment, torment
[30] δεινός, ή, όν, terrible, fearful

ἀνόσια[1] παθοῦσαι ἐπὶ τὸν τῆς πίστεως βέβαιον[2] δρόμον[3] κατήντησαν[4] καὶ ἔλαβον γέρας[5] γενναῖον[6] αἱ ἀσθενεῖς[7] τῷ σώματι. **3** ζῆλος[8] ἀπηλλοτρίωσεν[9] γαμετὰς[10] ἀνδρῶν καὶ ἠλλοίωσεν[11] τὸ ῥηθὲν ὑπὸ τοῦ πατρὸς ἡμῶν Ἀδάμ·[12] Τοῦτο νῦν ὀστοῦν[13] ἐκ τῶν ὀστέων[14] μου καὶ σὰρξ ἐκ τῆς σαρκὸς μου. **4** ζῆλος[15] καὶ ἔρις[16] πόλεις μεγάλας κατέστρεψεν[17] καὶ ἔθνη μεγάλα ἐξερίζωσεν.[18]

7:1 Ταῦτα, ἀγαπητοί, οὐ μόνον ὑμᾶς νουθετοῦντες[19] ἐπιστέλλομεν,[20] ἀλλὰ καὶ ἑαυτοὺς * ὑπομνήσκοντες *.[21] ἐν γὰρ τῷ αὐτῷ ἐσμὲν σκάμματι,[22] καὶ ὁ αὐτὸς ἡμῖν ἀγὼν[23] ἐπίκειται.[24] **2** Διὸ ἀπολείπωμεν[25] τὰς κενὰς καὶ ματαίας[26] φροντίδας,[27] καὶ

---

[1] ἀνόσιος, ον, unholy
[2] βέβαιος, α, ον, reliable, firm, certain
[3] δρόμος, ου, ὁ, course, course of life
[4] καταντάω aor act ind 3p, reach, arrive
[5] γέρας, ως, τό, prize, reward
[6] γενναῖος, α, ον, illustrious, noble
[7] ἀσθενής, ές, weak, illness, sick
[8] ζῆλος, ου, ὁ, jealousy, zeal
[9] ἀπαλλοτριόω aor act ind 3s, estrange, alienate
[10] γαμετή, ῆς, ἡ, married woman, wife
[11] ἀλλοιόω aor act ind 3s, change, cause to be different
[12] Ἀδάμ, ὁ, Adam
[13] ὀστέον, ου, τό, bone
[14] ὀστεον, ου, τό, bone
[15] ζῆλος, ου, ὁ, jealousy, zeal
[16] ἔρις, ιδος, ἡ, strife, discord, contention

[17] καταστρέφω aor act ind 3s, overthrow, upset, overturn
[18] ἐκριζόω aor act ind 3s, uproot, utterly destroy
[19] νουθετέω pres act ptcp m.p.nom., admonish, warn, instruct
[20] ἐπιστέλλω pres act ind 1p, inform, instruct by letter, write
[21] ὑπομιμνήσκω pres act ptcp m.p.nom., remind, call to mind
[22] σκάμμα, ατος, τό, arena
[23] ἀγών, ἀγῶνος, ὁ, competition, contest, race
[24] ἐπίκειμαι pres mid ind 3s, lie upon, press upon, confront
[25] ἀπολείπω pres act sub 1p, leave behind, desert
[26] μάταιος, αία, αιον, idle, empty, fruitless, useless
[27] φροντός, ίδος, ἡ, reflection, thought, care, concern

ἔλθωμεν ἐπὶ τὸν εὐκλεῆ[1] καὶ σεμνὸν[2] τῆς παραδόσεως[3] ἡμῶν κανόνα,[4] **3** καὶ ἴδωμεν τί καλὸν καὶ τί τερπνὸν[5] καὶ τί προσδεκτὸν[6] ἐνώπιον τοῦ ποιήσαντος ἡμᾶς. **4** ἀτενίσωμεν[7] εἰς τὸ αἷμα τοῦ Χριστοῦ καὶ γνῶμεν ὡς ἔστιν τίμιον[8] τῷ πατρὶ αὐτοῦ, ὅτι διὰ τὴν ἡμετέραν[9] σωτηρίαν ἐκχυθὲν[10] παντὶ τῷ κόσμῳ μετανοίας[11] χάριν ὑπήνεγκεν.[12] **5** διέλθωμεν εἰς τὰς γενεὰς πάσας καὶ καταμάθωμεν[13] ὅτι ἐν γενεᾷ καὶ γενεᾷ μετανοίας τόπον ἔδωκεν ὁ δεσπότης[14] τοῖς βουλομένοις ἐπιστραφῆναι ἐπ' αὐτόν. **6** Νῶε[15] ἐκήρυξεν μετάνοιαν[16] καὶ οἱ ὑπακούσαντες[17] ἐσώθησαν. **7** Ἰωνᾶς[18] Νινευίταις[19] καταστροφὴν[20] ἐκήρυξεν, οἱ δὲ μετανοήσαντες ἐπὶ τοῖς ἁμαρτήμασιν[21] αὐτῶν ἐξιλάσαντο[22] τὸν Θεὸν ἱκετεύσαντες[23] καὶ ἔλαβον σωτηρίαν, καίπερ[24] ἀλλότριοι[25] τοῦ Θεοῦ ὄντες.

---

[1] εὐκλεής, ές, famous, renowned
[2] σεμνός, ή, όν, worthy of reverence, august, sublime, holy
[3] παράδοσις, εως, ἡ, tradition
[4] κανών, όνος, ὁ, rule, standard
[5] τερπνός, ή, όν, delightful, pleasing, pleasant
[6] προσδεκτός, ή, όν, acceptable
[7] ἀτενίζω aor act sub 1p, look intently at, stare at
[8] τίμιος, α, ον, costly, precious
[9] ἡμέτερος, α, ον, our
[10] ἐκχέω aor pass ptcp n.s.nom., pour out
[11] μετάνοια, ας, ἡ, repentance, turning about, conversion
[12] ὑποφέρω aor act ind 3s, bear, bring, effect
[13] καταμανθάνω aor act sub 1p, observe, notice, learn

[14] δεσπότης, ου, ὁ, lord, master
[15] Νῶε, ὁ, Noah
[16] μετάνοια, ας, ἡ, repentance, turning about, conversion
[17] ὑπακούω aor act ptcp m.p.nom., obey, follow, be subject to
[18] Ἰωνᾶς, ᾶ, ὁ, Jonah
[19] Νινευίτης, ου, ὁ, Ninevite
[20] καταστροφή, ῆς, ἡ, destruction, ruin
[21] ἁμάρτημα, τος, τό, sin, transgression
[22] ἐξιλάσκομαι aor mid ind 3p, appease, propitiate, make atonement
[23] ἱκετεύω aor act ptcp m.p.nom., supplicate, beseech, beg, entreat
[24] καίπερ, adv, although
[25] ἀλλότριος, ια, ον, alien, unsuitable, hostile, enemy

8:1 Οἱ λειτουργοὶ[1] τῆς χάριτος τοῦ Θεοῦ διὰ πνεύματος ἁγίου περὶ μετανοίας[2] ἐλάλησαν, **2** καὶ αὐτὸς δὲ ὁ δεσπότης[3] τῶν ἁπάντων περὶ μετανοίας[4] ἐλάλησεν μετὰ ὅρκου·[5] Ζῶ γὰρ ἐγώ, λέγει Κύριος, οὐ βούλομαι τὸν θάνατον τοῦ ἁμαρτωλοῦ, ὡς τὴν μετάνοιαν.[6] προστιθεὶς[7] καὶ γνώμην[8] ἀγαθήν· **3** Μετανοήσατε, οἶκος Ἰσραήλ, ἀπὸ τῆς ἀνομίας[9] ὑμῶν· εἶπον τοῖς υἱοῖς τοῦ λαοῦ μου· Ἐὰν ὦσιν αἱ ἁμαρτίαι ὑμῶν ἀπὸ τῆς γῆς ἕως τοῦ οὐρανοῦ, καὶ ἐὰν ὦσιν πυρρότεραι[10] κόκκου[11] καὶ μελανώτεραι[12] σάκκου,[13] καὶ ἐπιστραφῆτε πρός με ἐξ ὅλης τῆς καρδίας καὶ εἴπητε, Πάτερ, ἐπακούσομαι[14] ὑμῶν ὡς λαοῦ ἁγίου. **4** καὶ ἐν ἑτέρῳ τόπῳ λέγει οὕτως· Λούσασθε[15] καὶ καθαροὶ[16] γένεσθε, ἀφέλεσθε[17] τὰς πονηρίας[18] ἀπὸ τῶν ψυχῶν ὑμῶν ἀπέναντι[19] τῶν ὀφθαλμῶν μου· παύσασθε[20] ἀπὸ τῶν πονηριῶν[21] ὑμῶν, μάθετε[22] καλὸν ποιεῖν, ἐκζητήσατε[23] κρίσιν, ῥύσασθε[24] ἀδικούμενον,[25] κρίνατε ὀρφανῷ[26]

---

[1] λειτουργός, οῦ, ὁ, servant, minister
[2] μετανοία, ας, ἡ, repentance, turning about, conversion
[3] δεσπότης, ου, ὁ, lord, master
[4] μετανοία, ας, ἡ, repentance, turning about, conversion
[5] ὅρκος, ου, ὁ, oath
[6] μετανοία, ας, ἡ, repentance, turning about, conversion
[7] προστίθημι pres act ptcp m.s.nom., add, put to
[8] γνώμη, ης, ἡ, declaration, decision, resolution
[9] ἀνομία, ας, ἡ, lawlessness, a lawless deed
[10] πυρρός, ά, όν, fiery red
[11] κόκκος, ου, ὁ, scarlet
[12] μέλας, μέλαινα, μέλαν, black
[13] σάκκος, ου, ὁ, sack, sackcloth
[14] ἐπακούω fut mid ind 1s, hear, listen

[15] λούω aor mid impv 2p, wash, bathe
[16] καθαρός, ά, όν, clean, pure
[17] ἀφαιρέω aor mid impv 2p, take away, do away with, remove
[18] πονηρία, ας, ἡ, wickedness, baseness, maliciousness, sinfulness
[19] ἀπέναντι, adv, opposite, before
[20] παύω aor mid impv 2p, stop, cause to stop, cease
[21] πονηρία, ας, ἡ, wickedness, baseness, maliciousness, sinfulness
[22] μανθάνω aor act impv 2p, learn
[23] ἐκζητέω seek out, search for
[24] ῥύομαι aor mid impv 2p, save, rescue, deliver, preserve
[25] ἀδικέω pres pass ptcp m.s.acc., do wrong, injure
[26] ὀρφανός, ή, όν, orphan

καὶ δικαιώσατε χήρα,[1] καὶ δεῦτε[2] καὶ διελεγχθῶμεν,[3] λέγει· καὶ ἐὰν ὦσιν αἱ ἁμαρτίαι ὑμῶν ὡς φοινικοῦν,[4] ὡς χιόνα[5] λευκανῶ·[6] ἐὰν δὲ ὦσιν ὡς κόκκινον,[7] ὡς ἔριον[8] λευκανῶ.[9] καὶ ἐὰν θέλητε καὶ εἰσακούσητέ[10] μου, τὰ ἀγαθὰ τῆς γῆς φάγεσθε· ἐὰν δὲ μὴ θέλητε μηδὲ εἰσακούσητέ[11] μου, μάχαιρα[12] ὑμᾶς κατέδεται.[13] τὸ γὰρ στόμα Κυρίου ἐλάλησεν ταῦτα. 5 Πάντας οὖν τοὺς ἀγαπητοὺς αὐτοῦ βουλόμενος μετανοίας[14] μετασχεῖν[15] ἐστήριξεν[16] τῷ παντοκρατορικῷ[17] βουλήματι[18] αὐτοῦ.

9:1 Διὸ ὑπακούσωμεν[19] τῇ μεγαλοπρεπεῖ[20] καὶ ἐνδόξῳ[21] βουλήσει[22] αὐτοῦ, καὶ ἱκέται[23] γενόμενοι τοῦ ἐλέους[24] καὶ τῆς χρηστότητος[25] αὐτοῦ προσπέσωμεν[26] καὶ ἐπιστρέψωμεν ἐπὶ τοὺς οἰκτιρμοὺς[27] αὐτοῦ, ἀπολιπόντες[28] τὴν ματαιοπονίαν[29] τὴν

---

[1] χήρα, ας, ἡ, widow
[2] δεῦτε, adv, come
[3] διελέγχω aor pass sub 1p, engage in dispute, debate, argue
[4] φοινικοῦς, ῆ, οῦν, purple(-red) color
[5] χιών, όνος, ἡ, snow
[6] λευκαίνω fut act ind 1s, make white
[7] κόκκινος, η, ον, red, scarlet
[8] ἔριον, ου, τό, wool
[9] λευκαίνω fut act ind 1s, make white
[10] εἰσακούω aor act sub 2p, obey, hear
[11] εἰσακούω aor act sub 2p, obey, hear
[12] μάχαιρα, ης, ἡ, sword, dagger
[13] κατεσθίω fut mid ind 3s, eat up, consume, devour, swallow
[14] μετάνοια, ας, ἡ, repentance, turning about, conversion
[15] μετέχω aor act inf, share, have a share, participate

[16] στηρίζω aor act ind 3s, set up, establish, support
[17] παντοκρατορικός, ον, almighty
[18] βούλημα, ατος, τό, intention, will
[19] ὑπακούω aor act sub 1p, be subject to, obey, follow
[20] μεγαλοπρεπής, ές, magnificent, sublime, majestic, impressive
[21] ἔνδοξος, ον, honored, distinguished, eminent
[22] βούλησις, εως, ἡ, will
[23] ἱκέτης, ου, ὁ, suppliant
[24] ἔλεος, ους, τό, mercy, compassion, pity, clemency
[25] χρηστότης, ητος, ἡ, uprightness, kindness, generosity
[26] προσπίπτω aor act sub 1p, fall down before/at the feet of
[27] οἰκτιρμός, οῦ, ὁ, pity, mercy, compassion
[28] ἀπολείπω aor act ptcp m.p.nom., put aside, give up
[29] ματαιοπονία, ας, ἡ, fruitless toil

τε ἔριν[1] καὶ τὸ εἰς θάνατον ἄγον ζῆλος. **2** Ἀτενίσωμεν[2] εἰς τοὺς τελείως[3] λειτουργήσαντας[4] τῇ μεγαλοπρεπεῖ[5] δόξῃ αὐτοῦ. **3** λάβωμεν Ἐνώχ,[6] ὃς ἐν ὑπακοῇ[7] δίκαιος εὑρεθεὶς μετετέθη,[8] καὶ οὐχ εὑρέθη αὐτοῦ θάνατος. **4** Νῶε[9] πιστὸς εὑρεθεὶς διὰ τῆς λειτουργίας[10] αὐτοῦ παλιγγενεσίαν[11] κόσμῳ ἐκήρυξεν, καὶ διέσωσεν[12] δι' αὐτοῦ ὁ δεσπότης[13] τὰ εἰσελθόντα ἐν ὁμονοίᾳ[14] ζῶα[15] εἰς τὴν κιβωτόν.[16]

10:1 Ἀβραάμ, ὁ φίλος[17] προσαγορευθείς,[18] πιστὸς εὑρέθη ἐν τῷ αὐτὸν ὑπήκοον[19] γενέσθαι τοῖς ῥήμασιν τοῦ Θεοῦ. **2** οὗτος δι' ὑπακοῆς[20] ἐξῆλθεν ἐκ τῆς γῆς αὐτοῦ καὶ ἐκ τῆς συγγενείας[21] αὐτοῦ καὶ ἐκ τοῦ οἴκου τοῦ πατρὸς αὐτοῦ, ὅπως γῆν ὀλίγην καὶ συγγένειαν[22] ἀσθενῆ[23] καὶ οἶκον μικρὸν καταλιπὼν[24] κληρονομήσῃ[25] τὰς ἐπαγγελίας τοῦ Θεοῦ. λέγει γὰρ αὐτῷ·

---

[1] ἔρις, ιδος, ἡ, strife, discord, contention
[2] ἀτενίζω aor act sub 1p, look intently at, stare at
[3] τελείως, adv, fully, perfectly, completely, altogether
[4] λειτουργέω aor act ptcp m.p.acc., serve, render service
[5] μεγαλοπρεπής, ές, magnificent, sublime, majestic, impressive
[6] ἐνώχ, ὁ, Enoch
[7] ὑπακοή, ῆς, ἡ, obedience
[8] μετατίθημι aor pass ind 3s, put in another place, transfer
[9] Νῶε, ὁ, Noah
[10] λειτουργία, ας, ἡ, service, assistance, ministry
[11] παλιγγενεσία, ας, ἡ, renewal, rebirth
[12] διασῴζω aor act ind 3s, save, rescue

[13] δεσπότης, ου, ὁ, lord, master
[14] ὁμόνοια, ας, ἡ, oneness of mind, unanimity, concord, harmony
[15] ζῶον, ου, τό, animal, living being
[16] κιβωτός, οῦ, ἡ, boat, ark
[17] φίλος, η, ον, friend, beloved, dear
[18] προσαγορεύω aor pass ptcp m.s.nom., call, name, designate
[19] ὑπήκοος, ον, obedient
[20] ὑπήκοος, ον, obedient
[21] συγγένεια, ας, ἡ, extended family, relationship, kinship
[22] συγγένεια, ας, ἡ, extended family, relationship, kinship
[23] ἀσθενής, ές, sick, ill, weak
[24] καταλείπω aor act ptcp m.s.nom., leave behind
[25] κληρονομέω aor act sub 3s, inherit, acquire, obtain, come into possession of

3 Ἄπελθε ἐκ τῆς γῆς σου καὶ ἐκ τῆς συγγενείας[1] σου καὶ ἐκ τοῦ οἴκου τοῦ πατρός σου εἰς τὴν γῆν ἣν ἄν σοι δείξω, καὶ ποιήσω σε εἰς ἔθνος μέγα καὶ εὐλογήσω σε καὶ μεγαλυνῶ[2] τὸ ὄνομά σου, καὶ ἔσῃ εὐλογημένος· καὶ εὐλογήσω τοὺς εὐλογοῦντάς σε καὶ καταράσομαι[3] τοὺς καταρωμένους[4] σε, καὶ εὐλογηθήσονται ἐν σοὶ πᾶσαι αἱ φυλαὶ τῆς γῆς. **4** καὶ πάλιν ἐν τῷ διαχωρισθῆναι[5] αὐτὸν ἀπὸ Λὼτ[6] εἶπεν αὐτῷ ὁ Θεός· Ἀναβλέψας[7] τοῖς ὀφθαλμοῖς σου, ἴδε[8] ἀπὸ τοῦ τόπου οὗ νῦν σὺ εἶ, πρὸς βορρᾶν[9] καὶ λίβα[10] καὶ ἀνατολὰς[11] καὶ θάλασσαν· ὅτι πᾶσαν τὴν γῆν ἣν σὺ ὁρᾷς, σοὶ δώσω αὐτὴν καὶ τῷ σπέρματί σου ἕως αἰῶνος. **5** καὶ ποιήσω τὸ σπέρμα σου ὡς τὴν ἄμμον[12] τῆς γῆς· εἰ δύναταί τις ἐξαριθμῆσαι[13] τὴν ἄμμον[14] τῆς γῆς, καὶ τὸ σπέρμα σου ἐξαριθμηθήσεται.[15] **6** καὶ πάλιν λέγει· Ἐξήγαγεν[16] ὁ Θεὸς τὸν Ἀβραὰμ καὶ εἶπεν αὐτῷ· Ἀνάβλεψον[17] εἰς τὸν οὐρανὸν καὶ ἀρίθμησον[18] τοὺς ἀστέρας,[19] εἰ δυνήσῃ ἐξαριθμῆσαι[20] αὐτούς· οὕτως ἔσται τὸ σπέρμα σου. ἐπίστευσεν δὲ Ἀβραὰμ τῷ Θεῷ, καὶ ἐλογίσθη αὐτῷ εἰς δικαιοσύνην. **7** Διὰ πίστιν καὶ φιλοξενίαν[21] ἐδόθη αὐτῷ υἱὸς ἐν γήρᾳ,[22] καὶ δι᾽ ὑπακοῆς[23] προσήνεγκεν αὐτὸν θυσίαν[24] τῷ Θεῷ πρὸς ἓν τῶν ὀρέων ὧν ἔδειξεν αὐτῷ.

---

[1] συγγένεια, ας, ἡ, extended family, relationship, kinship
[2] μεγαλύνω fut act ind 1s, make large/long, make great
[3] καταράομαι fut mid ind 1s, curse
[4] καταράομαι pres mid ptcp m.p.acc., curse
[5] διαχωρίζω aor pass inf, separate
[6] Λώτ, ὁ, Lot
[7] ἀναβλέπω aor act ptcp m.s.nom., look up, regain sight
[8] ἴδε, intj, look! see!
[9] βορρᾶς, ᾶ, ὁ, north
[10] λίψ, λιβός, ὁ, southwest
[11] ἀνατολή, ῆς, ἡ, sunrise, east

[12] ἄμμος, ου, ἡ, sand
[13] ἐξαριθμέω aor act inf, count
[14] ἄμμος, ου, ἡ, sand
[15] ἐξαριθμέω fut pass ind 3s, count
[16] ἐξάγω aor act ind 3s, lead out, bring out
[17] ἀναβλέπω aor act impv 2s, look up
[18] ἀριθμέω aor act impv 2s, count
[19] ἀστήρ, έρος, ὁ, star
[20] ἐξαριθμέω aor act inf, count
[21] φιλοξενία, ας, ἡ, hospitality
[22] γῆρας, ως, old age
[23] ὑπακοή, ῆς, ἡ, obedience
[24] θυσία, ας, ἡ, offering, sacrifice

11:1 Διὰ φιλοξενίαν¹ καὶ εὐσέβειαν² Λὼτ³ ἐσώθη ἐκ Σοδόμων,⁴ τῆς περιχώρου⁵ πάσης κριθείσης διὰ πυρὸς καὶ θείου.⁶ πρόδηλον⁷ ποιήσας ὁ δεσπότης⁸ ὅτι τοὺς ἐλπίζοντας ἐπ' αὐτὸν οὐκ ἐγκαταλείπει,⁹ τοὺς δὲ ἑτεροκλινεῖς¹⁰ ὑπάρχοντας εἰς κόλασιν¹¹ καὶ αἰκισμὸν¹² τίθησιν. **2** συνεξελθούσης¹³ γὰρ αὐτῷ τῆς γυναικός, ἑτερογνώμονος¹⁴ ὑπαρχούσης καὶ οὐκ ἐν ὁμονοίᾳ,¹⁵ εἰς τοῦτο σημεῖον ἐτέθη, ὥστε γενέσθαι αὐτὴν στήλην¹⁶ ἁλὸς¹⁷ ἕως τῆς ἡμέρας ταύτης, εἰς τὸ γνωστὸν¹⁸ εἶναι πᾶσιν ὅτι οἱ δίψυχοι¹⁹ καὶ οἱ διστάζοντες²⁰ περὶ τῆς τοῦ Θεοῦ δυνάμεως εἰς κρίμα²¹ καὶ εἰς σημείωσιν²² πάσαις ταῖς γενεαῖς γίνονται.

12:1 Διὰ πίστιν καὶ φιλοξενίαν²³ ἐσώθη ʿΡαὰβ²⁴ ἡ πόρνη.²⁵ **2** ἐκπεμφθέντων²⁶ γὰρ ὑπὸ Ἰησοῦ τοῦ τοῦ Ναυὴ²⁷ κατασκόπων²⁸ εἰς τὴν Ἰεριχώ,²⁹ ἔγνω ὁ βασιλεὺς τῆς γῆς ὅτι ἤκασιν³⁰

---

¹ φιλοξενίαν, ας, ἡ, hospitality
² εὐσέβεια, ας, ἡ, devoutness, piety, godliness
³ Λώτ, ὁ, Lot
⁴ Σόδομα, ων, τά, Sodom
⁵ περίχωρος, ον, neighboring, region around
⁶ θεῖον, ου, τό, sulphur
⁷ πρόδηλος, ον, clear, evident, known (to all)
⁸ δεσπότης, ου, ὁ, lord, master
⁹ ἐγκαταλείπω pres act ind 3s, leave, forsake, abandon, desert
¹⁰ ἑτεροκλινής, ές, inclined to, having a propensity for
¹¹ κόλασις, εως, ἡ, punishment
¹² αἰκισμός, οῦ, ὁ, mistreatment
¹³ συνεξέρχομαι aor act ptcp f.s.gen., go out with
¹⁴ ἑτερογνώμων, ον, of a different opinion

¹⁵ ὁμόνοια, ας, ἡ, oneness of mind, unanimity, concord, harmony
¹⁶ στήλη, ης, ἡ, monument, pillar
¹⁷ ἅλς, ἁλός, ὁ, salt
¹⁸ γνωστός, ή, όν, known
¹⁹ δίψυχος, ον, doubting, hesitating
²⁰ διστάζω pres act ptcp m.p.nom., doubt, waver
²¹ κρίμα, ατος, τό, judgment
²² σημείωσις, εως, ἡ, sign, signal
²³ φιλοξενία, ας, ἡ, hospitality
²⁴ ʿΡαάβ, ἡ, Rahab
²⁵ πόρνη, ης, ἡ, prostitute, whore
²⁶ ἐκπέμπω aor pass ptcp m.p.gen., send out
²⁷ Ναυή, ὁ, Nun
²⁸ κατάσκοπος, ου, ὁ, a spy
²⁹ Ἰεριχώ, ἡ, Jericho
³⁰ ἥκω pres act ind 3p, have come, be present

κατασκοπεῦσαι[1] τὴν χώραν[2] αὐτῶν, καὶ ἐξέπεμψεν[3] ἄνδρας τοὺς συλλημψομένους[4] αὐτούς, ὅπως συλλημφθέντες[5] θανατωθῶσιν.[6] **3** ἡ οὖν φιλόξενος[7] Ῥαάβ[8] εἰσδεξαμένη[9] αὐτοὺς ἔκρυψεν[10] εἰς τὸ ὑπερῷον[11] ὑπὸ τὴν λινοκαλάμην.[12] **4** ἐπισταθέντων[13] δὲ τῶν παρὰ τοῦ βασιλέως καὶ λεγόντων· Πρὸς σὲ εἰσῆλθον οἱ κατάσκοποι[14] τῆς γῆς ἡμῶν· ἐξάγαγε[15] αὐτούς, ὁ γὰρ βασιλεὺς οὕτως κελεύει.[16] ἡ δὲ ἀπεκρίθη· Εἰσῆλθον μὲν οἱ ἄνδρες οὓς ζητεῖτε πρός με, ἀλλὰ εὐθέως ἀπῆλθον καὶ πορεύονται τῇ ὁδῷ· ὑποδεικνύουσα[17] αὐτοῖς ἐναλλάξ.[18] **5** Καὶ εἶπεν πρὸς τοὺς ἄνδρας· Γινώσκουσα γινώσκω ἐγὼ ὅτι Κύριος ὁ Θεὸς ὑμῶν παραδίδωσιν ὑμῖν τὴν γῆν ταύτην, ὁ γὰρ φόβος καὶ ὁ τρόμος[19] ὑμῶν ἐπέπεσεν[20] τοῖς κατοικοῦσιν αὐτήν. ὡς ἐὰν οὖν γένηται λαβεῖν αὐτὴν ὑμᾶς, διασώσατέ[21] με καὶ τὸν οἶκον τοῦ πατρός μου. **6** καὶ εἶπαν αὐτῇ· Ἔσται οὕτως ὡς ἐλάλησας ἡμῖν. ὡς ἐὰν οὖν γνῷς παραγινομένους ἡμᾶς, συνάξεις πάντας τοὺς σοὺς[22] ὑπὸ τὸ τέγος[23] σου, καὶ διασωθήσονται·[24] ὅσοι γὰρ ἐὰν εὑρεθῶσιν ἔξω

---

[1] κατασκοπεύω aor act inf, spy out

[2] χώρα, ας, ἡ, land, district, region, place

[3] ἐκπέμπω aor act ind 3s, send out

[4] συλλαμβάνω seize, grasp, apprehend, capture

[5] συλλαμβάνω aor pass ptcp m.p.nom., seize, grasp, apprehend, capture

[6] θανατόω aor pass sub 3p, put to death

[7] φιλόξενος, ον, hospitable

[8] Ῥαάβ, ἡ, Rahab

[9] εἰσδέχομαι aor mid ptcp f.s.nom., receive, welcome, take in

[10] κρύπτω aor act ind 3s, hide

[11] ὑπερῷον, ου, τό, upper story, room upstairs

[12] λινοκαλάμη, ης, ἡ, stalk of flax

[13] ἐφίστημι aor pass ptcp m.p.gen., stand by, be present

[14] κατάσκοπος, ου, ὁ, a spy

[15] ἐξάγω aor act impv 2s, lead out, bring out

[16] κελεύω pres act ind 3s, command, order, urge

[17] ὑποδείκνυμι pres act ptcp f.s.nom., indate, point out

[18] ἐναλλάξ, adv, in the opposite direction

[19] τρόμος, ου, ὁ, trembling, quivering

[20] ἐπιπίπτω aor act ind 3s, fall on

[21] διασώζω aor act impv 2p, save, rescue

[22] σός, σή, σόν, your

[23] τέγος, ους, τό, roof

[24] διασώζω fut pass ind 3p, save, rescue

τῆς οἰκίας, ἀπολοῦνται. **7** καὶ προσέθεντο[1] αὐτῇ δοῦναι σημεῖον, ὅπως κρεμάσῃ[2] ἐκ τοῦ οἴκου αὐτῆς κόκκινον,[3] πρόδηλον[4] ποιοῦντες ὅτι διὰ τοῦ αἵματος τοῦ Κυρίου λύτρωσις[5] ἔσται πᾶσιν τοῖς πιστεύουσιν καὶ ἐλπίζουσιν ἐπὶ τὸν Θεόν. **8** Ὁρᾶτε, ἀγαπητοί, οὐ μόνον πίστις ἀλλὰ προφητεία[6] ἐν τῇ γυναικὶ γέγονεν.

13:1 Ταπεινοφρονήσωμεν[7] οὖν, ἀδελφοί, ἀποθέμενοι[8] πᾶσαν ἀλαζονείαν[9] καὶ τῦφος[10] καὶ ἀφροσύνην[11] καὶ ὀργάς, καὶ ποιήσωμεν τὸ γεγραμμένον. λέγει γὰρ τὸ πνεῦμα τὸ ἅγιον· μὴ καυχάσθω ὁ σοφὸς[12] ἐν τῇ σοφίᾳ αὐτοῦ, μηδὲ ὁ ἰσχυρὸς[13] ἐν τῇ ἰσχύϊ[14] αὐτοῦ, μηδὲ ὁ πλούσιος[15] ἐν τῷ πλούτῳ[16] αὐτοῦ, ἀλλ᾽ ἢ ὁ καυχώμενος ἐν Κυρίῳ καυχάσθω, τοῦ ἐκζητεῖν[17] αὐτὸν καὶ ποιεῖν κρίμα[18] καὶ δικαιοσύνην. μάλιστα[19] μεμνημένοι[20] τῶν λόγων τοῦ Κυρίου Ἰησοῦ, οὓς ἐλάλησεν διδάσκων ἐπιείκειαν[21]

---

[1] προστίθημι aor mid ind 3p, add, put to
[2] ἐκκρεμάννυμι aor act sub 3s, hang out
[3] κόκκινος, η, ον, red, scarlet
[4] πρόδηλος, ον, clear, evident, known (to all)
[5] λύτρωσις, εως, ἡ, ransoming, releasing, redemption
[6] προφητεία, ας, ἡ, prophecy
[7] ταπεινοφρονέω aor act sub 1p, be modest, unassuming, humble
[8] ἀποτίθημι aor mid ptcp m.p.nom., take off, lay aside, put away, lay down
[9] ἀλαζονεία, ας, ἡ, pretense, arrogance
[10] τῦφος, ους, τό, delusion, conceit, arrogance
[11] ἀφροσύνη, ης, ἡ, foolishness, lack of sense
[12] σοφός, ή, όν, wise
[13] ἰσχυρός, ά, όν, strong
[14] ἰσχύς, ύος, ἡ, strength, power, might
[15] πλούσιος, ία, ιον, rich, wealthy
[16] πλοῦτος, ου, ὁ, wealth
[17] ἐκζητέω pres act inf, seek out, search for
[18] κρίμα, ατος, τό, justice, judgment, degree
[19] μάλιστα, adv, most of all, especially, particularly
[20] μιμνήσκομαι perf mid ptcp m.p.nom., remember
[21] ἐπιείκεια, ας, ἡ, gentleness, graciousness, courtesy, indulgence, tolerance

καὶ μακροθυμίαν.[1] **2** οὕτως γὰρ εἶπεν· Ἐλεᾶτε[2] ἵνα ἐλεηθῆτε,[3] ἀφίετε ἵνα ἀφεθῇ ὑμῖν· ὡς ποιεῖτε, οὕτω ποιηθήσεται ὑμῖν· ὡς δίδοτε, οὕτως δοθήσεται ὑμῖν· ὡς κρίνετε, οὕτως κριθήσεσθε· ὡς χρηστεύεσθε,[4] οὕτως χρηστευθήσεται[5] ὑμῖν· ᾧ μέτρῳ[6] μετρεῖτε,[7] ἐν αὐτῷ μετρηθήσεται[8] ὑμῖν. **3** Ταύτῃ τῇ ἐντολῇ καὶ τοῖς παραγγέλμασιν[9] τούτοις στηρίξωμεν[10] ἑαυτοὺς εἰς τὸ πορεύεσθαι ὑπηκόους[11] ὄντας τοῖς ἁγιοπρεπέσι[12] λόγοις αὐτοῦ, ταπεινοφρονοῦντες.[13] φησὶν γὰρ ὁ ἅγιος λόγος· **4** Ἐπὶ τίνα ἐπιβλέψω,[14] ἀλλ᾽ ἢ ἐπὶ τὸν πραΰν[15] καὶ ἡσύχιον[16] καὶ τρέμοντά[17] μου τὰ λόγια;[18]

14:1 Δίκαιον οὖν καὶ ὅσιον,[19] ἄνδρες ἀδελφοί, ὑπηκόους[20] ἡμᾶς μᾶλλον γενέσθαι τῷ Θεῷ ἢ τοῖς ἐν ἀλαζονείᾳ[21] καὶ ἀκαταστασίᾳ[22] μυσεροῦ[23] ζήλους[24] ἀρχηγοῖς[25] ἐξακολουθεῖν.[26]

---

[1] μακροθυμία, ας, ἡ, patience, steadfastness, endurance
[2] ἐλεάω pres act impv 2p, have mercy on
[3] ἐλεάω aor pass sub 2p, have mercy on
[4] χρηστεύομαι pres mid ind 2p, be kind, loving, merciful
[5] χρηστεύομαι fut pass ind 3s, be kind, loving, merciful
[6] μέτρον, ου, τό, a measure
[7] μετρέω pres act ind 2p, measure
[8] μετρέω fut pass ind 3s, measure
[9] παράγγελμα, ατος, τό, order, direction, instruction, precept
[10] στηρίζω aor act sub 1p, strengthen, set up, establish support
[11] ὑπήκοος, ον, obedient
[12] ἁγιοπρεπής, ές, holy
[13] ταπεινοφρονέω pres act ptcp m.p.nom., be modest, unassuming, humble

[14] ἐπιβλέπω fut act ind 1s, look upon, gaze
[15] πραΰς, πραεῖα, πραΰ, gentle, humble, considerate, meek
[16] ἡσύχιος, ον, quiet, well-ordered
[17] τρέμω pres act ptcp m.s.acc., tremble, quiver
[18] λόγιον, ου, τό, a saying
[19] ὅσιος, ία, ον, holy, devout, pious, pleasing to God
[20] ὑπήκοος, ον, obedient
[21] ἀλαζονεία, ας, ἡ, pretension, arrogance
[22] ἀκαταστασία, ας, ἡ, disturbance, disorder, unruliness
[23] μυσερός, ά, όν, loathsome, abominable, detestable
[24] ζῆλος, ου, ὁ, jealousy, zeal
[25] ἀρχηγός, οῦ, ὁ, leader, ruler, prince
[26] ἐξακολουθέω pres act inf, obey, follow

2 βλάβην[1] γὰρ οὐ τὴν τυχοῦσαν,[2] μᾶλλον δὲ κίνδυνον[3] ὑποίσομεν[4] μέγαν, ἐὰν ῥιψοκινδύνως[5] ἐπιδῶμεν[6] ἑαυτοὺς τοῖς θελήμασιν τῶν ἀνθρώπων, οἵτινες ἐξακοντίζουσιν[7] εἰς ἔριν[8] καὶ στάσεις[9] εἰς τὸ ἀπαλλοτριῶσαι[10] ἡμᾶς τοῦ καλῶς ἔχοντος. **3** χρηστευσώμεθα[11] αὐτοῖς κατὰ τὴν εὐσπλαγχνίαν[12] καὶ γλυκύτητα[13] τοῦ ποιήσαντος ἡμᾶς. **4** γέγραπται γάρ· Χρηστοὶ[14] ἔσονται οἰκήτορες[15] γῆς, ἄκακοι[16] δὲ ὑπολειφθήσονται[17] ἐπ' αὐτῆς· οἱ δὲ παρανομοῦντες[18] ἐξολεθρευθήσονται[19] ἀπ' αὐτῆς. **5** καὶ πάλιν λέγει· Εἶδον ἀσεβῆ[20] ὑπερυψούμενον[21] καὶ ἐπαιρόμενον[22] ὡς τὰς κέδρους[23] τοῦ Λιβάνου,[24] καὶ παρῆλθον,[25] καὶ ἰδού, οὐκ ἦν, καὶ ἐξεζήτησα[26] τὸν τόπον αὐτοῦ καὶ οὐχ εὖρον.

---

[1] βλάβη, ης, ἡ, damage, harm
[2] τυγχάνω aor act ptcp f.s.acc., meet, attain, gain, find, experience
[3] κίνδυνος, ου, ὁ, danger, risk
[4] ὑποφέρω fut act ind 1p, submit to, endure
[5] ῥιψοκινδύνως, adv, rashly, recklessly
[6] ἐπιδίδωμι aor act sub 1p, surrender, hand over, deliver
[7] ἐξακοντίζω pres act ind 3p, hurl out
[8] ἔρις, ιδος, ἡ, strife, discord, contention
[9] στάσις, εως, ἡ, uprising, riot, revolt, rebellion
[10] ἀπαλλοτρίω aor act inf, estrange, alienate
[11] χρηστεύομαι aor mid sub 1p, be kind, loving, merciful
[12] εὐσπλαγχία, ας, ἡ, tenderheartedness, benevolence
[13] γλυκύτης, ητος, ἡ, sweetness, tenderness

[14] χρηστός, ή, όν, easy, fine, good, benevolent
[15] οἰκήτωρ, ορος, ὁ, inhabitant
[16] ἄκακος, ον, innocent, guileless
[17] ὑπολείπω fut pass ind 3p, leave, remaining
[18] παρανομέω pres act ptcp m.p.nom., break the law, act contrary to the law
[19] ἐξολεθρεύω fut pass ind 3p, destroy, utterly, root out
[20] ἀσεβής, ές, irreverent, impious, ungodly
[21] ὑπερυψόω pres pass ptcp m.s.acc., raise, exalt
[22] ἐπαίρω pres pass ptcp m.s.acc., lift up, hold up, exalt
[23] κέδρος, ου, ἡ, cedar tree
[24] Λίβανος, ου, ὁ, Lebanon
[25] παρέρχομαι aor act ind 1s, go by, pass by
[26] ἐκζητέω aor act ind 1s, seek out, search for

φύλασσε ἀκακίαν[1] καὶ ἴδε[2] εὐθύτητα,[3] ὅτι ἐστὶν ἐγκατάλειμμα[4] ἀνθρώπῳ εἰρηνικῷ.[5]

15:1 Τοίνυν[6] κολληθῶμεν[7] τοῖς μετ᾽ εὐσεβείας[8] εἰρηνεύουσιν,[9] καὶ μὴ τοῖς μεθ᾽ ὑποκρίσεως[10] βουλομένοις εἰρήνην. **2** λέγει γάρ που·[11] Οὗτος ὁ λαὸς τοῖς χείλεσίν[12] με τιμᾷ,[13] ἡ δὲ καρδία αὐτῶν πόρρω[14] ἄπεστιν[15] ἀπ᾽ ἐμοῦ. **3** καὶ πάλιν· Τῷ στόματι αὐτῶν εὐλογοῦσαν, τῇ δὲ καρδίᾳ αὐτῶν κατηρῶντο.[16] **4** καὶ πάλιν λέγει· Ἠγάπησαν αὐτὸν τῷ στόματι αὐτῶν καὶ τῇ γλώσσῃ αὐτῶν ἐψεύσαντο[17] αὐτόν, ἡ δὲ καρδία αὐτῶν οὐκ εὐθεῖα[18] μετ᾽ αὐτοῦ, οὐδὲ ἐπιστώθησαν[19] ἐν τῇ διαθήκῃ αὐτοῦ. **5** διὰ τοῦτο ἄλαλα[20] γενηθήτω τὰ χείλη[21] τὰ δόλια[22] τὰ λαλοῦντα κατὰ τοῦ δικαίου ἀνομίαν.[23] καὶ πάλιν· Ἐξολεθρεύσαι[24] Κύριος πάντα τὰ χείλη[25] τὰ δόλια,[26] γλῶσσαν μεγαλορήμονα,[27] τοὺς εἰπόντας· Τὴν

---

[1] ἀκακία, ας, ἡ, innocence, guilelessness
[2] ἴδε, intj, look! see!
[3] εὐθύτης, ητος, ἡ, righteousness, uprightness
[4] ἐγκατάλειμμα, ατος, τό, remnant, posterity
[5] εἰρηνικός, ή, όν, peaceable, peaceful
[6] τοίνυν, adv, hence, so, well (then), indeed
[7] κολλάω aor pass sub 1p, bind closely, unite
[8] εὐσέβεια, ας, ἡ, devoutness, piety, godliness
[9] εἰρηνεύω pres act ptcp m.p.dat., reconcile, be at peace
[10] ὑπόκρισις, εως, ἡ, play-acting, hypocritically
[11] ποῦ, adv, somewhere, where, at which place
[12] χεῖλος, ους, τό, lips

[13] τιμάω pres act ind 3s, honor, revere
[14] πόρρω, adv, far
[15] ἄπειμι, pres act ind 3s, be absent/away
[16] καταράομαι imp mid ind 3p, curse
[17] ψεύδομαι aor mid ind 3p, lie
[18] εὐθύς, εῖα, ύ, straight, proper, right
[19] πιστόω aor pass ind 3p, show oneself faithful
[20] ἄλαλος, ον, mute, unable to speak
[21] χεῖλος, ους, τό, lips
[22] δόλιος, ία, ον, deceitful, treacherous
[23] ἀνομία, ας, ἡ, lawlessness
[24] ἐξολεθρεύω aor mid opt 3s, destroy utterly, root out
[25] χεῖλος, ους, τό, lips
[26] δόλιος, ία, ον, deceitful, treacherous
[27] μεγαλορρήμων, ονος, boastful

γλῶσσαν ἡμῶν μεγαλύνωμεν,[1] τὰ χείλη[2] ἡμῶν παρ' ἡμῖν ἐστίν· τίς ἡμῶν κύριός ἐστιν; **6** ἀπὸ τῆς ταλαιπωρίας[3] τῶν πτωχῶν καὶ ἀπὸ τοῦ στεναγμοῦ[4] τῶν πενήτων[5] νῦν ἀναστήσομαι, λέγει Κύριος· θήσομαι ἐν σωτηρίῳ,[6] **7** παρρησιάσομαι[7] ἐν αὐτῷ.

16:1 Ταπεινοφρονούντων[8] γάρ ἐστιν ὁ Χριστός, οὐκ ἐπαιρομένων[9] ἐπὶ τὸ ποίμνιον[10] αὐτοῦ. **2** τὸ σκῆπτρον[11] τῆς μεγαλωσύνης[12] τοῦ Θεοῦ, ὁ Κύριος ἡμῶν Χριστὸς Ἰησοῦς, οὐκ ἦλθεν ἐν κόμπῳ[13] ἀλαζονείας[14] οὐδὲ ὑπερηφανίας,[15] καίπερ[16] δυνάμενος, ἀλλὰ ταπεινοφρονῶν,[17] καθὼς τὸ πνεῦμα τὸ ἅγιον περὶ αὐτοῦ ἐλάλησεν. φησὶν γάρ· **3** Κύριε, τίς ἐπίστευσεν τῇ ἀκοῇ[18] ἡμῶν; καὶ ὁ βραχίων[19] Κυρίου τίνι ἀπεκαλύφθη;[20] ἀνηγγείλαμεν[21] ἐναντίον[22] αὐτοῦ, ὡς παιδίον, ὡς ῥίζα[23] ἐν γῇ διψώσῃ.[24] οὐκ ἔστιν εἶδος[25] αὐτῷ οὐδὲ δόξα. καὶ εἴδομεν αὐτόν,

---

[1] μεγαλύνω pres act sub 1p, exalt, glorify, magnify, speak highly of

[2] χεῖλος, ους, τό, lips

[3] ταλαιπωρία, ας, ἡ, wretchedness, distress, trouble, misery

[4] στεναγμός, οῦ, ὁ, sigh, groan, groaning

[5] πένης, ητος, poor, needy

[6] σωτήριος, ον, saving, delivering, preserving, bringing salvation

[7] παρρησιάζομαι fut mid ind 1s, speak freely, openly, fearlessly

[8] ταπεινοφρονέω pres act ptcp m.p.gen., be modest, unassuming, humble

[9] ἐπαίρω pres mid ptcp m.p.gen., lift up, exalt

[10] ποίμνιον, ου, τό, flock

[11] σκῆπτρον, ου, τό, scepter

[12] μεγαλωσύνη, ης, ἡ, majestic

[13] κόμπος, ου, ὁ, boasting

[14] ἀλαζονεία, ας, ἡ, arrogance, pretension

[15] ὑπερηφανία, ας, ἡ, pride, arrogance, haughtiness

[16] καίπερ, adv, although

[17] ταπεινοφρονέω pres act ptcp m.s.nom., modest, unassuming, humble

[18] ἀκοή, ῆς, ἡ, hearing, listening, report

[19] βραχίων, ονος, ὁ, arm

[20] ἀποκαλύπτω aor pass ind 3s, reveal, disclose, bring to light

[21] ἀναγγέλλω aor act ind 1p, report, disclose, announce

[22] ἐναντίον, prep, in the sight of, before

[23] ῥίζα, ης, ἡ, root

[24] διψάω pres act ptcp f.s.dat., be thirsty

[25] εἶδος, ους, τό, form, outward appearance

καὶ οὐκ εἶχεν εἶδος[1] οὐδὲ κάλλος,[2] ἀλλὰ τὸ εἶδος[3] αὐτοῦ ἄτιμον,[4] ἐκλεῖπον[5] παρὰ τὸ εἶδος[6] τῶν ἀνθρώπων· ἄνθρωπος ἐν πληγῇ[7] ὢν καὶ πόνῳ[8] καὶ εἰδὼς φέρειν μαλακίαν,[9] ὅτι ἀπέστραπται[10] τὸ πρόσωπον αὐτοῦ, ἠτιμάσθη[11] καὶ οὐκ ἐλογίσθη. 4 οὗτος τὰς ἁμαρτίας ἡμῶν φέρει καὶ περὶ ἡμῶν ὀδυνᾶται,[12] καὶ ἡμεῖς ἐλογισάμεθα αὐτὸν εἶναι ἐν πόνῳ[13] καὶ ἐν πληγῇ[14] καὶ ἐν κακώσει.[15] 5 αὐτὸς δὲ ἐτραυματίσθη[16] διὰ τὰς ἁμαρτίας ἡμῶν καὶ μεμαλάκισται[17] διὰ τὰς ἀνομίας[18] ἡμῶν. παιδεία[19] εἰρήνης ἡμῶν ἐπ᾽ αὐτόν· τῷ μώλωπι[20] αὐτοῦ ἡμεῖς ἰάθημεν.[21] 6 πάντες ὡς πρόβατα ἐπλανήθημεν, ἄνθρωπος τῇ ὁδῷ αὐτοῦ ἐπλανήθη. 7 καὶ Κύριος παρέδωκεν αὐτὸν ὑπὲρ τῶν ἁμαρτιῶν ἡμῶν, καὶ αὐτὸς διὰ τὸ κεκακῶσθαι[22] οὐκ ἀνοίγει τὸ στόμα· ὡς πρόβατον ἐπὶ σφαγὴν[23] ἤχθη, καὶ ὡς ἀμνὸς[24] ἐναντίον[25] τοῦ κείραντος[26] ἄφωνος,[27] οὕτως οὐκ ἀνοίγει τὸ στόμα αὐτοῦ. ἐν τῇ ταπεινώσει[28]

---

[1] εἶδος, ους, τό, form, outward appearance
[2] κάλλος, ους, τό, beauty
[3] εἶδος, ους, τό, form, outward appearance
[4] ἄτιμος, ον, dishonored, despised, insignificant
[5] ἐκλείπω pres act ptcp n.s.nom., fail, give out, be gone, depart
[6] εἶδος, ους, τό, form, outward appearance
[7] πληγή, ῆς, ἡ, blow, stroke, wound, bruise
[8] πόνος, ου, ὁ, labor, toil
[9] μαλακία, ας, ἡ, weakness, sickness
[10] ἀποστρέφω perf pass ind 3s, turn away
[11] ἀτιμάζω aor pass ind 3s, dishonor, shame
[12] ὀδυνάω pres mid ind 3s, suffer pain
[13] πόνος, ου, ὁ, labor, toil

[14] πληγή, ῆς, ἡ, blow, strike
[15] κάκωσις, εως, ἡ, mistreatment, oppression
[16] τραυματίζω aor pass ind 3s, wound
[17] μαλακίζομαι perf pass ind 3s, be weak, discouraged, sick
[18] ἀνομία, ας, ἡ, lawlessness
[19] παιδεία, ας, ἡ, discipline, correction
[20] μώλωψ, ωπος, ὁ, welt, wale, bruise, wound
[21] ἰάομαι aor pass ind 1p, heal, cure
[22] κακόω perf pass inf, harm, mistreat
[23] σφαγή, ῆς, ἡ, slaughter
[24] ἀμνός, οῦ, ὁ, lamb
[25] ἐναντίον, prep, in the sight of, before
[26] κείρω aor act ptcp m.s.gen., shear
[27] ἄφωνος, ον, silent, mute
[28] ταπείνωσις, εως, ἡ, humiliation

ἡ κρίσις αὐτοῦ ἤρθη; **8** τὴν γενεὰν αὐτοῦ τίς διηγήσεται;[1] ὅτι αἴρεται ἀπὸ τῆς γῆς ἡ ζωὴ αὐτοῦ. **9** ἀπὸ τῶν ἀνομιῶν[2] τοῦ λαοῦ μου ἥκει[3] εἰς θάνατον. **10** καὶ δώσω τοὺς πονηροὺς ἀντὶ[4] τῆς ταφῆς[5] αὐτοῦ καὶ τοὺς πλουσίους[6] ἀντὶ[7] τοῦ θανάτου αὐτοῦ· ὅτι ἀνομίαν[8] οὐκ ἐποίησεν, οὐδὲ εὑρέθη δόλος[9] ἐν τῷ στόματι αὐτοῦ. καὶ Κύριος βούλεται καθαρίσαι αὐτὸν τῆς πληγῆς.[10] **11** ἐὰν δῶτε περὶ ἁμαρτίας, ἡ ψυχὴ ὑμῶν ὄψεται σπέρμα μακρόβιον.[11] **12** καὶ Κύριος βούλεται ἀφελεῖν[12] ἀπὸ τοῦ πόνου[13] τῆς ψυχῆς αὐτοῦ, δεῖξαι αὐτῷ φῶς καὶ πλάσαι[14] τῇ συνέσει,[15] δικαιῶσαι δίκαιον εὖ[16] δουλεύοντα[17] πολλοῖς· καὶ τὰς ἁμαρτίας αὐτῶν αὐτὸς ἀνοίσει.[18] **13** διὰ τοῦτο αὐτὸς κληρονομήσει[19] πολλοὺς καὶ τῶν ἰσχυρῶν[20] μεριεῖ[21] σκῦλα,[22] ἀνθ᾽[23] ὧν παρεδόθη εἰς θάνατον ἡ ψυχὴ αὐτοῦ καὶ τοῖς ἀνόμοις[24] ἐλογίσθη· **14** καὶ αὐτὸς ἁμαρτίας πολλῶν ἀνήνεγκεν[25] καὶ διὰ τὰς ἁμαρτίας αὐτῶν παρεδόθη. **15** καὶ πάλιν αὐτός φησιν· Ἐγὼ δέ εἰμι σκώληξ[26] καὶ

---

[1] διηγέομαι fut mid inf, tell, relate, describe

[2] ἀνομία, ας, ἡ, lawlessness, transgressions

[3] ἥκω pres act ind 3s, have come, be present

[4] ἀντί, prep, instead of

[5] ταφή, ῆς, ἡ, burial

[6] πλούσιος, ία, ιον, rich, wealthy

[7] ἀντί, prep, instead of

[8] ἀνομία, ας, ἡ, lawlessness, sin

[9] δόλος, ου, ὁ, deceit, cunning, treachery

[10] πληγή, ῆς, ἡ, blow, stroke, wound, bruise

[11] μακρόβιος, ον, long-lived

[12] ἀφαιρέω aor act inf, take away, remove, cut off

[13] πόνος, ου, ὁ, labor, toil

[14] πλάσσω aor act inf, form, mold

[15] σύνεσις, εως, ἡ, intelligence, acuteness, shrewdness

[16] εὖ, adv, well, good

[17] δουλεύω pres act ptcp m.s.acc., be a slave, be subjected

[18] ἀναφέρω fut act ind 3s, take, lead, bring up, bear

[19] κληρονομέω fut act ind 3s, inherit

[20] ἰσχυρός, ά, όν, strong

[21] μερίζω fut act ind 3s, divide, distribute

[22] σκῦλον, ου, τό, booty, spoils

[23] ἀντί, prep, because of, for the purpose of

[24] ἄνομος, ον, lawless, outside the law, transgressor

[25] ἀναφέρω aor act ind 3s, take, lead, bring up, bear

[26] σκώληξ, ηκος, ὁ, worm

οὐκ ἄνθρωπος, ὄνειδος[1] ἀνθρώπων καὶ ἐξουθένημα[2] λαοῦ. **16** πάντες οἱ θεωροῦντές με ἐξεμυκτήρισάν[3] με, ἐλάλησαν ἐν χείλεσιν,[4] ἐκίνησαν[5] κεφαλήν· Ἤλπισεν ἐπὶ Κύριον, ῥυσάσθω[6] αὐτόν· σωσάτω αὐτόν, ὅτι θέλει αὐτόν. **17** Ὁρᾶτε, ἄνδρες ἀγαπητοί, τίς ὁ ὑπογραμμὸς[7] ὁ δεδομένος ἡμῖν· εἰ γὰρ ὁ Κύριος οὕτως ἐταπεινοφρόνησεν,[8] τί ποιήσωμεν ἡμεῖς οἱ ὑπὸ τὸν ζυγὸν[9] τῆς χάριτος αὐτοῦ δι’ αὐτοῦ ἐλθόντες;

17:1 Μιμηταὶ[10] γενώμεθα κἀκείνων, οἵτινες ἐν δέρμασιν[11] αἰγείοις[12] καὶ μηλωταῖς[13] περιεπάτησαν κηρύσσοντες τὴν ἔλευσιν[14] τοῦ Χριστοῦ· λέγομεν δὲ Ἠλίαν[15] καὶ Ἐλισαιέ,[16] ἔτι δὲ καὶ Ἰεζεκιήλ,[17] τοὺς προφήτας, πρὸς τούτοις καὶ τοὺς μεμαρτυρημένους. **2** ἐμαρτυρήθη μεγάλως[18] Ἀβραὰμ καὶ φίλος[19] προσηγορεύθη[20] τοῦ Θεοῦ, καὶ λέγει ἀτενίζων[21] εἰς τὴν δόξαν τοῦ Θεοῦ ταπεινοφρονῶν·[22] Ἐγὼ δέ εἰμι γῆ καὶ σποδός.[23] **3** ἔτι δὲ καὶ περὶ Ἰὼβ[24] οὕτως γέγραπται· Ἰὼβ[25] δὲ ἦν δίκαιος καὶ

---

[1] ὄνειδος, ους, τό, disgrace, reproach, insult
[2] ἐξουθένημα, ατος, τό, despised thing
[3] ἐκμυκτηρίζω aor act ind 3p, ridicule, sneer
[4] χεῖλος, ους, τό, lips
[5] κινέω aor act ind 3p, move away, remove
[6] ῥύομαι aor mid ind 3s, save, rescue, deliver, preserve
[7] ὑπογραμμός, οῦ, ὁ, example
[8] ταπεινοφρονέω aor act ind 3s, humble
[9] ζυγός, οῦ, ὁ, yoke
[10] μιμητής, οῦ, ὁ, imitator
[11] δέρμα, ατος, τό, skin, hide
[12] αἴγειος, εία, ειον, of a goat

[13] μηλωτή, ῆς, ἡ, sheepskin
[14] ἔλευσις, εως, ἡ, coming, arrival
[15] Ἠλίας, ου, ὁ, Elijah
[16] Ἐλισαιέ, ὁ, Elisha
[17] Ἰεζεκιήλ, ὁ, Ezekiel
[18] μεγάλως, adv, greatly
[19] φίλος, η, ον, friend
[20] προσαγορεύω aor pass ind 3s, call, name, designate, greet
[21] ἀτενίζω pres act ptcp m.s.nom., look intently at, stare at
[22] ταπεινοφρονέω pres act ptcp m.s.nom., be modest, unassuming, humble
[23] σποδός, οῦ, ἡ, ashes
[24] Ἰώβ, ὁ, Job
[25] Ἰώβ, ὁ, Job

ἄμεμπτος,[1] ἀληθινός,[2] θεοσεβής,[3] ἀπεχόμενος[4] ἀπὸ παντὸς κακοῦ. 4 ἀλλ᾽ αὐτὸς ἑαυτοῦ κατηγορεῖ[5] λέγων· Οὐδεὶς καθαρὸς[6] ἀπὸ ῥύπου,[7] οὐδ᾽ ἂν μιᾶς ἡμέρας ᾖ ἡ ζωὴ αὐτοῦ. 5 Μωϋσῆς πιστὸς ἐν ὅλῳ τῷ οἴκῳ αὐτοῦ ἐκλήθη, καὶ διὰ τῆς ὑπηρεσίας[8] αὐτοῦ ἔκρινεν ὁ Θεὸς Αἴγυπτον[9] διὰ τῶν μαστίγων[10] καὶ τῶν αἰκισμάτων[11] αὐτῶν. ἀλλὰ κἀκεῖνος δοξασθεὶς μεγάλως[12] οὐκ ἐμεγαλορημόνησεν,[13] ἀλλ᾽ εἶπεν, ἐπὶ τῆς βάτου[14] χρηματισμοῦ[15] αὐτῷ διδομένου· Τίς εἰμι ἐγώ, ὅτι με πέμπεις; Ἐγὼ δέ εἰμι ἰσχνόφωνος[16] καὶ βραδύγλωσσος.[17] 6 καὶ πάλιν λέγει· Ἐγὼ δέ εἰμι ἀτμὶς[18] ἀπὸ κύθρας.[19]

18:1 Τί δὲ εἴπωμεν ἐπὶ τῷ μεμαρτυρημένῳ Δαυείδ; πρὸς ὃν εἶπεν ὁ Θεός· Εὗρον ἄνδρα κατὰ τὴν καρδίαν μου, Δαυεὶδ τὸν τοῦ Ἰεσσαί·[20] ἐν ἐλέει[21] mercy αἰωνίῳ ἔχρισα[22] αὐτόν. 2 ἀλλὰ καὶ αὐτὸς λέγει πρὸς τὸν Θεόν· Ἐλέησόν[23] με, ὁ Θεός, κατὰ τὸ μέγα

---

[1] ἄμεμπτος, ον, blameles, faultless
[2] ἀληθινός, ή, όν true, trustworthy
[3] θεοσεβής, ές, god-fearing, devout
[4] ἀπέχω pres mid ptcp m.s.nom., keep away, abstain, refrain from
[5] κατηγορέω pres act ind 3s, bring charges, accuse
[6] καθαρός, ά, όν, clean, pure
[7] ῥύπος, ου, ὁ, dirt, uncleanness
[8] ὑπηρεσία, ας, ἡ, service
[9] Αἴγυπτος, ου, ἡ, Egypt
[10] μάστιξ, ιγος, ἡ, whip, lash, torment, suffering
[11] αἴκισμα, ατος, τό, mistreatment, torment
[12] μεγάλως, adv, greatly
[13] μεγαλορημονέω aor act ind 3s, use great words, boast

[14] βάτος, ου, ἡ, ὁ, thorn-bush
[15] χρηματισμός, οῦ, ὁ, a divine statement, answer
[16] ἰσχνόφωνος, ον, weak-voiced, having an impediment in ones speech
[17] βραδύγλωσσος, ον, slow of tongue
[18] ἀτμίς, ίδος, ἡ, vapor
[19] κύθρα, ας, ἡ, pot
[20] Ἰεσσαί, ὁ, Jesse
[21] ἔλεος, ους, τό, mercy, compassion, pity
[22] χρίω aor act ind 1s, anoint
[23] ἐλεέω aor act impv 2s, have mercy, pity, compassion

ἔλεός[1] σου, καὶ κατὰ τὸ πλῆθος τῶν οἰκτιρμῶν[2] σου ἐξάλειψον[3] τὸ ἀνόμημά[4] μου. **3** ἐπὶ πλεῖον πλῦνόν[5] με ἀπὸ τῆς ἀνομίας[6] μου, καὶ ἀπὸ τῆς ἁμαρτίας μου καθάρισόν με· ὅτι τὴν ἀνομίαν[7] μου ἐγὼ γινώσκω, καὶ ἡ ἁμαρτία μου ἐνώπιόν μου ἐστὶν διὰ παντός. **4** σοὶ μόνῳ ἥμαρτον, καὶ τὸ πονηρὸν ἐνώπιόν σου ἐποίησα· ὅπως ἂν δικαιωθῇς ἐν τοῖς λόγοις σου, καὶ νικήσῃς[8] ἐν τῷ κρίνεσθαί σε. **5** ἰδοὺ γὰρ ἐν ἀνομίαις[9] συνελήμφθην,[10] καὶ ἐν ἁμαρτίαις ἐκίσσησέν[11] με ἡ μήτηρ μου. **6** ἰδοὺ γὰρ ἀλήθειαν ἠγάπησας· τὰ ἄδηλα[12] καὶ τὰ κρύφια[13] τῆς σοφίας σου ἐδήλωσάς[14] μοι. **7** ῥαντιεῖς[15] με ὑσσώπῳ,[16] καὶ καθαρισθήσομαι· πλυνεῖς με, καὶ ὑπὲρ χιόνα[17] λευκανθήσομαι.[18] **8** ἀκουτιεῖς[19] με ἀγαλλίασιν[20] καὶ εὐφροσύνην.[21] ἀγαλλιάσονται[22] ὀστᾶ[23] τεταπεινωμένα.[24] **9** ἀπόστρεψον[25] τὸ πρόσωπόν σου ἀπὸ τῶν ἁμαρτιῶν μου, καὶ

---

[1] ἔλεος, ους, τό, mercy, compassion, pity

[2] οἰκτιρμός, οῦ, ὁ, pity, mercy, compassion

[3] ἐξαλείφω aor act impv 2s, wipe away, erase

[4] ἀνόμημα, ατος, τό, iniquity, lawless action

[5] πλύνω aor act impv 2s, wash

[6] ἀνομία, ας, ἡ, lawlessness, transgression

[7] ἀνομία, ας, ἡ, lawlessness, iniquity

[8] νικάω aor act sub 2s, be victor, conquer, overcome, prevail

[9] ἀνομία, ας, ἡ, lawlessness, transgression

[10] συλλαμβάνω aor pass ind 1s, seize, grasp, apprehend

[11] κισσάω aor act ind 3s, become pregnant with, bear

[12] ἄδηλος, ον, unseen, not clear, latent

[13] κρύφιος, ια, ιον, hidden, secret

[14] δηλόω aor act ind 2s, reveal, make clear, show

[15] ῥαντίζω fut act ind 2s, sprinkle

[16] ὕσσωπος, ου, ἡ, ὁ, τό, hyssop

[17] χιών, όνος, ἡ, snow

[18] λευκαίνω fut pass ind 1s, make white

[19] ἀκουτίζω fut act ind 2s, cause to hear

[20] ἀγαλλίασις, εως, ἡ, exultation

[21] εὐφροσύνη, ης, ἡ, joy, gladness, cheerfulness

[22] ἀγαλλιάομαι fut mid ind 3p, exult, rejoice

[23] ὀστέον, ου, bone

[24] ταπεινόω perf pass ptcp n.p.nom., lower, humble, humiliate, abase

[25] ἀποστρέφω aor act impv 2s, turn away, turn back

πάσας τὰς ἀνομίας[1] μου ἐξάλειψον.[2] **10** καρδίαν καθαρὰν[3] κτίσον[4] ἐν ἐμοί, ὁ Θεός, καὶ πνεῦμα εὐθὲς[5] ἐγκαίνισον[6] ἐν τοῖς ἐγκάτοις[7] μου. **11** μὴ ἀπορίψῃς[8] με ἀπὸ τοῦ προσώπου σου, καὶ τὸ πνεῦμα τὸ ἅγιόν σου μὴ ἀντανέλῃς[9] ἀπ' ἐμοῦ. **12** ἀπόδος μοι τὴν ἀγαλλίασιν[10] τοῦ σωτηρίου[11] σου, καὶ πνεύματι ἡγεμονικῷ[12] στήρισόν[13] με. **13** διδάξω ἀνόμους[14] τὰς ὁδούς σου, καὶ ἀσεβεῖς[15] ἐπιστρέψουσιν ἐπὶ σέ. **14** ῥῦσαί[16] με ἐξ αἱμάτων, ὁ Θεός, ὁ Θεὸς τῆς σωτηρίας μου· **15** ἀγαλλιάσεται[17] ἡ γλῶσσά μου τὴν δικαιοσύνην σου. Κύριε, τὸ στόμα μου ἀνοίξεις, καὶ τὰ χείλη[18] μου ἀναγγελεῖ[19] τὴν αἴνεσίν[20] σου. **16** ὅτι εἰ ἠθέλησας θυσίαν,[21] ἔδωκα ἄν· ὁλοκαυτώματα[22] οὐκ εὐδοκήσεις.[23] **17** θυσία[24] τῷ Θεῷ

---

[1] ἀνομία, ας, ἡ, lawlessness, transgression
[2] ἐξαλείφω aor act impv 2s, wipe away, erase
[3] καθαρός, ά, όν, clean, pure
[4] κτίζω aor act impv 2s, create
[5] εὐθής, ές, upright
[6] ἐγκαινίζω aor act impv 2s, renew, ratify, inaugurate, dedicate
[7] ἔγκατα, άτων, τά, inmost parts
[8] ἀπορίπτω aor act sub 2s, throw away, drive away
[9] ἀντanαιρέω aor act sub 2s, take away
[10] ἀγαλλίασις, εως, ἡ, exultation, joy
[11] σωτήριος, ον, salvation
[12] ἡγεμονικός, όν, guiding, leading
[13] στηρίζω aor act impv 2s, set up, establish, support, strengthen

[14] ἄνομος, ον, lawless, transgressor, sinner
[15] ἀσεβής, ές, irreverent, impious, ungodly
[16] ῥύομαι aor mid impv 2s, save, rescue, deliver, preserve
[17] ἀγαλλιάομαι fut mid ind 3s, exult, rejoice
[18] χεῖλος, ους, τό, lips
[19] ἀναγγέλλω fut act ind 3s, report, announce, proclaim, teach
[20] αἴνεσις, εως, ἡ, praise
[21] θυσία, ας, ἡ, offering, sacrifice
[22] ὁλοκαύτωμα, ατος, τό, whole burnt offerings
[23] εὐδοκέω fut act ind 2s, consent, determine, resolve
[24] θυσία, ας, ἡ, sacrifice, offering

πνεῦμα συντετριμμένον·[1] καρδίαν συντετριμμένην[2] καὶ τεταπεινωμένην[3] ὁ Θεὸς οὐκ ἐξουθενώσει.[4]

19:1 Τῶν τοσούτων[5] οὖν καὶ τοιούτων οὕτως μεμαρτυρημένων τὸ ταπεινοφροῦν[6] καὶ τὸ ὑποδεὲς[7] διὰ τῆς ὑπακοῆς[8] οὐ μόνον ἡμᾶς ἀλλὰ καὶ τὰς πρὸ ἡμῶν γενεὰς βελτίους[9] ἐποίησεν, τούς τε καταδεξαμένους[10] τὰ λόγια[11] αὐτοῦ ἐν φόβῳ καὶ ἀληθείᾳ. **2** Πολλῶν οὖν καὶ μεγάλων καὶ ἐνδόξων[12] μετειληφότες[13] πράξεων,[14] ἐπαναδράμωμεν[15] ἐπὶ τὸν ἐξ ἀρχῆς παραδεδομένον ἡμῖν τῆς εἰρήνης σκοπόν,[16] καὶ ἀτενίσωμεν[17] εἰς τὸν πατέρα καὶ κτίστην[18] τοῦ σύμπαντος[19] κόσμου, καὶ ταῖς μεγαλοπρεπέσι[20] καὶ ὑπερβαλλούσαις[21] αὐτοῦ δωρεαῖς[22] τῆς εἰρήνης εὐεργεσίαις[23] τε κολληθῶμεν.[24] **3** ἴδωμεν αὐτὸν κατὰ διάνοιαν[25] καὶ ἐμβλέψωμεν[26] τοῖς ὄμμασιν[27] τῆς ψυχῆς εἰς τὸ μακρόθυμον[28]

---

[1] συντρίβω perf pass ptcp n.s.nom., shatter, smash, crush

[2] συντρίβω perf pass ptcp f.s.acc., shatter, smash, crush

[3] ταπεινόω perf pass ptcp f.s.acc., humble, humiliate, abase

[4] ἐξουθενέω fut act ind 3s, disdain, reject disdainfully, treat with contempt

[5] τοσοῦτος, αύτη, οῦτον, so many

[6] ταπεινόφρων, ον, ονος, humble

[7] ὑποδεής, ές, inferior, subservient

[8] ὑπακοή, ῆς, ἡ, obedience

[9] βελτίων, ον, superior, better

[10] καταδέχομαι aor mid ptcp m.p.acc., receive, accept

[11] λόγιον, ου, τό, a saying

[12] ἔνδοξος, ον, glorious, splendid

[13] μεταλαμβάνω perf act ptcp m.p.nom., have a share in

[14] πρᾶξις, εως, ἡ, deed, act, action

[15] ἐπανατρέχω aor act sub 1p, race

[16] σκοπός, οῦ, ὁ, goal, mark

[17] ἀτενίζω aor act sub 1p, look intently at, stare at

[18] κτίστης, ου, ὁ, the Creator

[19] σύμπας, ασα, αν, all together, whole

[20] μεγαλοπρεπής, ές, magnificient, sublime, majestic, impressive

[21] ὑπερβάλλω pres act ptcp f.p.dat., go beyond, surpass, outdo

[22] δωρεά, ᾶς, ἡ, gift, bounty

[23] εὐεργεσία, ας, ἡ, service, doing of good

[24] κολλάω aor pass sub 1p, bind closely, unite, cling to

[25] διάνοια, ας, ἡ, understanding, intelligence, mind

[26] ἐμβλέπω aor act sub 1p, look at, gaze on

[27] ὄμμα, ατος, τό, eye

[28] μακρόθυμος, ον, patient, forbearing, tolerant, even-tempered

αὐτοῦ βούλημα·[1] νοήσωμεν[2] πῶς ἀόργητος[3] ὑπάρχει πρὸς πᾶσαν τὴν κτίσιν[4] αὐτοῦ.

20:1 Οἱ οὐρανοὶ τῇ διοικήσει[5] αὐτοῦ σαλευόμενοι[6] ἐν εἰρήνῃ ὑποτάσσονται αὐτῷ. **2** ἡμέρα τε καὶ νὺξ τὸν τεταγμένον[7] ὑπ' αὐτοῦ δρόμον[8] διανύουσιν,[9] μηδὲν ἀλλήλοις ἐμποδίζοντα.[10] **3** ἥλιός τε καὶ σελήνη[11] ἀστέρων[12] τε χοροὶ[13] κατὰ τὴν διαταγὴν[14] αὐτοῦ ἐν ὁμονοίᾳ[15] δίχα[16] πάσης παρεκβάσεως[17] ἐξελίσσουσιν[18] τοὺς ἐπιτεταγμένους[19] αὐτοῖς ὁρισμούς.[20] **4** γῆ κυοφοροῦσα[21] κατὰ τὸ θέλημα αὐτοῦ τοῖς ἰδίοις καιροῖς τὴν πανπληθῆ[22] ἀνθρώποις τε καὶ θηρσὶν[23] καὶ πᾶσιν τοῖς οὖσιν ἐπ' αὐτὴν ζώοις[24] ἀνατέλλει[25] τροφήν,[26] μὴ διχοστατοῦσα[27] μηδὲ ἀλλοιοῦσά[28] τι τῶν δεδογματισμένων[29] ὑπ' αὐτοῦ. **5** ἀβύσσων[30] τε

---

[1] βούλημα, ατος, τό, intention, will
[2] νοέω aor act sub 1p, apprehend, understand, gain an insight into
[3] ἀόργητος, ον, free from anger
[4] κτίσις, εως, ἡ, creation
[5] διοίκησις, εως, ἡ, administration, management
[6] σαλεύω pres mid ptcp m.p.nom., be shaken, made to waver
[7] τάσσω perf mid ptcp m.s.acc., arrange, put in place
[8] δρόμος, ου, ὁ, course
[9] διανύω pres act ind 3p, complete
[10] ἐμποδίζω pres act ptcp m.s.acc., hinder
[11] σελήνη, ης, ἡ, moon
[12] ἀστήρ, έρος, ὁ, star, single star, planet
[13] χορός, οῦ, ὁ, chorus, choir
[14] διαταγή, ῆς, ἡ, ordinance, direction
[15] ὁμόνοια, ας, ἡ, oneness of mind, unanimity, concord, harmony

[16] δίχα, adv, apart from, without
[17] παρέκβασις, εως, ἡ, deviation
[18] ἐξελίσσω pres act ind 3p, unroll
[19] ἐπιτάσσω perf mid ptcp m.p.acc., order, command
[20] ὁρισμός, οῦ, ὁ, fixed course
[21] κυοφορέω pres act ptcp f.s.nom., be pregnant, fruitful
[22] παμπληθής, ές, in full abundance, a vast amount of
[23] θήρ, ός, ὁ, (wild) animal
[24] ζῷον, ου, τό, animal, living thing
[25] ἀνατέλλω pres act ind 3s, spring up, rise up
[26] τροφή, ῆς, ἡ, nourishment, food
[27] διχοστατέω pres act ptcp f.s.nom., disagree, feel doubts, be insecure
[28] ἀλλοιόω pres act ptcp f.s.nom., cause to be different, change
[29] δογματίζω perf mid ptcp n.p.gen., obligate
[30] ἄβυσσος, ου, ἡ, depth, abyss

ἀνεξιχνίαστα[1] καὶ νερτέρων[2] ἀνεκδιήγητα[3] * κρίματα *[4] τοῖς αὐτοῖς συνέχεται[5] προστάγμασιν.[6] 6 τὸ κύτος[7] τῆς ἀπείρου[8] θαλάσσης κατὰ τὴν δημιουργίαν[9] αὐτοῦ συσταθὲν[10] εἰς τὰς συναγωγὰς οὐ παρεκβαίνει[11] τὰ περιτεθειμένα[12] αὐτῇ κλεῖθρα,[13] ἀλλὰ καθὼς διέταξεν[14] αὐτῇ, οὕτως ποιεῖ. 7 εἶπεν γάρ· "Εως ὧδε ἥξεις,[15] καὶ τὰ κύματά[16] σου ἐν σοὶ συντριβήσεται.[17] 8 ὠκεανὸς[18] ἀνθρώποις ἀπέρατος[19] καὶ οἱ μετ' αὐτὸν κόσμοι ταῖς αὐταῖς ταγαῖς[20] τοῦ δεσπότου[21] διευθύνονται.[22] 9 καιροὶ ἐαρινοὶ[23] καὶ θερινοὶ[24] καὶ μετοπωρινοὶ[25] καὶ χειμερινοὶ[26] ἐν εἰρήνῃ μεταπαραδιδόασιν[27] ἀλλήλοις. 10 ἀνέμων σταθμοὶ[28] κατὰ τὸν ἴδιον καιρὸν τὴν λειτουργίαν[29] αὐτῶν ἀπροσκόπως[30] ἐπιτελοῦσιν·[31] ἀέναοί[32] τε

---

[1] ἀνεξιχνίαστος, ον, inscrutable, incomprehensible
[2] νέρτερος, α, ον, belonging to the underworld
[3] ἀνεκδιήγητος, ον, indescribable
[4] κρίμα, ατος, τό, judgment, decision, decree
[5] συνέχω pres mid ind 3s, hold together, sustain
[6] πρόσταγμα, ατος, τό, order, commandment, injunction
[7] κύτος, ους, τό, hollow (place)
[8] ἄπειρος, ον, unacquainted with, unaccustomed to
[9] δημιουργία, ας, ἡ, creative act
[10] συνίστημι aor pass ptcp n.s.nom., unite, collect, gather together
[11] παρεκβαίνω pres act ind 3s, go beyond, transgress
[12] περιτίθημι perf mid ptcp n.p.acc., put, place around, on
[13] κλεῖθρον, ου, τό, barrier
[14] διατάσσω aor act ind 3s, order
[15] ἥκω fut act ind 2s, have come, be present

[16] κῦμα, ατος, τό, wave
[17] συντρίβω fut pass ind 3s, shatter, smash, crush
[18] ὠκεανός, οῦ, ὁ, ocean
[19] ἀπέρατος, ον, not passed, impassible
[20] ταγή, ῆς, ἡ, command, decree
[21] δεσπότης, ου, ὁ, lord, master
[22] διευθύνω pres pass ind 3p, guide, direct, govern
[23] ἐαρινός, ή, όν, spring
[24] θερινός, ή, όν, summer
[25] μετοπωρινός, όν, autumn
[26] χειμερινός, ή, όν, winter
[27] μεταπαραδίδωμι pres act ind 3p, give place to succeed, follow
[28] σταθμός, οῦ, ὁ, station, weight
[29] λειτουργία, ας, ἡ, service, ministry
[30] ἀπροσκόπως, without stumbling
[31] ἐπιτελέω pres act ind 3p, finish, complete
[32] ἀέναος, ον, ever-flowing, eternal

πηγαί,[1] πρὸς ἀπόλαυσιν[2] καὶ ὑγείαν[3] δημιουργηθεῖσαι,[4] δίχα[5] ἐλλείψεως[6] παρέχονται[7] τοὺς πρὸς ζωῆς ἀνθρώποις μαζούς.[8] τά τε ἐλάχιστα[9] τῶν ζώων[10] τὰς συνελεύσεις[11] αὐτῶν ἐν ὁμονοίᾳ[12] καὶ εἰρήνῃ ποιοῦνται. **11** Ταῦτα πάντα ὁ μέγας δημιουργὸς[13] καὶ δεσπότης[14] τῶν ἁπάντων ἐν εἰρήνῃ καὶ ὁμονοίᾳ[15] προσέταξεν[16] εἶναι, εὐεργετῶν[17] τὰ πάντα, ὑπερεκπερισσῶς[18] δὲ ἡμᾶς τοὺς προσπεφευγότας[19] τοῖς οἰκτιρμοῖς[20] αὐτοῦ διὰ τοῦ Κυρίου ἡμῶν Ἰησοῦ Χριστοῦ, **12** ᾧ ἡ δόξα καὶ ἡ μεγαλωσύνη[21] εἰς τοὺς αἰῶνας τῶν αἰώνων. ἀμήν.

21:1 Ὁρᾶτε, ἀγαπητοί, μὴ αἱ εὐεργεσίαι[22] αὐτοῦ αἱ πολλαὶ γένωνται εἰς κρίμα[23] πᾶσιν ἡμῖν, ἐὰν μὴ ἀξίως[24] αὐτοῦ πολιτευόμενοι[25] τὰ καλὰ καὶ εὐάρεστα[26] ἐνώπιον αὐτοῦ ποιῶμεν

---

[1] πηγή, ῆς, ἡ, spring, fountain, flow
[2] ἀπόλαυσις, εως, ἡ, enjoyment
[3] ὑγεία, ας, ἡ, health
[4] δημιουργέω aor pass ptcp f.p.nom., create
[5] δίχα, adv, apart from, without
[6] ἔλλειψις, εως, ἡ, failing
[7] παρέχω pres mid ind 3p, give up, offer, present
[8] μαζός, οῦ, ὁ, breast
[9] ἐλάχιστος, ίστη, ον, least, very small, short
[10] ζῷον, ου, τό, animal, living thing
[11] συνέλευσις, εως, ἡ, come together, intercourse
[12] ὁμόνοια, ας, ἡ, oneness of mind, unanimity, concord, harmony
[13] δημιουργός, οῦ, ὁ, craftsworker, builder, maker, creator
[14] δεσπότης, ου, ὁ, lord, master
[15] ὁμόνοια, ας, ἡ, oneness of mind, unanimity, concord, harmony

[16] προστάσσω aor act ind 3s, command, order, give instructions
[17] εὐεργετέω pres act ptcp m.s.nom., do good to, benefit
[18] ὑπερεκπερισσῶς, adv, beyond all measure, most highly
[19] προσφεύγω perf act ptcp m.p.acc., flee for refuge
[20] οἰκτιρμός, οῦ, ὁ, mercy, compassion
[21] μεγαλωσύνη, ης, ἡ, majesty
[22] εὐεργεσία, ας, ἡ, good, deed, benefit, a kindness
[23] κρίμα, ατος, τό, dispute, lawsuit, judging, judgment
[24] ἀξίως, adv, worthily, suitably
[25] πολιτεύομαι pres mid ptcp m.p.nom, live, lead one's life
[26] εὐάρεστος, ον, pleasing, acceptable

μεϑ' ὁμονοίας.[1] **2** λέγει γάρ που·[2] Πνεῦμα Κυρίου λύχνος[3] ἐρευνῶν[4] τὰ ταμιεῖα[5] τῆς γαστρός.[6] **3** Ἴδωμεν πῶς ἐγγύς ἐστιν, καὶ ὅτι οὐδὲν λέληϑεν[7] αὐτὸν τῶν ἐννοιῶν[8] ἡμῶν οὐδὲ τῶν διαλογισμῶν[9] ὧν ποιούμεθα. **4** δίκαιον οὖν ἐστιν μὴ λειποτακτεῖν[10] ἡμᾶς ἀπὸ τοῦ θελήματος αὐτοῦ. **5** μᾶλλον ἀνθρώποις ἄφροσι[11] καὶ ἀνοήτοις[12] καὶ ἐπαιρομένοις[13] καὶ ἐγκαυχωμένοις[14] ἐν ἀλαζονείᾳ[15] τοῦ λόγου αὐτῶν προσκόψωμεν[16] ἢ τῷ Θεῷ. **6** τὸν Κύριον Ἰησοῦν Χριστόν, οὗ τὸ αἷμα ὑπὲρ ἡμῶν ἐδόθη, ἐντραπῶμεν·[17] τοὺς προηγουμένους[18] ἡμῶν αἰδεσθῶμεν,[19] τοὺς πρεσβυτέρους ἡμῶν τιμήσωμεν,[20] τοὺς νέους[21] παιδεύσωμεν[22] τὴν παιδείαν[23] τοῦ φόβου τοῦ Θεοῦ, τὰς γυναῖκας ἡμῶν ἐπὶ τὸ ἀγαθὸν διορθωσώμεθα·[24] **7** τὸ ἀξιαγάπητον[25] τῆς

---

[1] ὁμόνοια, ας, ἡ, oneness of mind, unanimity, concord, harmony
[2] πού, adv, somewhere
[3] λύχνος, ου, ὁ, lamp
[4] ἐρευνάω pres act ptcp m.s.nom., search, examine, investigate
[5] ταμιεῖον, ου, τό, hidden, secret
[6] γαστήρ, τρός, ἡ, belly, womb
[7] λανθάνω perf act ind 3s, be hidden, escape
[8] ἔννοια, ας, ἡ, thought, knowledge, insight
[9] διαλογισμός, οῦ, ὁ, reasoning, thought, opinion, design
[10] λειποτακτέω pres act inf, turn away
[11] ἄφρων, ον, ονος, foolish, ignorant
[12] ἀνόητος, ον, unintelligent, foolish, dull-witted
[13] ἐπαίρω pres mid ptcp m.p.dat., lift up, hold up, exalt

[14] ἐγκαυχάομαι pres mid ptcp m.p.dat., boast
[15] ἀλαζονεία, ας, ἡ, pretension, arrogance
[16] προσκόπτω aor act sub 1p, give offense, strike against, stumble
[17] ἐντρέπω aor pass sub 1p, regard for, respect
[18] προηγέομαι pres mid ptcp m.p.acc., go before, show the way, preside
[19] αἰδέομαι aor pass sub 1p, respect
[20] τιμάω aor act sub 1p, estimate, value, esteem
[21] νέος, α, ον, young
[22] παιδεύω aor act sub 1p, educate, instruct
[23] παιδεία, ας, ἡ, discipline, correction
[24] διορθόω aor mid sub 1p, set on the right path
[25] ἀξιαγάπητος, ον, worthy of love

ἀγνείας[1] ἦθος[2] ἐνδειξάσθωσαν,[3] τὸ ἀκέραιον[4] τῆς πραΰτητος[5] αὐτῶν βούλημα[6] ἀποδειξάτωσαν,[7] τὸ ἐπιεικὲς[8] τῆς γλώσσης αὐτῶν διὰ τῆς σιγῆς[9] φανερὸν[10] ποιησάτωσαν, τὴν ἀγάπην αὐτῶν μὴ κατὰ προσκλίσεις[11] ἀλλὰ πᾶσιν τοῖς φοβουμένοις τὸν Θεὸν ὁσίως[12] ἴσην[13] παρεχέτωσαν.[14] **8** τὰ τέκνα ἡμῶν τῆς ἐν Χριστῷ παιδείας[15] μεταλαμβανέτωσαν·[16] μαθέτωσαν,[17] τί ταπεινοφροσύνη[18] παρὰ Θεῷ ἰσχύει,[19] τί ἀγάπη ἁγνὴ[20] παρὰ τῷ Θεῷ δύναται, πῶς ὁ φόβος αὐτοῦ καλὸς καὶ μέγας καὶ σῴζων πάντας τοὺς ἐν αὐτῷ ὁσίως[21] ἀναστρεφομένους[22] ἐν καθαρᾷ[23] διανοίᾳ.[24] **9** ἐρευνητὴς[25] γάρ ἐστιν ἐννοιῶν[26] καὶ ἐνθυμήσεων·[27] οὗ ἡ πνοὴ[28] αὐτοῦ ἐν ἡμῖν ἐστίν, καὶ ὅταν θέλῃ ἀνελεῖ[29] αὐτήν.

---

[1] ἀγνεία, ας, ἡ, purity, chastity
[2] ἦθος, ους, τό, custom, usage, habit
[3] ἐνδείκνυμι aor mid impv 3p, show, demonstrate
[4] ἀκέραιος, ον, pure, innocent
[5] πραΰτης, ητος, ἡ, gentleness, humility, courtesy, meekness
[6] βούλημα, ατος, τό, intention
[7] ἀποδείκνυμι aor act impv 3p, make, render, proclaim, appoint
[8] ἐπιεικής, ές, yielding, gentle, kind, courteous, tolerant
[9] σιγή, ῆς, ἡ, silence, quiet
[10] φανερός, ά, όν, plain, evident, known
[11] πρόσκλισις, εως, ἡ, partisanship, favoritism, inclination
[12] ὁσίως, adv, devoutly
[13] ἴσος, η, ον, equal, without partiality
[14] παρέχω pres act impv 3p, present, grant, show, give up
[15] παιδεία, ας, ἡ, upbringing, training, instruction

[16] μεταλαμβάνω pres act impv 3p, have a share in
[17] μανθάνω aor act impv 3p, learn
[18] ταπεινοφροσύνη, ης, ἡ, humility, modesty
[19] ἰσχύω pres act ind 3s, have power, be competent, be able
[20] ἁγνός, ή, όν, pure, holy
[21] ὁσίως, adv, devoutly, manner pleasing to God
[22] ἀνατρέφω pres pass ptcp m.p.acc., bring up, care for, rear, train
[23] καθαρός, ά, όν, clean, pure
[24] διάνοια, ας, ἡ, mind, understanding, intelligence
[25] ἐρευνητής, οῦ, ὁ, searcher, examiner
[26] ἔννοια, ας, ἡ, thought, knowledge, insight
[27] ἐνθύμησις, εως, ἡ, thought, reflection, idea
[28] πνοή, ῆς, ἡ, wind, breath
[29] ἀναιρέω fut act ind 3s, take away, destroy

22:1 Ταῦτα δὲ πάντα βεβαιοῖ[1] ἡ ἐν Χριστῷ πίστις· καὶ γὰρ αὐτὸς διὰ τοῦ πνεύματος τοῦ ἁγίου οὕτως προσκαλεῖται[2] ἡμᾶς· Δεῦτε[3] τέκνα, ἀκούσατέ μου, φόβον Κυρίου διδάξω ὑμᾶς. **2** τίς ἐστιν ἄνθρωπος ὁ θέλων ζωήν, ἀγαπῶν ἡμέρας ἰδεῖν ἀγαθάς; **3** παῦσον[4] τὴν γλῶσσάν σου ἀπὸ κακοῦ, καὶ χείλη[5] τοῦ μὴ λαλῆσαι δόλον.[6] **4** ἔκκλινον[7] ἀπὸ κακοῦ καὶ ποίησον ἀγαθόν. **5** ζήτησον εἰρήνην καὶ δίωξον αὐτήν.

22:6 ὀφθαλμοὶ Κυρίου ἐπὶ δικαίους, καὶ ὦτα αὐτοῦ πρὸς δέησιν αὐτῶν·[8] πρόσωπον δὲ Κυρίου ἐπὶ ποιοῦντας κακά, τοῦ ἐξολεθρεῦσαι[9] ἐκ γῆς τὸ μνημόσυνον[10] αὐτῶν. **7** ἐκέκραξεν ὁ δίκαιος, καὶ ὁ Κύριος εἰσήκουσεν[11] αὐτοῦ, καὶ ἐκ πασῶν τῶν θλίψεων αὐτοῦ ἐρύσατο[12] αὐτόν. **8** πολλαὶ αἱ θλίψεις τοῦ δικαίου καὶ ἐκ πασῶν αὐτῶν ῥύσεται[13] αὐτὸν ὁ Κύριος· εἶτα·[14] Πολλαὶ αἱ μάστιγες[15] τοῦ ἁμαρτωλοῦ, τοὺς δὲ ἐλπίζοντας ἐπὶ Κύριον ἔλεος[16] κυκλώσει.[17]

---

[1] βεβαιόω pres act ind 3s, confirm, establish
[2] προσκαλέω pres mid ind 3s, call on, call to oneself, invite
[3] δεῦτε, adv, come
[4] παύω aor act impv 2s, stop, quiet, relieve
[5] χεῖλος, ους, τό, lips
[6] δόλος, ου, ὁ, deceit, cunning, treachery
[7] ἐκκλίνω aor act impv 2s, steer clear of, cease
[8] δέησις, εως, ἡ, prayer
[9] ἐξολεθρεύω aor act inf, destroy utterly, root out

[10] μνημόσυνον, ου, τό, memory, remembrance
[11] ἰσακούω aor act ind 3s, obey, hear
[12] ῥύομαι aor mid ind 3s, save, rescue, deliver, preserve
[13] ῥύομαι fut mid ind 3s, save, rescue, deliver, preserve
[14] εἶτα, adv, then, next, futhermore
[15] μάστιξ, ιγος, ἡ, whip, lash, torment, suffering
[16] ἔλεος, ους, τό, mercy, compassion, pity, clemency
[17] κυκλόω fut act ind 3s, surround, encircle

23:1 Ὁ οἰκτίρμων[1] κατὰ πάντα καὶ εὐεργετικὸς[2] πατὴρ ἔχει σπλάγχνα[3] ἐπὶ τοὺς φοβουμένους αὐτόν, ἠπίως[4] τε καὶ προσηνῶς[5] τὰς χάριτας αὐτοῦ ἀποδιδοῖ τοῖς προσερχομένοις αὐτῷ ἁπλῇ[6] διανοίᾳ.[7] **2** διὸ μὴ διψυχῶμεν,[8] μηδὲ ἰνδαλλέσθω[9] ἡ ψυχὴ ἡμῶν ἐπὶ ταῖς ὑπερβαλλούσαις[10] καὶ ἐνδόξοις[11] δωρεαῖς[12] αὐτοῦ. **3** πόρρω[13] γενέσθω ἀφ' ἡμῶν ἡ γραφὴ αὕτη, ὅπου λέγει· Ταλαίπωροί[14] εἰσιν οἱ δίψυχοι,[15] οἱ διστάζοντες[16] τὴν ψυχήν, οἱ λέγοντες· Ταῦτα ἠκούσαμεν καὶ ἐπὶ τῶν πατέρων ἡμῶν, καὶ ἰδού, γεγηράκαμεν[17] καὶ οὐδὲν ἡμῖν τούτων συνβέβηκεν.[18] **4** ὦ[19] ἀνόητοι,[20] συμβάλετε[21] ἑαυτοὺς ξύλῳ·[22] λάβετε ἄμπελον·[23] πρῶτον μὲν φυλλοροεῖ,[24] εἶτα[25] βλαστὸς[26] γίνεται, εἶτα[27]

---

[1] οἰκτίρμων, ον, merciful, compassionate
[2] εὐεργετικός, ή, όν, beneficent
[3] σπλάγχνον, ου, τό, inward parts, entrails, love, affection
[4] ἠπίως, adv, kindly
[5] προηνῶς, adv, gently, lovingly, kindly
[6] ἁπλοῦς, ῆ, οῦν, single, without guile, sincere, straightforward
[7] διάνοια, ας, ἡ, mind, understanding, intelligence
[8] διψυχέω pres act sub 1p, be undecided, changeable, doubt
[9] ἰνδάλλομαι pres mid impv 3s, form false ideas, entertain strange notions
[10] ὑπερβάλλω pres act ptcp f.p.dat., go beyond, surpass, outdo
[11] ἔνδοξος, ον, honored, distinguished, eminent, glorious, splendid
[12] δωρεά, ᾶς, ἡ, gift, bounty

[13] πόρρω, adv, far (away)
[14] ταλαίπωρος, ον, miserable, wretched, distressed
[15] δίψυχος, ον, double-minded, doubting, hesitating
[16] διστάζω pres act ptcp m.p.nom., doubt, waver
[17] γηράσκω perf act ind 1p, grow old
[18] συμβαίνω perf act ind 3s, happen, come about
[19] ὦ, intj, Oh!
[20] ἀνόητος, ον, foolish, unintelligent, dull-witted
[21] συμβάλλω aor act impv 2p, compare
[22] ξύλον, ου, τό, wood, tree
[23] ἄμπελος, ου, ἡ, vine, grapevine
[24] φυλλορροέω pres act ind 3s, shed leaves
[25] εἶτα, adv, then, next
[26] βλαστός, οῦ, ὁ, bud, sprout
[27] εἶτα, adv, next, then

φύλλον,[1] εἶτα[2] ἄνθος,[3] καὶ μετὰ ταῦτα ὄμφαξ,[4] εἶτα[5] σταφυλὴ[6] παρεστηκυῖα. Ὁρᾶτε ὅτι ἐν καιρῷ ὀλίγῳ εἰς πέπειρον[7] καταντᾷ[8] ὁ καρπὸς τοῦ ξύλου.[9] **5** ἐπ᾽ ἀληθείας ταχὺ[10] καὶ ἐξαίφνης[11] τελειωθήσεται[12] τὸ βούλημα[13] αὐτοῦ, συνεπιμαρτυρούσης[14] καὶ τῆς γραφῆς ὅτι· Ταχὺ[15] ἥξει[16] καὶ οὐ χρονιεῖ,[17] καὶ ἐξαίφνης[18] ἥξει[19] ὁ Κύριος εἰς τὸν ναὸν αὐτοῦ, καὶ ὁ ἅγιος ὃν ὑμεῖς προσδοκᾶτε.[20]

24:1 Κατανοήσωμεν,[21] ἀγαπητοί, πῶς ὁ δεσπότης[22] ἐπιδείκνυται[23] διηνεκῶς[24] ἡμῖν τὴν μέλλουσαν ἀνάστασιν ἔσεσθαι, ἧς τὴν ἀπαρχὴν[25] ἐποιήσατο τὸν Κύριον Ἰησοῦν Χριστὸν ἐκ νεκρῶν ἀναστήσας. **2** ἴδωμεν, ἀγαπητοί, τὴν κατὰ καιρὸν γινομένην ἀνάστασιν.

---

[1] φύλλον, ου, τό, leaf, foilage

[2] εἶτα, adv, next, then

[3] ἄνθος, ους, τό, blossom, flower

[4] ὄμφαξ, ακος, ἡ, ὁ, unripe grape

[5] εἶτα, adv, next, then

[6] σταφυλή, ῆς, ἡ, (a bunch of) grapes

[7] πέπειρος, ον, ripe

[8] καταντάω pres act ind 3s, come, arrive, reach

[9] ξύλον, ου, τό, wood, tree

[10] ταχύ, adv, quickly

[11] ἐξαίφνης, adv, suddenly, unexpectedly

[12] τελειόω fut pass ind 3s, complete, bring to an end, accomplish

[13] βούλημα, ατος, τό, intention, will

[14] συνεπιμαρτυρέω pres act ptcp f.s.gen., testify at the same time

[15] ταχύ, adv, quickly

[16] ἥκω fut act ind 3s, come, present

[17] χρονίζω fut act ind 3s, take time, stay away for a long time

[18] ἐξαίφνης, adv, suddenly, unexpectedly

[19] ἥκω fut act ind 3s, come, present

[20] προσδοκάω pres act ind 2p, wait for, look for, expect

[21] κατανοέω aor act sub 1p, notice, observe, consider

[22] δεσπότης, ου, ὁ, lord, master

[23] ἐπιδείκνυμι pres mid ind 3s, show, point out

[24] διηνεκῶς, adv, continually, without

[25] ἀπαρχή, ῆς, ἡ, first fruit, first portion

24:3 ἡμέρα καὶ νὺξ ἀνάστασιν ἡμῖν δηλοῦσιν·[1] κοιμᾶται[2] ἡ νύξ, ἀνίσταται ἡ ἡμέρα· ἡ ἡμέρα ἄπεισιν,[3] νὺξ ἐπέρχεται.[4] **4** λάβωμεν τοὺς καρπούς· ὁ σπόρος[5] πῶς καὶ τίνα τρόπον[6] γίνεται; **5** ἐξῆλθεν ὁ σπείρων καὶ ἔβαλεν εἰς τὴν γῆν ἕκαστον τῶν σπερμάτων, ἅτινα πεσόντα εἰς τὴν γῆν ξηρὰ[7] καὶ γυμνὰ[8] διαλύεται·[9] εἶτ'[10] ἐκ τῆς διαλύσεως[11] ἡ μεγαλειότης[12] τῆς προνοίας[13] τοῦ δεσπότου[14] ἀνίστησιν αὐτά, καὶ ἐκ τοῦ ἑνὸς πλείονα αὔξει[15] καὶ ἐκφέρει[16] καρπόν.

25:1 Ἴδωμεν τὸ παράδοξον[17] σημεῖον τὸ γινόμενον ἐν τοῖς ἀνατολικοῖς[18] τόποις, τουτέστιν[19] τοῖς περὶ τὴν Ἀραβίαν.[20] **2** ὄρνεον[21] γάρ ἐστιν, ὁ προσονομάζεται[22] φοῖνιξ.[23] τοῦτο μονογενὲς[24] ὑπάρχον ζῇ ἔτη πεντακόσια·[25] γενόμενόν τε ἤδη πρὸς ἀπόλυσιν[26] τοῦ ἀποθανεῖν αὐτό, σηκὸν[27] ἑαυτῷ ποιεῖ ἐκ

---

[1] δηλόω pres act ind 3p, make clear, reveal, show
[2] κοιμάω pres mid ind 3s, sleep, fall asleep
[3] ἄπειμι pres act ind 3s, go away, go, come
[4] ἐπέρχομαι pres mid ind 3s, come, arrive, happen
[5] σπόρος, ου, ὁ, sowing, seed
[6] τρόπος, ου, ὁ, manner, way, kind, guise
[7] ξηρός, ά, όν, dry
[8] γυμνός, ή, όν, naked, stripped, bare
[9] διαλύω pres mid ind 3s, break up, dissolve
[10] εἶτα, adv, then, next
[11] διάλυσις, εως, ἡ, dissolution, decay
[12] μεγαλειότης, ητος, ἡ, grandeur, sublimity, majesty

[13] πρόνοια, ας, ἡ, forethought, foresight, providence
[14] δεσπότης, ου, ὁ, lord, master
[15] αὔξω pres act ind 3s, increase, grow
[16] ἐκφέρω pres act ind 3s, carry, bring out, bring
[17] παράδοξος, ον, wonderful, remarkable, strange
[18] ἀνατολικός, ή, όν, eastern
[19] τουτέστιν, pres act ind 3s, that is
[20] Ἀραβία, ας, ἡ, Arabia
[21] ὄρνεον, ου, τό, bird
[22] προσονομάζω pres pass ind 3s, give a name, name
[23] φοῖνιξ, ικος, ὁ, phoenix
[24] μονογενής, ές, only
[25] πεντακόσιοι, αι, α, five hundred
[26] ἀπόλυσις, εως, ἡ, dissolution
[27] σηκός, οῦ, ὁ, burial-place, sepulcher, tomb

λιβάνου[1] καὶ σμύρνης[2] καὶ τῶν λοιπῶν ἀρωμάτων,[3] εἰς ὃν πληρωθέντος τοῦ χρόνου εἰσέρχεται καὶ τελευτᾷ.[4] **3** σηπομένης[5] δὲ τῆς σαρκὸς σκώληξ[6] τις γεννᾶται, ὃς ἐκ τῆς ἰκμάδος[7] τοῦ τετελευτηκότος[8] ζῴου[9] ἀνατρεφόμενος[10] πτεροφυεῖ·[11] εἶτα[12] γενναῖος[13] γενόμενος αἴρει τὸν σηκὸν[14] ἐκεῖνον ὅπου τὰ ὀστᾶ[15] τοῦ προγεγονότος[16] ἐστίν, καὶ ταῦτα βαστάζων[17] διανύει[18] ἀπὸ τῆς Ἀραβικῆς[19] χώρας[20] ἕως τῆς Αἰγύπτου[21] εἰς τὴν λεγομένην Ἡλιούπολιν.[22] **4** καὶ ἡμέρας, βλεπόντων πάντων, ἐπιπτὰς[23] ἐπὶ τὸν τοῦ ἡλίου βωμὸν[24] τίθησιν αὐτά, καὶ οὕτως εἰς τοὐπίσω[25] ἀφορμᾷ.[26] **5** οἱ οὖν ἱερεῖς ἐπισκέπτονται[27] τὰς ἀναγραφὰς[28] τῶν χρόνων καὶ εὑρίσκουσιν αὐτὸν πεντακοσιοστοῦ[29] ἔτους ἔτους πεπληρωμένου.

---

[1] λίβανος, ου, ὁ, frankincense

[2] σμύρνα, ης, ἡ, myrrh

[3] ἄρωμα, ατος, τό, fragrant spice, salve, oil, perfume

[4] τελευτάω pres act ind 3s, come to an end, die

[5] σήπω pres mid ptcp f.s.gen., decay, rot

[6] σκώληξ, ηκος, ὁ, worm

[7] ἰκμάς, άδος, ἡ, moisture

[8] τελευτάω perf act ptcp n.s.gen., come to an end, die

[9] ζῷον, ον, τό, animal, living thing, being

[10] ἀνατρέφω pres mid ptcp m.s.nom., bring up, care for, rear, train

[11] πτεροφυέω pres act ind 3s, get/grow feathers/wings

[12] εἶτα, adv, then, next

[13] γενναῖος, α, ον, strong, powerful

[14] σηκός, οῦ, ὁ, burial-place, sepulcher, tomb

[15] ὀστέον, ου, bone

[16] προγίνομαι perf act ptcp n.s.gen., be born earlier, happen, done before, trans. of the former one, predecessor (i.e., the Phoenix)

[17] βαστάζω pres act ptcp m.s.nom., pick up, take up, carry, bear

[18] διανύω pres act ind 3s, complete, arrive (at)

[19] Ἀραβικός, ή, όν, Arabian

[20] χώρα, ας, ἡ, land, district, region, place, country

[21] Αἴγυπτος, ου, ἡ, Egypt

[22] Ἡλιούπολις, εως, ἡ, Heliopolis

[23] ἐπιπέτομαι aor act ptcp m.s.nom., fly upon

[24] βωμός, οῦ, ὁ, altar

[25] trans., back, return (composed of τό and ὀπίσω)

[26] ἀφορμάω pres act ind 3s, start, set out

[27] ἐπισκέπτομαι pres mid ind 3p, look at, examine, inspect

[28] ἀναγραφή, ῆς, ἡ, public records

[29] πεντακοσιοστός, ή, όν, five hundredth

26:1 Μέγα καὶ θαυμαστὸν[1] οὖν νομίζομεν[2] εἶναι, εἰ ὁ δημιουργὸς[3] τῶν ἁπάντων ἀνάστασιν ποιήσεται τῶν ὁσίως[4] αὐτῷ δουλευσάντων[5] ἐν πεποιθήσει[6] πίστεως ἀγαθῆς, ὅπου καὶ δι᾽ ὀρνέου[7] δείκνυσιν ἡμῖν τὸ μεγαλεῖον[8] τῆς ἐπαγγελίας αὐτοῦ; **2** λέγει γάρ που.[9] Καὶ ἐξαναστήσεις[10] με, καὶ ἐξομολογήσομαί[11] σοι, καὶ· Ἐκοιμήθην[12] καὶ ὕπνωσα,[13] ἐξηγέρθην,[14] ὅτι σὺ μετ᾽ ἐμοῦ εἶ. **3** καὶ πάλιν Ἰὼβ[15] λέγει· καὶ ἀναστήσεις τὴν σάρκα μου ταύτην τὴν ἀναντλήσασαν[16] ταῦτα πάντα.

27:1 Ταύτῃ οὖν τῇ ἐλπίδι προσδεδέσθωσαν[17] αἱ ψυχαὶ ἡμῶν τῷ πιστῷ ἐν ταῖς ἐπαγγελίαις καὶ τῷ δικαίῳ ἐν τοῖς κρίμασιν.[18] **2** ὁ παραγγείλας μὴ ψεύδεσθαι[19] πολλῷ μᾶλλον αὐτὸς οὐ ψεύσεται·[20] οὐδὲν γὰρ ἀδύνατον[21] παρὰ τῷ Θεῷ, εἰ μὴ τὸ ψεύσασθαι.[22] **3** ἀναζωπυρησάτω[23] οὖν ἡ πίστις αὐτοῦ ἐν ἡμῖν,

---

[1] θαυμαστός, ή, όν, wonderful, marvelous, remarkable
[2] νομίζω pres act ind 1p, common use, think, believe, hold, consider
[3] δημιουργός, οῦ, ὁ, craftsworker, builder, maker, creator
[4] ὁσίως, adv, devoutly
[5] δουλεύω aor act ptcp m.p.gen., be a slave, subjected
[6] πεποίθησις, εως, ἡ, confidence, trust
[7] ὄρνεον, ου, τό, bird
[8] μεγαλεῖος, α, ον, greatness, sublimity
[9] πού, adv, somewhere
[10] ἐξανίστημι fut act ind 2s, raise up, awaken
[11] ἐξομολογέω fut mid ind 1p, praise, confess, profess
[12] κοιμάω aor pass ind 1s, lay down, sleep, fall asleep

[13] ὑπνόω aor act ind 1s, sleep, go to sleep
[14] ἐξεγείρω aor pass ind 1s, awaken, raise
[15] Ἰώβ, ὁ, Job
[16] ἀναντλέω aor act ptcp f.s.acc., bear patiently, drain out, empty
[17] προσδέω perf pass impv 3p, tie bind
[18] κρίμα, ατος, τό, judgment, decision, decree
[19] ψεύδομαι pres mid inf, lie, tell a falsehood
[20] ψεύδομαι fut mid ind 3s, lie, tell a falsehood
[21] ἀδύνατος, ον, powerless, impotent, impossible
[22] ψεύδομαι aor mid inf, lie, tell a falsehood
[23] ἀναζωπυρέω aor act impv 3s, rekindle

καὶ νοήσωμεν[1] ὅτι πάντα ἐγγὺς αὐτῷ ἐστίν. **4** ἐν λόγῳ τῆς μεγαλωσύνης[2] αὐτοῦ συνεστήσατο[3] τὰ πάντα, καὶ ἐν λόγῳ δύναται αὐτὰ καταστρέψαι.[4] **5** Τίς ἐρεῖ αὐτῷ· Τί ἐποίησας; ἢ τίς ἀντιστήσεται[5] τῷ κράτει[6] τῆς ἰσχύος[7] αὐτοῦ; ὅτε θέλει καὶ ὡς θέλει ποιήσει πάντα, καὶ οὐδὲν μὴ παρέλθῃ[8] τῶν δεδογματισμένων[9] ὑπ' αὐτοῦ. **6** πάντα ἐνώπιον αὐτοῦ εἰσίν, καὶ οὐδὲν λέληθεν[10] τὴν βουλὴν[11] αὐτοῦ, **7** εἰ Οἱ οὐρανοὶ διηγοῦνται[12] δόξαν Θεοῦ, ποίησιν[13] δὲ χειρῶν αὐτοῦ ἀναγγέλλει[14] τὸ στερέωμα.[15] ἡ ἡμέρα τῇ ἡμέρᾳ ἐρεύγεται[16] ῥῆμα, καὶ νὺξ νυκτὶ ἀναγγέλλει[17] γνῶσιν.[18] καὶ οὐκ εἰσὶν λόγοι οὐδὲ λαλιαί,[19] ὧν οὐχὶ ἀκούονται αἱ φωναὶ αὐτῶν.

28:1 Πάντων οὖν βλεπομένων καὶ ἀκουομένων, φοβηθῶμεν αὐτὸν καὶ ἀπολείπωμεν[20] φαύλων[21] ἔργων μιαρὰς[22] ἐπιθυμίας,

---

[1] νοέω aor act sub 1p, perceive, apprehend, understand, gain an insight into
[2] μεγαλωσύνη, ης, ἡ, majesty
[3] συνίστημι aor mid ind 3s, put together, consitute, establish
[4] καταστρέφω aor act inf, destroy, ruin
[5] ἀνθίστημι fut mid ind 3s, set oneself against, oppose
[6] κράτος, ους, τό, might
[7] ἰσχύς, ύος, ἡ, strength, power, might
[8] παρέρχομαι aor act sub 3s, go by, pass by, disappear, transgress, neglect, disobey
[9] δογματίζω perf mid ptcp n.p.gen., obligate, decree
[10] λανθάνω perf act ind 3s, escape notice, hidden
[11] βουλή, ῆς, ἡ, plan, purpose, intention, will

[12] διηγέομαι pres mid ind 3p, tell, relate, describe
[13] ποίησις, εως, ἡ, doing, working, work, creation
[14] ἀναγγέλλω pres act ind 3s, report, disclose, announce, proclaim, teach
[15] στερέωμα, ατος, τό, firmament, firmness, steadfastness
[16] ἐρεύγομαι pres mid ind 3s, utter, proclaim
[17] ἀναγγέλλω pres act ind 3s, report, disclose, announce
[18] γνῶσις, εως, ἡ, knowledge
[19] λαλιά, ᾶς, ἡ, speech, speaking
[20] ἀπολείπω pres act sub 1p, leave behind, abandon
[21] φαῦλος, η, ον, base
[22] μιαρός, ά, όν, abominable, wretched, foul, depraved, wanton

ἵνα τῷ ἐλέει[1] αὐτοῦ σκεπασθῶμεν[2] ἀπὸ τῶν μελλόντων κριμάτων[3] **2** ποῦ γάρ τις ἡμῶν δύναται φυγεῖν[4] ἀπὸ τῆς κραταιᾶς[5] χειρὸς αὐτοῦ; ποῖος δὲ κόσμος δέξεταί τινα τῶν αὐτομολούντων[6] ἀπ᾽ αὐτοῦ; λέγει γάρ που[7] τὸ γραφεῖον.[8] **3** Ποῦ ἀφήξω[9] καὶ ποῦ κρυβήσομαι[10] ἀπὸ τοῦ προσώπου σου; ἐὰν ἀναβῶ εἰς τὸν οὐρανόν, σὺ ἐκεῖ εἶ· ἐὰν ἀπέλθω εἰς τὰ ἔσχατα τῆς γῆς, ἐκεῖ ἡ δεξιά σου· ἐὰν καταστρώσω[11] εἰς τὰς ἀβύσσους,[12] ἐκεῖ τὸ πνεῦμα σου. **4** ποῖ[13] οὖν τις ἀπέλθῃ ἢ ποῦ ἀποδράσῃ[14] ἀπὸ τοῦ τὰ πάντα ἐμπεριέχοντος.[15]

29:1 Προσέλθωμεν οὖν αὐτῷ ἐν ὁσιότητι[16] ψυχῆς, ἁγνὰς[17] καὶ ἀμιάντους[18] χεῖρας αἴροντες πρὸς αὐτόν, ἀγαπῶντες τὸν ἐπιεικῆ[19] καὶ εὔσπλαγχνον[20] πατέρα ἡμῶν ὃς ἐκλογῆς[21] μέρος ἡμᾶς ἐποίησεν ἑαυτῷ. **2** Οὕτω γὰρ γέγραπται· Ὅτε διεμέριζεν[22] ὁ ὕψιστος[23] ἔθνη, ὡς διέσπειρεν[24] υἱοὺς Ἀδάμ,[25] ἔστησεν ὅρια[26]

---

[1] ἔλεος, ους, τό, mercy, compassion, pity
[2] σκεπάζω aor pass sub 1p, cover, protect, shelter
[3] κρίμα, ατος, τό, judgment, decision
[4] φεύγω aor act inf, flee, escape
[5] κραταιός, ά, όν, powerful, mighty
[6] αὐτομολέω pres act ptcp m.p.gen., desert
[7] πού, adv, somewhere
[8] γραφεῖον, ου, τό, scripture, the thing written, writing
[9] ἀφήκω fut act ind 1s, go away
[10] κρύπτω fut pass ind 1s, hide
[11] καταστρώννυμι aor act sub 1p, make a bed
[12] ἄβυσσος, ου, ἡ, depth, abyss
[13] ποῖ, adv, where? whither?
[14] ἀποδιδράσκω aor act sub 3s, run away, escape
[15] ἐμπεριέχω pres act ptcp m.s.gen., embrace
[16] ὁσιότης, τητος, ἡ, devoutness, piety, holiness
[17] ἁγνός, ή, όν, pure, holy
[18] ἀμίαντος, ον, undefiled, pure
[19] ἐπιεικής, ές, gentle, kind, courteous
[20] εὔσπλαγχνος, ον, tenderhearted, compassionate
[21] ἐκλογή, ῆς, ἡ, selection, choice, election
[22] διαμερίζω imp act ind 3s, divide, separate
[23] ὕψιστος, η, ον, Most High, highest
[24] διασπείρω imp act ind 3s, scatter
[25] Ἀδάμ, ὁ, Adam
[26] ὅριον, ου, τό, boundary

ἐθνῶν κατὰ ἀριθμὸν[1] ἀγγέλων Θεοῦ. ἐγενήθη μερὶς[2] Κυρίου λαὸς αὐτοῦ Ἰακώβ,[3] σχοίνισμα[4] κληρονομίας[5] αὐτοῦ Ἰσραήλ. **3** καὶ ἐν ἑτέρῳ τόπῳ λέγει· Ἰδού Κύριος λαμβάνει ἑαυτῷ ἔθνος ἐκ μέσου ἐθνῶν ὥσπερ λαμβάνει ἄνθρωπος τὴν ἀπαρχὴν[6] αὐτοῦ τῆς ἅλω·[7] καὶ ἐξελεύσεται ἐκ τοῦ ἔθνους ἐκείνου ἅγια ἁγίων.

30:1 Ἁγίου οὖν μερὶς[8] ὑπάρχοντες ποιήσωμεν τὰ τοῦ ἁγιασμοῦ[9] πάντα, φεύγοντες[10] καταλαλιάς,[11] μιαρᾶς[12] τε καὶ ἀνάγνους[13] συμπλοκάς,[14] μέθας[15] τε καὶ νεωτερισμοὺς[16] καὶ βδελυκτὰς[17] ἐπιθυμίας, μυσερὰν[18] μοιχείαν,[19] βδελυκτὴν[20] ὑπερηφανίαν.[21] **2** Θεὸς γάρ, φησίν, ὑπερηφάνοις[22] ἀντιτάσσεται,[23] ταπεινοῖς[24] δὲ δίδωσιν χάριν. **3** Κολληθῶμεν[25] οὖν ἐκείνοις οἷς ἡ χάρις ἀπὸ τοῦ Θεοῦ δέδοται· ἐνδυσώμεθα[26] τὴν ὁμόνοιαν,[27]

---

[1] ἀριθμός, οῦ, ὁ, number
[2] μερίς, ίδος, ἡ, part, share, portion
[3] Ἰακώβ, ὁ, Jacob
[4] σχοίνισμα, ατος, τό, allotment
[5] κληρονομία, ας, ἡ, inheritance
[6] ἀπαρχή, ῆς, ἡ, first fruits, first portion
[7] ἅλων, ωνος, ἡ, threshing floor
[8] μερίς, ίδος, ἡ, part, portion
[9] ἁγιασμός, οῦ, ὁ, holiness, consecration, sanctification
[10] φεύγω pres act ptcp m.p.nom., flee, escape
[11] καταλαλιά, ᾶς, ἡ, evil speech, slander, defamation, detraction
[12] μιαρός, ά, όν, abominable, wretched, foul, depraved
[13] ἄναγνος, ον, unchaste
[14] συμπλοκή, ῆς, ἡ, intimate embrace, intercourse
[15] μέθη, ης, ἡ, drunkenness
[16] νεωτερισμός, οῦ, ὁ, uprising, revolution, rebellion

[17] βδελυκτός, ή, όν, abhorrent, detestable
[18] μυσερός, ά, όν, loathsome, abominable, detestable
[19] μοιχεία, ας, ἡ, adultery
[20] βδελυκτός, ή, όν, abhorrent, detestable
[21] ὑπερηφανία, ας, ἡ, arrogance, haughtiness, pride
[22] ὑπερήφανος, ον, arrogant, haughty, proud
[23] ἀντιτάσσω pres mid ind 3s, oppose, resist
[24] ταπεινός, ή, όν, humble, lowly, undistinguished
[25] κολλάω aor pass sub 1p, bind closely, unit, join
[26] ἐνδύω aor mid sub 1p, dress, clothe
[27] ὁμόνοια, ας, ἡ, oneness of mind, unanimity, concord, harmony

ταπεινοφρονοῦντες,[1] ἐγκρατευόμενοι,[2] ἀπὸ παντὸς ψιθυρισμοῦ[3] καὶ καταλαλιάς[4] πόρρω[5] ἑαυτοὺς ποιοῦντες, ἔργοις δικαιούμενοι καὶ μὴ λόγοις. 4 λέγει γάρ· Ὁ τὰ πολλὰ λέγων καὶ ἀντακούσεται·[6] ἢ ὁ εὔλαλος[7] οἴεται[8] εἶναι δίκαιος; 5 εὐλογημένος γεννητὸς[9] γυναικὸς ὀλιγόβιος.[10] μὴ πολὺς ἐν ῥήμασιν γίνου. 6 Ὁ ἔπαινος[11] ἡμῶν ἔστω ἐν Θεῷ καὶ μὴ ἐξ αὐτῶν, αὐτεπαινετοὺς[12] γὰρ μισεῖ ὁ Θεός. 7 ἡ μαρτυρία τῆς ἀγαθῆς πράξεως[13] ἡμῶν διδόσθω ὑπ' ἄλλων, καθὼς ἐδόθη τοῖς πατράσιν ἡμῶν τοῖς δικαίοις. 8 θράσος[14] καὶ αὐθάδεια[15] καὶ τόλμα[16] τοῖς κατηραμένοις[17] ὑπὸ τοῦ Θεοῦ· ἐπιείκεια[18] καὶ ταπεινοφροσύνη[19] καὶ πραΰτης[20] παρὰ τοῖς ηὐλογημένοις ὑπὸ τοῦ Θεοῦ.

---

[1] ταπεινοφρονέω pres act ptcp m.p.nom., be humble, modest, unassuming

[2] ἐγκρατεύομαι pres mid ptcp m.p.nom., control oneself, abstain

[3] ψιθυρισμός, οῦ, ὁ, (secret) gossip, tale-bearing

[4] καταλαλιά, ᾶς, ἡ, evil speech, slander, defamation, detraction

[5] πόρρω, adv, far (away)

[6] ἀντακούω fut mid ind 3s, hear in turn

[7] εὔλαλος, ον, talkative, glib

[8] οἴομαι pres mid ind 3s, think, suppose, expect

[9] γεννητός, ή, όν, born

[10] ὀλιγόβιος, ον, short-lived

[11] ἔπαινος, ου, ὁ, praise, approval, recognition

[12] αὐτεπαίνετος, ον, praising oneself

[13] πρᾶξις, εως, ἡ, act, action, deed

[14] θράσος, ους, τό, arrogance, shamelessness

[15] αὐθάδεια, ας, ἡ, arrogance, willfulness, stubbornness

[16] τόμα, ης, ἡ, audacity

[17] καταράομαι perf pass ptcp m.p.dat., curse, execrate

[18] ἐπιείκεια, ας, ἡ, gentleness, graciousness, courtesy, indulgence

[19] ταπεινοφροσύνη, ης, ἡ, humility, modesty

[20] πραΰτης, ητος, ἡ, gentleness, humility, courtesy

31:1 Κολληθῶμεν[1] οὖν τῇ εὐλογίᾳ[2] αὐτοῦ, καὶ ἴδωμεν τίνες αἱ ὁδοὶ τῆς εὐλογίας.[3] ἀνατυλίξωμεν[4] τὰ ἀπ᾽ ἀρχῆς γενόμενα. **2** τίνος χάριν[5] ηὐλογήθη ὁ πατὴρ ἡμῶν Ἀβραάμ; οὐχὶ δικαιοσύνην καὶ ἀλήθειαν διὰ πίστεως ποιήσας; **3** Ἰσαὰκ[6] μετὰ πεποιθήσεως[7] γινώσκων τὸ μέλλον ἡδέως[8] προσήγετο[9] θυσία.[10] **4** Ἰακὼβ[11] μετὰ ταπεινοφροσύνης[12] ἐξεχώρησεν[13] τῆς γῆς αὐτοῦ δι᾽ ἀδελφὸν καὶ ἐπορεύθη πρὸς Λαβὰν[14] καὶ ἐδούλευσεν,[15] καὶ ἐδόθη αὐτῷ τὸ δωδεκάσκηπτρον[16] τοῦ Ἰσραήλ.

32:1 Ἐάν τις καθ᾽ ἓν ἕκαστον εἰλικρινῶς[17] κατανοήσῃ,[18] ἐπιγνώσεται μεγαλεῖα[19] τῶν ὑπ᾽ αὐτοῦ δεδομένων δωρεῶν.[20] **2** ἐξ αὐτοῦ γὰρ ἱερεῖς καὶ λευῖται[21] πάντες οἱ λειτουργοῦντες[22] τῷ θυσιαστηρίῳ[23] τοῦ Θεοῦ· ἐξ αὐτοῦ ὁ Κύριος Ἰησοῦς τὸ κατὰ σάρκα· ἐξ αὐτοῦ βασιλεῖς καὶ ἄρχοντες καὶ ἡγούμενοι[24] κατὰ τὸν Ἰούδαν· τὰ δὲ λοιπὰ σκῆπτρα[25] αὐτοῦ οὐκ ἐν μικρᾷ δόξῃ

---

[1] κολλάω aor pass sub 1p, bind closely, unite, join
[2] εὐλογία, ας, ἡ, praise, blessing
[3] εὐλογία, ας, ἡ, praise, blessing
[4] ἀνατυλίσσω aor act sub 1p, think over, call to mind again
[5] χάριν, impr prep, for the sake of, on behalf of, on account of
[6] Ἰσαάκ, ὁ, Isaac
[7] πεποίθησις, εως, ἡ, trust, confidence
[8] ἡδέως, adv, gladly
[9] προσάγω imp mid ind 3s, bring (forward), come near, approach
[10] θυσία, ας, ἡ, offering, sacrifice, offering
[11] Ἰακώβ, ὁ, Jacob
[12] ταπεινοφροσύνη, ης, ἡ, humility, modesty
[13] ἐκχωρέω aor act ind 3s, go out, go away, depart

[14] Λαβάν, ὁ, Laban
[15] δουλεύω aor act ind 3s, serve, be a slave, be subjected
[16] δωδεκάσκηπτρον, ου, τό, scepter of the twelve tribes
[17] εἰλικρινῶς, adv, sincerely, candidly
[18] κατανοέω aor act sub 3s, noice, observe, consider
[19] μεγαλεῖος, α, ον, greatness, sublimity
[20] δωρεά, ᾶς, ἡ, gift, bounty
[21] Λευΐτης, ου, ὁ, Levite
[22] λειτουργέω pres act ptcp m.p.nom., serve, minister
[23] θυσιαστήριον, ου, τό, altar
[24] ἡγέομαι pres mid ptcp m.p.nom., lead, guide
[25] σκῆπτρον, ου, τό, tribe

ὑπάρχουσιν, ὡς ἐπαγγειλαμένου¹ τοῦ Θεοῦ ὅτι Ἔσται τὸ
σπέρμα σου ὡς οἱ ἀστέρες² τοῦ οὐρανοῦ. 3 Πάντες οὖν
ἐδοξάσθησαν καὶ ἐμεγαλύνθησαν³ οὐ δι᾽ αὐτῶν ἢ τῶν ἔργων
αὐτῶν ἢ τῆς δικαιοπραγίας⁴ ἧς κατειργάσαντο,⁵ ἀλλὰ διὰ τοῦ
θελήματος αὐτοῦ. 4 καὶ ἡμεῖς οὖν, διὰ θελήματος αὐτοῦ ἐν
Χριστῷ Ἰησοῦ κληθέντες, οὐ δι᾽ ἑαυτῶν δικαιούμεθα οὐδὲ διὰ
τῆς ἡμετέρας⁶ σοφίας ἢ συνέσεως⁷ ἢ εὐσεβείας⁸ ἢ ἔργων ὧν
κατειργασάμεθα⁹ ἐν ὁσιότητι¹⁰ καρδίας, ἀλλὰ διὰ τῆς πίστεως,
δι᾽ ἧς πάντας τοὺς ἀπ᾽ αἰῶνος ὁ παντοκράτωρ¹¹ Θεὸς ἐδικαίωσεν·
ᾧ ἔστω ἡ δόξα εἰς τοὺς αἰῶνας τῶν αἰώνων. ἀμήν.

33:1 Τί οὖν ποιήσωμεν, ἀδελφοί; ἀργήσωμεν¹² ἀπὸ τῆς
ἀγαθοποιίας¹³ καὶ ἐγκαταλείπωμεν¹⁴ τὴν ἀγάπην; μηθαμῶς¹⁵
τοῦτο ἐᾶσαι¹⁶ ὁ δεσπότης¹⁷ ἐφ᾽ ἡμῖν γε¹⁸ γενηθῆναι, ἀλλὰ
σπεύσωμεν¹⁹ μετὰ ἐκτενείας²⁰ καὶ προθυμίας²¹ πᾶν ἔργον
ἀγαθὸν ἐπιτελεῖν.²² **2** αὐτὸς γὰρ ὁ δημιουργὸς²³ καὶ δεσπότης²⁴

---

¹ ἐπαγγέλλομαι aor mid ptcp
  m.s.gen, promise, offer
² ἀστήρ, έρος, ὁ, star
³ μεγαλύνω aor pass ind 3p, make
  large/long, make great
⁴ δικαιοπραγία, ας, ἡ, righteous
  action
⁵ κατεργάζομαι aor mid ind 3p,
  achieve, accomplish, do
⁶ ἡμέτερος, α, ον, our
⁷ σύνεσις, εως, ἡ, intelligence,
  acuteness, shrewdness
⁸ εὐσέβεια, ας, ἡ, devoutness, piety,
  godliness
⁹ κατεργάζομαι aor mid ind 1p,
  achieve, accomplish, do
¹⁰ ὁσιότης, τητος, ἡ, devoutness,
  piety, holiness
¹¹ παντοκράτωρ, ορος, ὁ,
  Almighty, All-Powerful,
  Omnipotent

¹² ἀργέω aor act sub 1p, slack off,
  become idle
¹³ ἀγαθοποιία, ας, ἡ, doing good
¹⁴ ἐγκαταλείπω pres act sub 1p,
  leave, forsake, abandon, desert
¹⁵ μηδαμῶς, adv, by no means,
  certainly not, no
¹⁶ ἐάω aor act opt 3s, let, permit
¹⁷ δεσπότης, ου, ὁ, lord, master
¹⁸ γέ, part, at least, even, indeed
¹⁹ σπεύδω aor act sub 1p, hurry,
  hasten
²⁰ ἐκτένεια, ας, ἡ, perseverance,
  earnestness
²¹ προθυμία, ας, ἡ, willingness,
  readiness, goodwill
²² ἐπιτελέω pres act inf, end, finish,
  complete, accomplish
²³ δημιουργός, οῦ, ὁ, craftsworker,
  builder, maker, creator
²⁴ δεσπότης, ου, ὁ, lord, master

τῶν ἁπάντων ἐπὶ τοῖς ἔργοις αὐτοῦ ἀγαλλιᾶται.[1] 3 τῷ γὰρ παμμεγεθεστάτῳ[2] αὐτοῦ κράτει[3] οὐρανοὺς ἐστήρισεν[4] καὶ τῇ ἀκαταλήπτῳ[5] αὐτοῦ συνέσει[6] διεκόσμησεν[7] αὐτούς· γῆν τε διεχώρισεν[8] ἀπὸ τοῦ περιέχοντος[9] αὐτὴν ὕδατος καὶ ἥδρασεν[10] ἐπὶ τὸν ἀσφαλῆ[11] τοῦ ἰδίου βουλήματος[12] θεμέλιον·[13] τά τε ἐν αὐτῇ ζῷα[14] φοιτῶντα[15] τῇ ἑαυτοῦ διατάξει[16] ἐκέλευσεν[17] εἶναι· θάλασσαν καὶ τὰ ἐν αὐτῇ ζῷα[18] προδημιουργήσας[19] ἐνέκλεισεν[20] τῇ ἑαυτοῦ δυνάμει. 4 ἐπὶ πᾶσι τὸ ἐξοχώτατον[21] καὶ παμμέγεθες[22] κατὰ διάνοιαν,[23] ἄνθρωπον ταῖς ἱεραῖς[24] καὶ ἀμώμοις[25] χερσὶν ἔπλασεν[26] τῆς ἑαυτοῦ εἰκόνος[27] χαρακτῆρα.[28] 5 οὕτως γάρ φησιν ὁ Θεός· Ποιήσωμεν ἄνθρωπον κατ᾽ εἰκόνα[29] καὶ καθ᾽ ὁμοίωσιν[30] ἡμετέραν.[31] καὶ ἐποίησεν ὁ Θεὸς τὸν

---

[1] ἀγαλλιάω pres mid ind 3s, exult, be glad, overjoyed

[2] πραμμεγέθης, ες, immense

[3] κράτος, ους, τό, might

[4] στηρίζω aor act ind 3s, set up, establish, support

[5] ἀκατάληπτος, ον, incomprehensible

[6] σύνεσις, εως, ἡ, intelligence, acuteness, shrewdness

[7] διακοσμέω aor act ind 3s, set in order, regulate

[8] διαχωρίζω aor act ind 3s, separate

[9] περιέχω pres act ptcp n.s.gen., surround, encircle

[10] ἑδράζω aor act ind 3s, establish, fix, settle

[11] ἀσφαλής, ές, firm, certain, safe, secure

[12] βούλημα, ατος, τό, intention

[13] θεμέλιος, ου, ὁ, foundation

[14] ζῷον, ου, τό, animal, living thing/being

[15] φοιτάω pres act ptcp n.p.acc., go back and forth, move about

[16] διάταξις, εως, ἡ, command

[17] κελεύω aor act ind 3s, command, order, urge

[18] ζῷον, ου, τό, animal, living thing/being

[19] προετοιμάζω aor act ptcp m.s.nom., prepare beforehand

[20] ἐγκλείω aor act ind 3s, lock up, shut up, enclose

[21] ἔξοχος, ον, prominent

[22] παμμεγέθης, ες, immense

[23] διάνοια, ας, ἡ, understanding, intelligence, mind

[24] ἱερός, ά, όν, holy, holy thing

[25] ἄμωμος, ον, unblemished

[26] πλάσσω aor act ind 3s, form, mold, shape

[27] εἰκών, όνος, ἡ, likeness, portrait, living image

[28] χαρακτήρ, ῆρος, ὁ, impress, reproduction, representation, trademark

[29] εἰκών, όνος, ἡ, likeness, portrait

[30] ὁμοίωσις, εως, ἡ, likeness, resemblance

[31] ἡμέτερος, α, ον, our

ἄνθρωπον, ἄρσεν[1] καὶ θῆλυ[2] ἐποίησεν αὐτούς. **6** Ταῦτα οὖν πάντα τελειώσας[3] ἐπήνεσεν[4] αὐτὰ καὶ ηὐλόγησεν καὶ εἶπεν· Αὐξάνεσθε[5] καὶ πληθύνεσθε.[6] **7** Εἴδομεν ὅτι ἐν ἔργοις ἀγαθοῖς πάντες ἐκοσμήθησαν[7] οἱ δίκαιοι· καὶ αὐτὸς οὖν ὁ Κύριος ἔργοις ἑαυτὸν κοσμήσας[8] ἐχάρη. **8** ἔχοντες οὖν τοῦτον τὸν ὑπογραμμὸν[9] ἀόκνως[10] προσέλθωμεν τῷ θελήματι αὐτοῦ· ἐξ ὅλης τῆς ἰσχύος[11] ἡμῶν ἐργασώμεθα ἔργον δικαιοσύνης.

34:1 Ὁ ἀγαθὸς ἐργάτης[12] μετὰ παρρησίας λαμβάνει τὸν ἄρτον τοῦ ἔργου αὐτοῦ, ὁ νωθρὸς[13] καὶ παρειμένος[14] οὐκ ἀντοφθαλμεῖ[15] τῷ ἐργοπαρέκτῃ[16] αὐτοῦ. **2** δέον οὖν ἐστιν προθύμους[17] ἡμᾶς εἶναι εἰς ἀγαθοποιΐαν·[18] ἐξ αὐτοῦ γάρ ἐστιν τὰ πάντα. **3** προλέγει[19] γὰρ ἡμῖν· Ἰδοὺ ὁ Κύριος, καὶ ὁ μισθὸς[20] αὐτοῦ πρὸ προσώπου αὐτοῦ, ἀποδοῦναι ἑκάστῳ κατὰ τὸ ἔργον αὐτοῦ. **4** Προτρέπεται[21] οὖν ἡμᾶς πιστεύοντας ἐξ ὅλης τῆς καρδίας ἐπ' αὐτῷ μὴ ἀργοὺς[22] μηδὲ παρειμένους[23] εἶναι ἐπὶ πᾶν ἔργον ἀγαθόν. **5** τὸ καύχημα[24] ἡμῶν καὶ ἡ παρρησία ἔστω ἐν αὐτῷ·

---

[1] ἄρσην, εν, ενος, male

[2] θῆλυς, εια, υ, female

[3] τελειόω aor act ptcp m.s.nom., complete, bring to an end, finish

[4] ἐπαινέω aor act ind 3s, praise

[5] αὐξάνω pres mid impv 2p, increase, grow

[6] πληθύνω pres mid impv 2p, multiply

[7] κοσμέω aor pass ind 3p, adorn, decorate

[8] κοσμέω aor act ptcp m.s.nom., adorn, decorate

[9] ὑπογραμμός, οῦ, ὁ, example

[10] ἀόκνως, adv, without hesitation

[11] ἰσχύς, ύος, ἡ, strength, power, might

[12] ἐργάτης, ου, ὁ, worker, laborer

[13] νωθρός, ά, όν, lazy, sluggish

[14] παρίημι pef mid ptcp m.s.nom., neglect, careless, indolent

[15] ἀντοφθαλμέω pres act ind 3s, look directly

[16] ἐργοπαρέκτης, ου, ὁ, employer

[17] πρόθυμος, ον, ready, willing, eager

[18] ἀγαθοποιΐα, ας, ἡ, doing good

[19] προλέγω pres act ind 3s, tell beforehand/in advance

[20] μισθός, οῦ, ὁ, pay, wages

[21] προτρέπω pres mid ind 3s, urge, encourage, impel

[22] ἀργός, ή, όν, unemployed, idle, lazy

[23] παρίημι perf mid ptcp m.p.acc., neglect, careless, indolent

[24] καύχημα, ατος, τό, boast

ὑποτασσώμεθα τῷ θελήματι αὐτοῦ· κατανοήσωμεν[1] τὸ πᾶν πλῆθος τῶν ἀγγέλων αὐτοῦ, πῶς τῷ θελήματι αὐτοῦ λειτουργοῦσιν[2] παρεστῶτες. **6** λέγει γὰρ ἡ γραφή· Μύριαι[3] μυριάδες[4] παρειστήκεισαν αὐτῷ, καὶ χίλιαι[5] χιλιάδες[6] ἐλειτούργουν[7] αὐτῷ, καὶ ἐκέκραγον· Ἅγιος, ἅγιος, ἅγιος Κύριος Σαβαώθ,[8] πλήρης[9] πᾶσα ἡ κτίσις[10] τῆς δόξης αὐτοῦ. **7** Καὶ ἡμεῖς οὖν, ἐν ὁμονοίᾳ[11] ἐπὶ τὸ αὐτὸ συναχθέντες τῇ συνειδήσει, ὡς ἐξ ἑνὸς στόματος βοήσωμεν[12] πρὸς αὐτὸν ἐκτενῶς[13] εἰς τὸ μετόχους[14] ἡμᾶς γενέσθαι τῶν μεγάλων καὶ ἐνδόξων[15] ἐπαγγελιῶν αὐτοῦ. **8** λέγει γάρ· Ὀφθαλμὸς οὐκ εἶδεν καὶ οὖς οὐκ ἤκουσεν, καὶ ἐπὶ καρδίαν ἀνθρώπου οὐκ ἀνέβη, ὅσα ἡτοίμασεν τοῖς ὑπομένουσιν[16] αὐτόν.

35:1 Ὡς μακάρια καὶ θαυμαστὰ[17] τὰ δῶρα[18] τοῦ Θεοῦ, ἀγαπητοί. **2** ζωὴ ἐν ἀθανασίᾳ,[19] λαμπρότης[20] ἐν δικαιοσύνῃ, ἀλήθεια ἐν παρρησίᾳ, πίστις ἐν πεποιθήσει,[21] ἐγκράτεια[22] ἐν

---

[1] κατανοέω aor act sub 1p, notice, observe, consider

[2] λειτουργέω pres act ind 3p, serve, minister

[3] μυρίος, α, ον, innumerable, countless

[4] μυριάς, άδος, ἡ, 10,000, myriad

[5] χίλιοι, αι, α, a thousand

[6] χιλιάς, άδος, ἡ, a thousand

[7] λειτουργέω imp act ind 3p, serve, minister

[8] σαβαώθ, Sabaoth, Lord of Hosts

[9] πλήρης, ες, filled, full

[10] κτίσις, εως, ἡ, creation, created

[11] ὁμόνοια, ας, ἡ, oneness of mind, unanimity, concord, harmony

[12] βοάω aor act sub 1p, call, shout, cry out

[13] ἐκτενῶς, adv, eagerly, fervently, constantly

[14] μέτοχος, ον, sharing/participating in, partner, companion

[15] ἔνδοξος, ον, honored, distinguished, eminent, glorious, splendid

[16] ὑπομένω pres act ptcp m.p.dat., wait for

[17] θαυμαστός, ή, όν, wonderful, marvelous, remarkable

[18] δῶρον, ου, τό, gift, present

[19] ἀθανασία, ας, ἡ, immortality

[20] λαμπρότης, ητος, ἡ, shining, distinction, brilliance

[21] πεποίθησις, εως, ἡ, confidence, trust

[22] ἐγκράτεια, είας, ἡ, self-control

ἁγιασμῷ·[1] καὶ ταῦτα ὑπέπιπτεν[2] πάντα ὑπὸ τὴν διάνοιαν[3] ἡμῶν. 3 τίνα οὖν ἄρα ἐστὶν τὰ ἑτοιμαζόμενα τοῖς ὑπομένουσιν;[4] ὁ δημιουργὸς[5] καὶ πατὴρ τῶν αἰώνων ὁ πανάγιος[6] αὐτὸς γινώσκει τὴν ποσότητα[7] καὶ τὴν καλλονὴν[8] αὐτῶν. 4 ἡμεῖς οὖν ἀγωνισώμεθα[9] εὑρεθῆναι ἐν τῷ ἀριθμῷ[10] τῶν ὑπομενόντων[11] αὐτόν, ὅπως μεταλάβωμεν[12] τῶν ἐπηγγελμένων[13] δωρεῶν.[14] 5 πῶς δὲ ἔσται τοῦτο, ἀγαπητοί; ἐὰν ἐστηριγμένη[15] ᾖ ἡ διάνοια[16] ἡμῶν διὰ πίστεως πρὸς τὸν Θεόν· ἐὰν ἐκζητῶμεν[17] τὰ εὐάρεστα[18] καὶ εὐπρόσδεκτα[19] αὐτῷ· ἐὰν ἐπιτελέσωμεν[20] τὰ ἀνήκοντα[21] τῇ ἀμώμῳ[22] βουλήσει[23] αὐτοῦ καὶ ἀκολουθήσωμεν τῇ ὁδῷ τῆς ἀληθείας, ἀπορρίψαντες[24] ἀφ' ἑαυτῶν πᾶσαν ἀδικίαν[25] καὶ

---

[1] ἁγιασμός, οῦ, ὁ, holiness, consecration, sanctification
[2] ὑποπίπτω imp act ind 3s, fall down before, fall under/within
[3] διάνοια, ας, ἡ, understanding, intelligence, mind
[4] ὑπομένω pres act ptcp m.p.dat., wait for, remain/stay (behind), endure
[5] δημιουργός, οῦ, ὁ, craftsworker, builder, maker, creator
[6] πανάγιος, ον, all-holy
[7] ποσότης, ητος, ἡ, quantity, amount
[8] καλλονή, ῆς, ἡ, beauty
[9] ἀγωνίζομαι aor mid sub 1p, engage in a contest, fight, struggle
[10] ἀριθμός, οῦ, ὁ, number
[11] ὑπομένω pres act ptcp m.p.gen., wait for, remain/stay (behind), endure
[12] μεταλαμβάνω aor act sub 1p, have a share in

[13] ἐπαγγέλλομαι perf mid ptcp f.p.gen., promise, offer
[14] δωρεά, ᾶς, ἡ, gift, bounty
[15] στηρίζω perf pass ptcp f.s.nom., set up, establish, support
[16] διάνοια, ας, ἡ, understanding, intelligence, mind
[17] ἐκζητέω pres act sub 1p, seek out, search for
[18] εὐάρεστος, ον, pleasing, acceptable
[19] εὐπρόσδεκτος, ον, acceptable
[20] ἐπιτελέω aor act sub 1p, end, finish, complete
[21] ἀνήκω pres act ptcp n.p.acc., refer, relate, belong
[22] ἄμωμος, ον, unblemished, blameless
[23] βούλησις, εως, ἡ, will
[24] ἀπορρίπτω aor act ptcp m.p.nom., throw away, drive/scare away
[25] ἀδικία, ας, ἡ, wrongdoing, unrighteousness, injustice

ἀνομίαν,[1] πλεονεξίαν,[2] ἔρεις,[3] κακοηθείας[4] τε καὶ δόλους,[5] ψιθυρισμούς[6] τε καὶ καταλαλιάς,[7] θεοστυγίαν,[8] ὑπερηφανίαν[9] τε καὶ ἀλαζονείαν,[10] κενοδοξίαν[11] τε καὶ ἀφιλοξενίαν.[12] **6** ταῦτα γὰρ οἱ πράσσοντες στυγητοὶ[13] τῷ Θεῷ ὑπάρχουσιν· οὐ μόνον δὲ οἱ πράσσοντες αὐτά, ἀλλὰ καὶ οἱ συνευδοκοῦντες[14] αὐτοῖς. **7** λέγει γὰρ ἡ γραφή· Τῷ δὲ ἁμαρτωλῷ εἶπεν ὁ Θεός· Ἵνα τί σὺ διηγῇ[15] τὰ δικαιώματά[16] μου καὶ ἀναλαμβάνεις[17] τὴν διαθήκην μου ἐπὶ στόματός σου; **8** σὺ δὲ ἐμίσησας παιδείαν[18] καὶ ἐξέβαλλες τοὺς λόγους μου εἰς τὰ ὀπίσω. εἰ ἐθεώρεις κλέπτην,[19] συνέτρεχες[20] αὐτῷ, καὶ μετὰ μοιχῶν[21] τὴν μερίδα[22] σου ἐτίθεις. τὸ στόμα σου ἐπλεόνασεν[23] κακίαν,[24] καὶ ἡ γλῶσσά σου περιέπλεκεν[25] δολιότητα.[26] καθήμενος κατὰ τοῦ ἀδελφοῦ σου

---

[1] ἀνομία, ας, ἡ, lawlessness
[2] πλεονεξία, ας, ἡ, greediness, insatiableness, avarice, covetousness
[3] ἔρις, ιδος, ἡ, strife, discord, contention
[4] κακοήθεια, ας, ἡ, meanspiritedness, malice, malignity, craftiness
[5] δόλος, ου, ὁ, deceit, cunning, treachery
[6] ψιθυρισμός, οῦ, ὁ, (secret) gossip, tale-bearing
[7] καταλαλιά, ᾶς, ἡ, evil speech, slander, defamation, detraction
[8] θεοστυγία, ας, ἡ, hatred/enmity toward God
[9] ὑπερηφανία, ας, ἡ, arrogance, haughtiness, pride
[10] ἀλαζονεία, ας, ἡ, pretension, arrogance
[11] κενοδοξία, ας, ἡ, vanity, conceit, excessive ambition
[12] ἀφιλοξενία, ας, ἡ, inhospitality

[13] στυγητός, ή, όν, loathsome, despicable
[14] συνευδοκέω pres act ptcp m.p.nom., agree with, approve of, consent to
[15] διηγέομαι pres mid ind 2s, tell, relate, describe
[16] δικαίωμα, ατος, τό, regulation, requirement, commandment
[17] ἀναλαμβάνω pres act ind 2s, take up
[18] παιδεία, ας, ἡ, instruction, discipline, correction
[19] κλέπτης, ου, ὁ, thief
[20] συντρέχω imp act ind 2s, run together, go with, agree with
[21] μοιχός, οῦ, ὁ, adulterer
[22] μερίς, ίδος, ἡ, part, share, portion
[23] πλεονάζω aor act ind 3s, bring forth in abundance, increase
[24] κακία, ας, ἡ, baseness, depravity, wickedness
[25] περιπλέκω imp act ind 3s, weave/twine around
[26] δολιότης, ητος, ἡ, deceit

κατελάλεις,[1] καὶ κατὰ τοῦ υἱοῦ τῆς μητρός σου ἐτίθεις σκάνδαλον.[2] **9** ταῦτα ἐποίησας, καὶ ἐσίγησα·[3] ὑπέλαβες,[4] ἄνομε,[5] ὅτι ἔσομαί σοι ὅμοιος. **10** ἐλέγξω[6] σε καὶ παραστήσω σε κατὰ πρόσωπόν σου. **11** σύνετε[7] δὴ[8] ταῦτα, οἱ ἐπιλανθανόμενοι[9] τοῦ Θεοῦ, μήποτε[10] ἁρπάσῃ[11] ὡς λέων,[12] καὶ μὴ ᾖ ὁ ῥυόμενος.[13] **12** θυσία[14] αἰνέσεως[15] δοξάσει με, καὶ ἐκεῖ ὁδὸς ᾗ δείξω αὐτῷ τὸ σωτήριον[16] τοῦ Θεοῦ.

36:1 Αὕτη ἡ ὁδός, ἀγαπητοί, ἐν ᾗ εὕρομεν τὸ σωτήριον[17] ἡμῶν, Ἰησοῦν Χριστόν, τὸν ἀρχιερέα τῶν προσφορῶν[18] ἡμῶν, τὸν προστάτην[19] καὶ βοηθὸν[20] τῆς ἀσθενείας[21] ἡμῶν. **2** διὰ τούτου ἀτενίσωμεν[22] εἰς τὰ ὕψη[23] τῶν οὐρανῶν· διὰ τούτου ἐνοπτριζόμεθα[24] τὴν ἄμωμον[25] καὶ ὑπερτάτην[26] ὄψιν[27] αὐτοῦ· διὰ τούτου ἠνεῴχθησαν ἡμῶν οἱ ὀφθαλμοὶ τῆς καρδίας· διὰ τούτου

---

[1] καταλαλέω imp act ind 2s, speak degradingly of, speak evil of, defame, slander
[2] σκάνδαλον, ου, τό, trap, block
[3] σιγάω aor act ind 1s, be silent, say nothing, keep still
[4] ὑπολαμβάνω aor act ind 2s, think, believe, be of the opinion (that)
[5] ἄνομος, ον, lawless, unrighteous
[6] ἐλέγχω fut act ind 1s, bring light, expose, set forth, reprove, correct
[7] συνίημι, aor act impv 2p, understand, comprehend
[8] δή, part, indeed, then, now
[9] ἐπιλανθάνομαι pres mid ptcp m.p.nom., forget
[10] μήποτε, adv, never
[11] ἁρπάζω aor act sub 3s, steal, seize, carry off, drag away
[12] λέων, οντος, ὁ, lion
[13] ῥύομαι pres mid ptcp m.s.nom., save, rescue, deliver, preserve

[14] θυσία, ας, ἡ, sacrifice, offering
[15] αἴνεσις, εως, ἡ, praise
[16] σωτήριον, ου, τό, salvation
[17] σωτήριον, ου, τό, salvation
[18] προσφορά, ᾶς, ἡ, sacrificing, offering
[19] προστάτης, ου, ὁ, defender, guardian, benefactor
[20] βοηθός, όν, helper
[21] ἀσθένεια, ας, ἡ, sickness, disease, weakness
[22] ἀτενίζω aor act sub 1p, look intently at, stare at
[23] ὕψος, ους, τό, height
[24] ἐνοπτρίζομαι pres mid ind 1p, see (as) in a mirror
[25] ἄμωμος, ον, unblemished, blameless
[26] ὑπέρτατος, η, ον, uppermost, loftiest, supreme
[27] ὄψις, εως, ἡ, seeing, sight, outward appearance, aspect

ἡ ἀσύνετος[1] καὶ ἐσκοτωμένη[2] διάνοια[3] ἡμῶν ἀναθάλλει[4] εἰς τὸ
φῶς· διὰ τούτου ἠθέλησεν ὁ δεσπότης[5] τῆς ἀθανάτου[6] γνώσεως[7]
ἡμᾶς γεύσασθαι·[8] ὃς ὢν ἀπαύγασμα[9] τῆς μεγαλωσύνης[10] αὐτοῦ
τοσούτῳ[11] μείζων ἐστὶν ἀγγέλων, ὅσῳ διαφορώτερον[12] ὄνομα
κεκληρονόμηκεν.[13] 3 γέγραπται γὰρ οὕτως· Ὁ ποιῶν τοὺς
ἀγγέλους αὐτοῦ πνεύματα καὶ τοὺς λειτουργοὺς[14] αὐτοῦ πυρὸς
φλόγα.[15] 4 Ἐπὶ δὲ τῷ υἱῷ αὐτοῦ οὕτως εἶπεν ὁ δεσπότης·[16] Υἱός
μου εἶ σύ, ἐγὼ σήμερον γεγέννηκά σε· αἴτησαι παρ᾽ ἐμοῦ, καὶ
δώσω σοι ἔθνη τὴν κληρονομίαν[17] σου, καὶ τὴν κατάσχεσίν[18] σου
τὰ πέρατα[19] τῆς γῆς. 5 καὶ πάλιν λέγει πρὸς αὐτόν· Κάθου ἐκ
δεξιῶν μου, ἕως ἂν θῶ τοὺς ἐχθρούς σου ὑποπόδιον[20] τῶν ποδῶν
σου. 6 Τίνες οὖν οἱ ἐχθροί; οἱ φαῦλοι[21] καὶ ἀντιτασσόμενοι[22] τῷ
θελήματι αὐτοῦ.

---

[1] ἀσύνετος, ον, senseless, foolish
[2] σκοτόω perf pass ptcp f.s.nom., be
darkened, darkened in mind
[3] διάνοια, ας, ἡ, understanding,
intelligence, mind
[4] ἀναθάλλω pres act ind 3s, grow up
again, bloom again
[5] δεσπότης, ου, ὁ, lord, master
[6] ἀθάνατος, ον, immortal
[7] γνῶσις, εως, ἡ, knowledge
[8] γεύομαι aor mid inf, taste, partake
of
[9] ἀπαύγασμα, ατος, τό, radiance,
effulgence
[10] μεγαλωσύνη, ης, ἡ, majesty
[11] τοσοῦτος, αύτη, οῦτον, so many,
so much, so great

[12] διάφορος, ον, different,
outstanding, excellent
[13] κληρονομέω perf act ind 3s,
inherit, acquire, obtain
[14] λετουργός, οῦ, ὁ, servant,
minister
[15] φλόξ, φλογός, ἡ, flame
[16] δεσπότης, ου, ὁ, lord, master
[17] κληρονομία, ας, ἡ, inheritance
[18] κατάσχεσις, εως, ἡ, possession,
taking into possession
[19] πέρας, ατος, τό, end, limit,
boundary
[20] ὑποπόδιον, ου, τό, footstool
[21] φαῦλος, η, ον, base, ordinary
[22] ἀντιτάσσω pres mid ptcp
m.p.nom., oppose, resist

37:1 Στρατευσώμεθα[1] οὖν, ἄνδρες ἀδελφοί, μετὰ πάσης ἐκτενείας[2] ἐν τοῖς ἀμώμοις[3] προστάγμασιν[4] αὐτοῦ. **2** κατανοήσωμεν[5] τοὺς στρατευομένους[6] τοῖς ἡγουμένοις[7] ἡμῶν, πῶς εὐτάκτως,[8] πῶς εἰκτικῶς,[9] πῶς ὑποτεταγμένως[10] ἐπιτελοῦσιν[11] τὰ διατασσόμενα.[12] **3** οὐ πάντες εἰσὶν ἔπαρχοι[13] οὐδὲ χιλίαρχοι[14] οὐδὲ ἑκατόνταρχοι[15] οὐδὲ πεντηκόνταρχοι[16] οὐδὲ τὸ καθεξῆς,[17] ἀλλ᾽ ἕκαστος ἐν τῷ ἰδίῳ τάγματι[18] τὰ ἐπιτασσόμενα[19] ὑπὸ τοῦ βασιλέως καὶ τῶν ἡγουμένων[20] ἐπιτελεῖ.[21] **4** οἱ μεγάλοι δίχα[22] τῶν μικρῶν οὐ δύνανται εἶναι, οὔτε οἱ μικροὶ δίχα[23] τῶν μεγάλων· σύγκρασίς[24] τίς ἐστιν ἐν πᾶσιν, καὶ ἐν τούτοις χρῆσις.[25] **5** λάβωμεν τὸ σῶμα ἡμῶν· ἡ κεφαλὴ δίχα[26] τῶν ποδῶν οὐδέν ἐστιν, οὕτως οὐδὲ οἱ πόδες δίχα[27]

---

[1] στρατεύω aor mid sub 1p, serve in the army
[2] ἐκτένεια, ας, ἡ, perseverance, earnestness
[3] ἄμωμος, ον, unblemished
[4] πρόσταγμα, ατος, τό, order, command(ment), injunction
[5] καταννοέω aor act sub 1p, notice, observe, consider, contemplate
[6] στρατεύω pres mid ptcp m.p.acc., serve in the army
[7] ἡγέομαι pres mid ptcp m.p.dat., lead, guide
[8] εὐτάκτως, adv, in good order
[9] εἰτικῶς, adv, readily yielding
[10] ὑποτεταγμένως, adv, submissively
[11] ἐπιτελέω pres act ind 3s, complete, accomplish, fulfill
[12] διατάσσω pres pass ptcp n.p.acc., order, make arrangements
[13] ἔπαρχος, ου, ὁ, prefect, commanding officer
[14] χιλίαρχος, ου, ὁ, military tribune

[15] ἑκατόνταρχης, ου, ὁ, centurion, captain
[16] πεντηκόνταρχος, ου, ὁ, company commander
[17] καθεξῆς, adv, in order, one after the other
[18] τάγμα, ατος, τό, division, group, class
[19] ἐπιτάσσω pres pass ptcp n.p.acc., order, command
[20] ἡγέομαι pres mid ptcp m.p.gen., lead, guide
[21] ἐπιτελέω pres act ind 3s, complete, accomplish, perform, bring about
[22] δίχα, adv, apart from, without
[23] δίχα, adv, apart from, without
[24] σύγκρασις, εως, ἡ, assemblage, combination
[25] χρῆσις, εως, ἡ, usefulness, function
[26] δίχα, adv, apart from, without
[27] δίχα, adv, apart from, without

τῆς κεφαλῆς· τὰ δὲ ἐλάχιστα[1] μέλη τοῦ σώματος ἡμῶν ἀναγκαῖα[2] καὶ εὔχρηστά[3] εἰσιν ὅλῳ τῷ σώματι· ἀλλὰ πάντα συνπνεῖ[4] καὶ ὑποταγῇ[5] μιᾷ χρῆται[6] εἰς τὸ σῴζεσθαι ὅλον τὸ σῶμα.

38:1 Σῳζέσθω οὖν ἡμῶν ὅλον τὸ σῶμα ἐν Χριστῷ Ἰησοῦ, καὶ ὑποτασσέσθω ἕκαστος τῷ πλησίον[7] αὐτοῦ, καθὼς καὶ ἐτέθη ἐν τῷ χαρίσματι[8] αὐτοῦ. **2** ὁ ἰσχυρὸς[9] μὴ ἀτημελείτω[10] τὸν ἀσθενῆ,[11] ὁ δὲ ἀσθενὴς[12] ἐντρεπέσθω[13] τὸν ἰσχυρόν.[14] ὁ πλούσιος[15] ἐπιχορηγείτω[16] τῷ πτωχῷ, ὁ δὲ πτωχὸς εὐχαριστείτω τῷ Θεῷ, ὅτι ἔδωκεν αὐτῷ δι' οὗ ἀναπληρωθῇ[17] αὐτοῦ τὸ ὑστέρημα.[18] ὁ σοφὸς[19] ἐνδεικνύσθω[20] τὴν σοφίαν αὐτοῦ μὴ ἐν λόγοις ἀλλ' ἐν ἔργοις ἀγαθοῖς· ὁ ταπεινοφρονῶν[21] μὴ ἑαυτῷ μαρτυρείτω, ἀλλ' ἐάτω[22] ὑφ' ἑτέρου ἑαυτὸν μαρτυρεῖσθαι· ὁ ἁγνὸς[23] ἐν τῇ σαρκὶ ἤτω καὶ μὴ ἀλαζονευέσθω,[24] γινώσκων ὅτι ἕτερός ἐστιν ὁ ἐπιχορηγῶν[25] αὐτῷ τὴν ἐγκράτειαν.

---

[1] ἐλάχιστος, ίστη, ον, insignificant, trivial

[2] ἀναγκαῖος, α, ον, necessary

[3] εὔχρηστος, ον, useful, beneficial, serviceable

[4] συμπνέω pres act ind 3s, agree, coincide, coalesce

[5] ὑποταγή, ῆς, ἡ, subjection, subordination

[6] χράομαι pres mid ind 3s, make use of, employ

[7] πλησίον, α, ον neighbor

[8] χάρισμα, ατος, τό, gift, favor bestowed

[9] ἰσχυρός, ά, όν strong

[10] ἀτημελέω pres act impv 3s, neglect

[11] ἀσθενής, ές, weak, sick, ill

[12] ἀσθενής, ές, weak, sick, ill

[13] ἐντρέπω pres mid impv 3s, respect

[14] ἰσχυρός, ά, όν, strong

[15] πλούσιος, ία, ιον, rich, wealthy

[16] ἐπιχορηγέω pres act impv 3s, support

[17] ἀναπληρόω aor pass sub 3s, made complete, fulfilled

[18] ὑστέρημα, ατος, τό, need, want deficiency

[19] σοφός, ή, όν, wise

[20] ἐνδείκνυμι pres mid impv 3s, show, demonstrate

[21] ταπεινοφρονέω pres act ptcp m.s.nom, be humble, modest, unassuming

[22] ἐάω pres act impv 3s, let go, leave alone, permit

[23] ἁγνός, ή, όν, pure

[24] ἀλαζονεύομαι pres mid impv 3s, boast

[25] ἐπιχορηγέω pres act ptcp m.s.nom., give, grant

3 Ἀναλογισώμεθα[1] οὖν, ἀδελφοί, ἐκ ποίας ὕλης[2] ἐγενήθημεν, ποῖοι καὶ τίνες εἰσήλθαμεν εἰς τὸν κόσμον· ἐκ ποίου τάφου[3] καὶ σκότους ὁ πλάσας[4] ἡμᾶς καὶ δημιουργήσας[5] εἰσήγαγεν[6] εἰς τὸν κόσμον αὐτοῦ, προετοιμάσας[7] τὰς εὐεργεσίας[8] αὐτοῦ πρὶν[9] ἡμᾶς γεννηθῆναι.

39:1 Ἄφρονες[10] καὶ ἀσύνετοι[11] καὶ μωροὶ[12] καὶ ἀπαίδευτοι[13] χλευάζουσιν[14] ἡμᾶς καὶ μυκτηρίζουσιν,[15] ἑαυτοὺς βουλόμενοι ἐπαίρεσθαι[16] ταῖς διανοίαις[17] αὐτῶν. **2** τί γὰρ δύναται θνητός;[18] ἢ τίς ἰσχὺς[19] γηγενούς;[20] **3** γέγραπται γάρ· Οὐκ ἦν μορφὴ[21] πρὸ ὀφθαλμῶν μου, ἀλλ' ἢ αὔραν[22] καὶ φωνὴν ἤκουον· **4** Τί γάρ; μὴ καθαρὸς[23] ἔσται βροτὸς[24] ἔναντι[25] Κυρίου; ἢ ἀπὸ τῶν ἔργων αὐτοῦ ἄμεμπτος[26] ἀνήρ, εἰ κατὰ παίδων[27] αὐτοῦ οὐ πιστεύει, κατὰ δὲ ἀγγέλων αὐτοῦ σκολιόν[28] τι ἐπενόησεν;[29] **5** οὐρανὸς δὲ

---

[1] ἀναλογίζομαι aor act sub 1p, consider
[2] ὕλη, ης, ἡ, material, matter, stuff
[3] τάφος, ου, ὁ, grave, tomb
[4] πλάσσω aor act ptcp m.s.nom., shape, form, make
[5] δημιουρέω aor act ptcp m.s.nom., create
[6] εἰσάγω aor act ind 3s, bring or lead in/into
[7] προετοιμάζω aor act ptcp m.s.nom., prepare beforehand
[8] εὐεργεσία, ας, ἡ, good deed, benefit, a kindness
[9] πρίν, prep, before
[10] ἄφρων, ον, ονος, foolish, ignorant
[11] ἀσύνετος, ον, senseless, foolish
[12] μωρός, ά, όν, stupid, ignorant, foolish
[13] ἀπαίδευτος, ον, uninstructed, uneducated
[14] χλευάζω pres act ind 3p, mock, sneer, scoff

[15] μυκτηρίζω pres act ind 3p, treat with contempt, turn up the nose at
[16] ἐπαίρω pres mid inf, lift up, hold up, be presumptuous, put on airs
[17] διάνοια, ας, ἡ, mind, understanding, intelligence
[18] θνητός, ή, όν, mortal
[19] ἰσχύς, ύος, ἡ, strength, power, might
[20] γηγενής, ές, earth-born
[21] μορφή, ῆς, ἡ, form, outward appearance, shape
[22] αὔρα, ας, ἡ, breeze, breath
[23] καθαρός, ά, όν, clean, pure
[24] βροτός, ή, όν, mortal
[25] ἔναντι, adv, before
[26] ἄμεμπτος, ον, blameless, faultless
[27] παῖς, παιδός, ὁ, ἡ, slave, servant
[28] σκολιός, ά, όν, wrong, crooked
[29] ἐπινοέω aor act ind 3s, take notice

οὐ καθαρὸς[1] ἐνώπιον αὐτοῦ· ἔα[2] δέ, οἱ κατοικοῦντες οἰκίας πηλίνας,[3] ἐξ ὧν καὶ αὐτοὶ ἐκ τοῦ αὐτοῦ πηλοῦ[4] ἐσμέν. ἔπαισεν[5] αὐτοὺς σητὸς[6] τρόπον,[7] καὶ ἀπὸ πρωΐθεν[8] ἕως ἑσπέρας[9] οὐκ ἔτι εἰσίν· παρὰ τὸ μὴ δύνασθαι αὐτοὺς ἑαυτοῖς βοηθῆσαι[10] ἀπώλοντο. **6** ἐνεφύσησεν[11] αὐτοῖς καὶ ἐτελεύτησαν,[12] παρὰ τὸ μὴ ἔχειν αὐτοὺς σοφίαν. **7** ἐπικάλεσαι δέ, εἴ τίς σοι ὑπακούσεται,[13] ἢ εἴ τινα ἁγίων ἀγγέλων ὄψῃ· καὶ γὰρ ἄφρονα[14] ἀναιρεῖ[15] ὀργή, πεπλανημένον δὲ θανατοῖ[16] ζῆλος.[17] **8** ἐγὼ δὲ ἑώρακα ἄφρονας[18] ῥίζας[19] βάλοντας, ἀλλ' εὐθέως ἐβρώθη[20] αὐτῶν ἡ δίαιτα.[21] **9** πόρρω[22] γένοιντο οἱ υἱοὶ αὐτῶν ἀπὸ σωτηρίας· κολαβρισθείησαν[23] ἐπὶ θύραις ἡσσόνων,[24] καὶ οὐκ ἔσται ὁ ἐξαιρούμενος.[25] ἃ γὰρ ἐκείνοις ἡτοίμασται, δίκαιοι ἔδονται· αὐτοὶ δὲ ἐκ κακῶν οὐκ ἐξαίρετοι[26] ἔσονται.

---

[1] καθαρός, ά, όν, clean, pure

[2] ἔα, intj, let alone

[3] πήλινος, η, ον, made of clay

[4] πηλός, οῦ, ὁ, clay

[5] παίω aor act ind 3s, strike

[6] σής, σητός, ὁ, moth

[7] τρόπος, ου, ὁ, manner, in the same way

[8] πρωΐθεν, adv, morning

[9] ἑσπέρα, ας, ἡ, evening

[10] βοηθέω aor act inf, help, come to the aid

[11] ἐμφυσάω aor act ind 3s, breath on

[12] τελευτάω aor act ind 3p, die, come to an end

[13] ὑπακούω fut mid ind 3s, obey, follow, be subject to

[14] ἄφρων, ον, ονος, foolish, ignorant

[15] ἀναιρέω pres act ind 3s, do away with, destroy

[16] θανατόω pres act ind 3s, put to death, kill

[17] ζῆλος, ου, ὁ, jealousy, envy

[18] ἄφρων, ον, ονος, fools, foolish

[19] ῥίζα, ης, ἡ, root

[20] βιβρώσκω aor pass ind 3s, eat, consume

[21] δίαιτα, ης, ἡ, food, diet, habitation, dwelling-place

[22] πόρρω, adv, far (away)

[23] κολαβρίζομαι aor pass opt 3p, be derided, mocked

[24] ἥσσων, ον, ονος, lesser, inferior, weaker

[25] ἐξαιρέω pres mid ptcp m.s.nom., set free, deliver, rescue

[26] ἐξαίρετος, ον, delivered, excepted, separated

40:1 Προδήλων[1] οὖν ἡμῖν ὄντων τούτων καὶ ἐγκεκυφότες[2] εἰς τὰ βάθη[3] τῆς θείας[4] γνώσεως,[5] πάντα τάξει[6] ποιεῖν ὀφείλομεν ὅσα ὁ δεσπότης[7] ἐπιτελεῖν[8] ἐκέλευσεν[9] κατὰ καιροὺς τεταγμένους.[10] **2** τάς τε προσφορὰς[11] καὶ λειτουργίας[12] ἐπιμελῶς[13] ἐπιτελεῖσθαι,[14] καὶ οὐκ εἰκῇ[15] ἢ ἀτάκτως[16] ἐκέλευσεν[17] γίνεσθαι, ἀλλ᾽ ὡρισμένοις[18] καιροῖς καὶ ὥραις· **3** ποῦ τε καὶ διὰ τίνων ἐπιτελεῖσθαι[19] θέλει, αὐτὸς ὥρισεν[20] τῇ ὑπερτάτῳ[21] αὐτοῦ βουλήσει,[22] ἵν᾽ ὁσίως[23] πάντα γινόμενα ἐν εὐδοκήσει[24] εὐπρόσδεκτα[25] εἴη τῷ θελήματι αὐτοῦ. **4** Οἱ οὖν τοῖς προστεταγμένοις[26] καιροῖς ποιοῦντες τὰς προσφορὰς[27] αὐτῶν εὐπρόσδεκτοί[28] τε καὶ μακάριοι· τοῖς γὰρ νομίμοις[29] τοῦ

---

[1] πρόδηλος, ον, clear, evident, known

[2] ἐγκύπτω perf act ptcp m.p.nom., give, attention, look closely

[3] βάθος, ους, τό, depth

[4] θεῖος, θεία, θεῖον, divine

[5] γνῶσις, εως, ἡ, knowledge

[6] τάξις, εως, ἡ, fixed succession, order

[7] δεσπότης, ου, ὁ, lord, master

[8] ἐπιτελέω pres act inf, complete, accomplish, perform, bring about

[9] κελεύω aor act ind 3s, command, order

[10] τάσσω perf mid ptcp m.p.acc., arrange, put in place

[11] προσφορά, ᾶς, ἡ, offering, sacrificing

[12] λειτουργία, ας, ἡ, service

[13] ἐπιμελῶς, adv, carefully, diligently

[14] ἐπιτελέω pres mid inf, complete, accomplish, perform, bring about

[15] εἰκῇ, adv, in a haphazard manner

[16] ἀτάκτως, adv, disorderly

[17] κελεύω aor act ind 3s, command, order, urge

[18] ὁρίζω perf mid ptcp m.p.dat., determine, appoint, fix, set

[19] ἐπιτελέω pres pass inf, complete, accomplish, perform, bring about

[20] ὁρίζω aor act ind 3s, determine, appoint, fix, set

[21] ὑπέρτατος, η, ον, uppermost, loftiest, supreme

[22] βούλησις, εως, ἡ, will

[23] ὁσίως, adv, devoutly

[24] εὐδόκησις, εως, ἡ, approval, satisfaction, good pleasure

[25] εὐπρόσδεκτος, ον, acceptable, favorable

[26] προστάσσω perf mid ptcp m.p.dat., determine, command, order, give instructions

[27] προσφορά, ᾶς, ἡ, sacrificing, offering

[28] εὐπρόσδεκτος, ον, acceptable

[29] νόμιμος, η, ον, lawful

δεσπότου[1] ἀκολουθοῦντες οὐ διαμαρτάνουσιν.[2] **5** τῷ γὰρ
ἀρχιερεῖ ἴδιαι λειτουργίαι[3] δεδομέναι εἰσίν, καὶ τοῖς ἱερεῦσιν
ἴδιος ὁ τόπος προστέτακται,[4] καὶ λευΐταις[5] ἴδιαι διακονίαι
ἐπίκεινται·[6] ὁ λαϊκὸς[7] ἄνθρωπος τοῖς λαϊκοῖς[8] προστάγμασιν
δέδεται.[9]

41:1 Ἕκαστος ὑμῶν, ἀδελφοί, ἐν τῷ ἰδίῳ τάγματι[10]
εὐχαριστείτω Θεῷ ἐν ἀγαθῇ συνειδήσει ὑπάρχων, μὴ
παρεκβαίνων[11] τὸν ὡρισμένον[12] τῆς λειτουργίας[13] αὐτοῦ
κανόνα,[14] ἐν σεμνότητι.[15] **2** Οὐ πανταχοῦ,[16] ἀδελφοί,
προσφέρονται θυσίαι[17] ἐνδελεχισμοῦ[18] ἢ εὐχῶν[19] ἢ περὶ
ἁμαρτίας καὶ πλημμελείας,[20] ἀλλ᾽ ἢ ἐν Ἱερουσαλὴμ μόνῃ· κἀκεῖ
δὲ οὐκ ἐν παντὶ τόπῳ προσφέρεται, ἀλλ᾽ ἔμπροσθεν τοῦ ναοῦ
πρὸς τὸ θυσιαστήριον,[21] μωμοσκοπηθὲν[22] τὸ προσφερόμενον διὰ
τοῦ ἀρχιερέως καὶ τῶν προειρημένων[23] λειτουργῶν.[24] **3** οἱ οὖν
παρὰ τὸ καθῆκον[25] τῆς βουλήσεως[26] αὐτοῦ ποιοῦντές τι θάνατον

---

[1] δεσπότης, ου, ὁ, lord, master
[2] διαμαρτάνω pres act ind 3p, miss
  the mark badly, be quite wrong
[3] λειτουργία, ας, ἡ, service
[4] προστάσσω perf pass ind 3s,
  determine, command, order,
  give instructions
[5] λευΐτης, ου, ὁ, Levite
[6] ἐπίκειμαι pres pass ind 3p,
  impose
[7] λαϊκός, ή, όν, layman
[8] λαϊκός, ή, όν, layman
[9] πρόσταγμα, ατος, τό, order,
  commandment, injunction
[10] τάγμα, ατος, τό, division, group
[11] παρεκβαίνω pres act ptcp
  m.s.nom., go beyond,
  transgress, overstep
[12] ὁρίζω perf pass ptcp m.s.acc.,
  determine, appoint, fix, set
[13] λειτουργία, ας, ἡ, service

[14] κανών, όνος, ὁ, rule, standard
[15] σεμνότης, τητος, ἡ, dignity,
  seriousness, probity, holiness
[16] πανταχοῦ, adv, everywhere
[17] θυσία, ας, ἡ, sacrifice, offering
[18] ἐνδελεχισμός, οῦ, ὁ, continual
[19] εὐχή, ῆς, ἡ, freewill/votive
  offering
[20] πλημμέλεια, ας, ἡ, fault, error,
  sin, offense
[21] θυσιαστήριον, ου, τό, altar,
  sanctuary
[22] μωμοσκοπέομαι aor pass ptcp
  n.s.acc., examine for blemishes
[23] προλέγω perf mid ptcp m.p.gen.,
  tell beforehand, in advance
[24] λειτουργός, οῦ, ὁ, servant,
  minister
[25] καθήκω pres act ptcp n.s.acc.,
  proper, fitting
[26] βούλησις, εως, ἡ, will

τὸ πρόστιμον[1] ἔχουσιν. **4** Ὁρᾶτε, ἀδελφοί, ὅσῳ πλείονος κατηξιώθημεν[2] γνώσεως,[3] τοσούτῳ[4] μᾶλλον ὑποκείμεθα[5] κινδύνῳ.[6]

42:1 Οἱ ἀπόστολοι ἡμῖν εὐηγγελίσθησαν ἀπὸ τοῦ Κυρίου Ἰησοῦ Χριστοῦ, Ἰησοῦς ὁ Χριστὸς ἀπὸ τοῦ Θεοῦ ἐξεπέμφθη.[7] **2** ὁ Χριστὸς οὖν ἀπὸ τοῦ Θεοῦ, καὶ οἱ ἀπόστολοι ἀπὸ τοῦ Χριστοῦ· ἐγένοντο οὖν ἀμφότερα[8] εὐτάκτως[9] ἐκ θελήματος Θεοῦ. **3** παραγγελίας[10] οὖν λαβόντες καὶ πληροφορηθέντες[11] διὰ τῆς ἀναστάσεως τοῦ Κυρίου ἡμῶν Ἰησοῦ Χριστοῦ καὶ πιστωθέντες[12] ἐν τῷ λόγῳ τοῦ Θεοῦ μετὰ πληροφορίας[13] πνεύματος ἁγίου ἐξῆλθον, εὐαγγελιζόμενοι τὴν βασιλείαν τοῦ Θεοῦ μέλλειν ἔρχεσθαι. **4** κατὰ χώρας[14] οὖν καὶ πόλεις κηρύσσοντες καθίστανον[15] τὰς ἀπαρχὰς[16] αὐτῶν, δοκιμάσαντες[17] τῷ πνεύματι, εἰς ἐπισκόπους[18] καὶ διακόνους[19] τῶν μελλόντων πιστεύειν. **5** καὶ τοῦτο οὐ καινῶς,[20] ἐκ γὰρ δὴ[21] πολλῶν χρόνων ἐγέγραπτο περὶ ἐπισκόπων[22] καὶ διακόνων.[23]

---

[1] πρόστιμον, ου, τό, penalty

[2] καταξιόω aor pass ind 1p, consider worthy

[3] γνῶσις, εως, ἡ, knowledge

[4] τοσοῦτος, αύτη, οῦτον, so many, so much

[5] ὑπόκειμαι pres mid ind 1p, be exposed to

[6] κίνδυνος, ου, ὁ, danger, risk

[7] ἐκπέμπω aor pass ind 3s, send out

[8] ἀμφότεροι, αι, α, both

[9] εὐτάκτως, adv, in good order

[10] παραγγελία, ας, ἡ, order, command

[11] πληροφορέω aor pass ptcp m.p.nom., convince fully

[12] πιστόω aor pass ptcp m.p.nom., show oneself faithful, feel confidence, be convinced

[13] πληροφορία, ας, ἡ, full assurance, certainty

[14] χώρα, ας, ἡ, district, region, country

[15] καθιστάνω imp act ind 3p, appoint, put in charge

[16] ἀπαρχή, ῆς, ἡ, first fruits

[17] δοκιμάζω aor act ptcp m.p.nom., test, examine

[18] ἐπίσκοπος, ου, ὁ, overseer, supervisor

[19] διάκονος, ου, ὁ, ἡ, assistant, deacon

[20] καινῶς, adv, new

[21] δή, adv, indeed

[22] ἐπίσκοπος, ου, ὁ, overseer, supervisor

[23] διάκονος, ου, ὁ, ἡ, assistant, deacon

οὕτως γάρ που[1] λέγει ἡ γραφή· Καταστήσω[2] τοὺς ἐπισκόπους[3] αὐτῶν ἐν δικαιοσύνῃ καὶ τοὺς διακόνους[4] αὐτῶν ἐν πίστει.

43:1 Καὶ τί θαυμαστόν[5] εἰ οἱ ἐν Χριστῷ πιστευθέντες παρὰ Θεοῦ ἔργον τοιοῦτο κατέστησαν[6] τοὺς προειρημένους;[7] ὅπου καὶ ὁ μακάριος πιστὸς θεράπων[8] ἐν ὅλῳ τῷ οἴκῳ Μωϋσῆς τὰ διατεταγμένα[9] αὐτῷ πάντα ἐσημειώσατο[10] ἐν ταῖς ἱεραῖς[11] βίβλοις,[12] ᾧ καὶ ἐπηκολούθησαν[13] οἱ λοιποὶ προφῆται συνεπιμαρτυροῦντες[14] τοῖς ὑπ' αὐτοῦ νενομοθετημένοις.[15] **2** ἐκεῖνος γάρ, ζήλου[16] ἐμπεσόντος[17] περὶ τῆς ἱερωσύνης[18] καὶ στασιαζουσῶν[19] τῶν φυλῶν ὁποία[20] αὐτῶν εἴη τῷ ἐνδόξῳ[21] ὀνόματι κεκοσμημένη,[22] ἐκέλευσεν[23] τοὺς δώδεκα φυλάρχους[24] προσενεγκεῖν αὐτῷ ῥάβδους[25] ἐπιγεγραμμένας[26] ἑκάστης φυλῆς

---

[1] πού, adv, somewhere

[2] καθίστημι fut act ind 1s, appoint, put in charge

[3] ἐπίσκοπος, ου, ὁ, overseer, supervisor

[4] διάκονος, ου, ὁ, ἡ, assistant, deacon

[5] θαυμαστός, ή, όν, wonderful, marvelous, remarkable

[6] καθίστημι aor act ind 3p, appoint, put in charge

[7] προλέγω aor mid ptcp m.p.acc., state beforehand/earlier

[8] θεράπων, οντος, ὁ, attendant, aide, servant

[9] διατάσσω perf mid ptcp n.p.acc., make arrangements, order

[10] σημειόω aor mid ind 3s, note down, write, mark

[11] ἱερός, ά, όν, holy

[12] βίβλος, ου, ἡ, book

[13] ἐπακολουθέω aor act ind 3p, follow

[14] συνεπιμαρτυρέω pres act ptcp m.p.nom., testify at the same time

[15] νομοθετέω perf mid ptcp n.p.dat., legislate, ordain, found by law

[16] ζῆλος, ου, ὁ, jealousy, zeal

[17] ἐμπίπτω aor act ptcp m.s.gen., set in, arise

[18] ἱερωσύνη, ης, ἡ, priestly office, priesthood

[19] στασιάζω pres act ptcp f.p.gen., rebel

[20] ὁποῖος, οία, οῖον, of what sort, as

[21] ἔνδοξος, ον, honored, distinguished, eminent

[22] κοσμέω perf pass ptcp f.s.nom., adorn, decorate

[23] κελεύω aor act ind 3s, command, order, urge

[24] φύλαρχος, ου, ὁ, head of a tribe

[25] ῥάβδος, ου, ἡ, rod, staff, stick

[26] ἐπιγράφω perf mid ptcp f.p.acc., write on/in, inscribe

κατ' ὄνομα· καὶ λαβὼν αὐτὰς ἔδησεν καὶ ἐσφράγισεν[1] τοῖς δακτυλίοις[2] τῶν φυλάρχων,[3] καὶ ἀπέθετο[4] αὐτὰς εἰς τὴν σκηνὴν[5] τοῦ μαρτυρίου[6] ἐπὶ τὴν τράπεζαν[7] τοῦ Θεοῦ· 3 καὶ κλείσας[8] τὴν σκηνὴν[9] ἐσφράγισεν[10] τὰς κλεῖδας[11] ὡσαύτως[12] καὶ τὰς θύρας, 4 καὶ εἶπεν αὐτοῖς, Ἄνδρες ἀδελφοί, ἧς ἂν φυλῆς ἡ ῥάβδος[13] βλαστήσῃ,[14] ταύτην ἐκλέλεκται[15] ὁ Θεὸς εἰς τὸ ἱερατεύειν[16] καὶ λειτουργεῖν[17] αὐτῷ. 5 πρωΐας[18] δὲ γενομένης συνεκάλεσεν[19] πάντα τὸν Ἰσραήλ, τὰς ἑξακοσίας[20] χιλιάδας[21] τῶν ἀνδρῶν, καὶ ἐπεδείξατο[22] τοῖς φυλάρχοις[23] τὰς σφραγῖδας[24] καὶ ἤνοιξεν τὴν σκηνὴν[25] τοῦ μαρτυρίου[26] καὶ προεῖλεν[27] τὰς ῥάβδους·[28] καὶ εὑρέθη ἡ ῥάβδος[29] Ἀαρὼν[30] οὐ μόνον βεβλαστηκυῖα,[31] ἀλλὰ καὶ καρπὸν ἔχουσα. 6 τί δοκεῖτε, ἀγαπητοί; οὐ προῄδει[32] Μωϋσῆς τοῦτο μέλλειν ἔσεσθαι; μάλιστα[33] ᾔδει· ἀλλ' ἵνα μὴ

---

[1] σφραγίζω aor act ind 3s, seal

[2] δακτύλιος, ου, ὁ, ring

[3] φύλαρχος, ου, ὁ, head of a tribe

[4] ἀποτίθημι aor mid ind 3s, take off, lay aside, put away, lay down

[5] σκηνή, ῆς, ἡ, tent, hut

[6] μαρτύριον, ου, τό, testimony, proof

[7] τράπεζα, ης, ἡ, table

[8] κλείω aor act ptcp m.s.nom., shut, lock, bar

[9] σκηνή, ῆς, ἡ, tent, hut

[10] σφραγίζω aor act ind 3s, seal

[11] κλείς, κλειδός, ἡ, key

[12] ὡσαύτως, adv, in the same way, similarly, likewise

[13] ῥάβδος, ου, ἡ, staff, stick, rod

[14] βλαστάνω aor act sub 3s, grow, bud, sprout

[15] ἐκλέγομαι perf mid ind 3s, choose

[16] ἱερατεύω pres act inf, perform the service of a priest

[17] λειτουργέω pres act inf, serve, render service

[18] πρωΐα, ας, ἡ, morning

[19] συγκαλέω aor act ind 3s, summon

[20] ἑξακόσιοι, αι, α, six hundred

[21] χιλιάς, άδος, ἡ, a thousand

[22] ἐπιδείκνυμι aor mid ind 3s, show, point out

[23] φύλαρχος, ου, ὁ, head of a tribe

[24] σφραγίς, ῖδος, ἡ, seal, signet

[25] σκηνή, ῆς, ἡ, tent, hut

[26] μαρτύριον, ου, τό, testimony, proof

[27] προαιρέω aor act ind 3s, bring, take out

[28] ῥάβδος, ου, ἡ, staff, rod, stick

[29] ῥάβδος, ου, ἡ, staff, rod, stick

[30] Ἀαρών, ὁ, Aaron

[31] βλαστάνω perf act ptcp f.s.nom., grow, bud, sprout

[32] πρόοιδα plupf act ind 3s, know beforehand/previously

[33] μάλιστα, adv, certainly

ἀκαταστασία¹ γένηται ἐν τῷ Ἰσραήλ, οὕτως ἐποίησεν, εἰς τὸ δοξασθῆναι τὸ ὄνομα τοῦ ἀληθινοῦ² καὶ μόνου Κυρίου· ᾧ ἡ δόξα εἰς τοὺς αἰῶνας τῶν αἰώνων. ἀμήν.

44:1 Καὶ οἱ ἀπόστολοι ἡμῶν ἔγνωσαν διὰ τοῦ Κυρίου ἡμῶν Ἰησοῦ Χριστοῦ ὅτι ἔρις³ ἔσται ἐπὶ τοῦ ὀνόματος τῆς ἐπισκοπῆς.⁴ **2** Διὰ ταύτην οὖν τὴν αἰτίαν⁵ πρόγνωσιν⁶ εἰληφότες τελείαν⁷ κατέστησαν⁸ τοὺς προειρημένους⁹ καὶ μεταξὺ¹⁰ ἐπιμονὴν¹¹ δεδώκασιν ὅπως, ἐὰν κοιμηθῶσιν,¹² διαδέξωνται¹³ ἕτεροι δεδοκιμασμένοι¹⁴ ἄνδρες τὴν λειτουργίαν¹⁵ αὐτῶν.

3 Τοὺς οὖν κατασταθέντας¹⁶ ὑπ᾽ ἐκείνων ἢ μεταξὺ¹⁷ ὑφ᾽ ἑτέρων ἐλλογίμων¹⁸ ἀνδρῶν συνευδοκησάσης¹⁹ τῆς ἐκκλησίας πάσης, καὶ λειτουργήσαντας²⁰ ἀμέμπτως²¹ τῷ ποιμνίῳ²² τοῦ Χριστοῦ μετὰ ταπεινοφροσύνης, ἡσύχως,²³ καὶ ἀβαναύσως,²⁴ μεμαρτυρημένους τε πολλοῖς χρόνοις ὑπὸ πάντων, τούτους οὐ

---

¹ ἀκαταστασία, ας, ἡ, disturbance, tumult, disorder, unruliness
² ἀληθινός, ή, όν, true, trustworthy
³ ἔρις, ιδος, ἡ, strife, discord, contention
⁴ ἐπισκοπή, ῆς, ἡ, overseer, supervision
⁵ αἰτία, ας, ἡ, reason, cause
⁶ πρόγνωσις, εως, ἡ, foreknowledge
⁷ τέλειος, α, ον, complete, perfect
⁸ καθίστημι aor act ind 3p, appoint
⁹ προλέγω aor mid ptcp m.p.acc., tell beforehand/in advance
¹⁰ μεταξύ, impr prep, afterward, next
¹¹ ἐπίμονος, ον, lasting
¹² κοιμάω aor pass sub 3p, sleep, fall asleep
¹³ διαδέχομαι perf mid ptcp m.p.nom., succeed to, receive in turn

¹⁴ δοκιμάζω perf mid ptcp m.p.nom., test, examine, approve
¹⁵ λειτουργία, ας, ἡ, service, minister
¹⁶ καθίστημι aor pass ptcp m.p.acc., appoint, put in charge
¹⁷ μεταξύ, impr prep, afterward, next
¹⁸ ἐλλόγιμος, ον, reputable, eminent
¹⁹ συνευδοκέω aor act ptcp f.s.gen., consent to, sympathize with
²⁰ λειτουργέω aor act ptcp m.p.acc., serve, minister
²¹ ἀμέμπτως, adv, blamelessly
²² ποίμνιον, ου, τό, flock
²³ ἡσύχως, adv, quietly
²⁴ ἀβαναύσως, unselfishly, nobly

δικαίως[1] νομίζομεν[2] ἀποβάλλεσθαι[3] τῆς λειτουργίας.[4]
4 ἁμαρτία γὰρ οὐ μικρὰ ἡμῖν ἔσται, ἐὰν τοὺς ἀμέμπτως[5] καὶ ὁσίως[6] προσενεγκόντας τὰ δῶρα[7] τῆς ἐπισκοπῆς[8] ἀποβάλωμεν.[9] **5** μακάριοι οἱ προοδοιπορήσαντες[10] πρεσβύτεροι, οἵτινες ἔγκαρπον[11] καὶ τελείαν[12] ἔσχον τὴν ἀνάλυσιν·[13] οὐ γὰρ εὐλαβοῦνται[14] μή τις αὐτοὺς μεταστήσῃ[15] ἀπὸ τοῦ ἱδρυμένου[16] αὐτοῖς τόπου. **6** ὁρῶμεν γὰρ ὅτι ἐνίους[17] ὑμεῖς μετηγάγετε[18] καλῶς πολιτευομένους[19] ἐκ τῆς ἀμέμπτως[20] αὐτοῖς * τετιμημένης *[21] λειτουργίας.[22]

45:1 Φιλόνεικοί[23] ἐστε, ἀδελφοί, καὶ ζηλωταὶ[24] περὶ τῶν ἀνηκόντων[25] εἰς σωτηρίαν. **2** ἐνκεκύφατε[26] εἰς τὰς γραφάς, τὰς

---

[1] δικαίως, adv, justly, in an upright manner
[2] νομίζω pres act ind 1p, think, believe, hold, consider
[3] ἀποβάλλω pres mid inf, remove, depose
[4] λειτουργία, ας, ἡ, service, ministry
[5] ἀμέμπτως, adv, blamelessly
[6] ὁσίως, adv, devoutly, holiness
[7] δῶρον, ου, τό, gift, present
[8] ἐπισκοπή, ῆς, ἡ, overseer, supervision
[9] ἀποβάλλω aor act sub 1p, remove, depose
[10] προοδοιπορέω aor act ptcp m.p.nom., die before now
[11] ἔγκαρπος, ον, fruitful
[12] τέλειος, α, ον, perfect, complete
[13] ἀνάλυσις, εως, ἡ, departure
[14] εὐλαβέομαι pres mid ind 3p, reverence, respect

[15] μεθίστημι aor act sub 3s, remove
[16] ἱδρύω perf mid ptcp m.s.gen., be seated, sit, be established
[17] ἔνιοι, αι, α, some, several
[18] μετάγω aor act ind 2p, move, remove
[19] πολιτεύομαι pres mid ptcp m.p.acc., live, lead one's life
[20] ἀμέμπτως, adv, blamelessly
[21] τιμάω perf pass ptcp f.s.gen., honor, revere
[22] λειτουργία, ας, ἡ, service, minister
[23] φιλόνεικος, ον, quarrelsome, contentious
[24] ζηλωτής, οῦ, ὁ, enthusiast, adherent, loyalist
[25] ἀνήκω pres act ptcp n.p.gen., refer, relate, belong
[26] ἐγκύπτω perf act ind 2p, examine, search

ἀληθεῖς,[1] τὰς διὰ τοῦ πνεύματος τοῦ ἁγίου. **3** ἐπίστασθε[2] ὅτι οὐδὲν ἄδικον[3] οὐδὲ παραπεποιημένον[4] γέγραπται ἐν αὐταῖς. οὐχ εὑρήσετε δικαίους ἀποβεβλημένους[5] ἀπὸ ὁσίων[6] ἀνδρῶν. **4** ἐδιώχθησαν δίκαιοι, ἀλλ᾿ ὑπὸ ἀνόμων·[7] ἐφυλακίσθησαν,[8] ἀλλ᾿ ὑπὸ ἀνοσίων·[9] ἐλιθάσθησαν[10] ὑπὸ παρανόμων·[11] ἀπεκτάνθησαν ὑπὸ τῶν μιαρὸν[12] καὶ ἄδικον[13] ζῆλον[14] ἀνειληφότων.[15] **5** ταῦτα πάσχοντες εὐκλεῶς[16] ἤνεγκαν. **6** Τί γὰρ εἴπωμεν, ἀδελφοί; Δανιὴλ[17] ὑπὸ τῶν φοβουμένων τὸν Θεὸν ἐβλήθη εἰς λάκκον[18] λεόντων;[19] **7** ἢ Ἀνανίας[20] καὶ Ἀζαρίας[21] καὶ Μισαὴλ[22] ὑπὸ τῶν θρησκευόντων[23] τὴν μεγαλοπρεπῆ[24] καὶ ἔνδοξον[25] θρησκείαν[26] τοῦ ὑψίστου[27] κατείρχθησαν[28] εἰς κάμινον[29] πυρός; μηδαμῶς[30]

---

[1] ἀληθής, ές, truthful, righteous, honest, true
[2] ἐπίσταμαι pres mid ind 2p, understand, know, be acquainted with
[3] ἄδικος, ον, unjust, crooked
[4] παραποιέω perf pass ptcp n.s.nom., imitate, falsify, counterfeit
[5] ἀποβάλλω perf pass ptcp m.p.acc., throw away, reject
[6] ὅσιος, ία, ον, devout, pious, holy
[7] ἄνομος, ον, lawless
[8] φυλακίζω aor pass ind 3p, take into custody, imprison
[9] ἀνόσιος, ον, unholy
[10] λιθάζω aor pass ind 3p, stone
[11] παράνομος, ον, lawless (person), transgressor
[12] μιαρός, ά, όν, abominable, wretched, foul, depraved, wanton
[13] ἄδικος, ον, unjust, crooked
[14] ζῆλος, ου, ὁ, jealousy, zeal

[15] ἀναλαμβάνω perf act ptcp m.p.gen., take up, take to one's self, adopt
[16] εὐκλεῶς, adv, gloriously
[17] Δανιήλ, ὁ, Daniel
[18] λάκκος, ου, ὁ, pit, den
[19] λέων, οντος, ὁ, lion
[20] Ἀνανίας, ου, ὁ, Ananias
[21] Ἀζαρίας, ου, ὁ, Azariah
[22] Μισαήλ, ὁ, Mishael
[23] θρησκεύω pres act ptcp m.p.gen., worship
[24] μεγαλοπρεπής, ές, magnificent, sublime, majestic, impressive
[25] ἔνδοξος, ον, honored, distinguished, eminent
[26] θρησκεία, ας, ἡ, worship
[27] ὕψιστος, η, ον, Most High
[28] κατείργω aor pass ind 3p, shut up, enclose
[29] κάμινος, ου, ἡ, oven, furnace
[30] μηδαμῶς, adv, by no means, certainly not, no

τοῦτο γένοιτο. Τίνες οὖν οἱ ταῦτα δράσαντες;[1] οἱ στυγητοὶ[2] καὶ πάσης κακίας[3] πλήρεις[4] εἰς τοσοῦτο[5] ἐξήρισαν[6] θυμοῦ[7] ὥστε τοὺς ἐν ὁσίᾳ[8] καὶ ἀμώμῳ[9] προθέσει[10] δουλεύοντας[11] τῷ Θεῷ εἰς αἰκίαν[12] * περιβαλεῖν, *[13] μὴ εἰδότες ὅτι ὁ ὕψιστος[14] ὑπέρμαχος[15] καὶ ὑπερασπιστής[16] ἐστιν τῶν ἐν καθαρᾷ[17] συνειδήσει λατρευόντων[18] τῷ παναρέτῳ[19] ὀνόματι αὐτοῦ· ᾧ ἡ δόξα εἰς τοὺς αἰῶνας τῶν αἰώνων. ἀμήν. **8** οἱ δὲ ὑπομένοντες[20] ἐν πεποιθήσει[21] δόξαν καὶ τιμὴν ἐκληρονόμησαν,[22] ἐπήρθησάν[23] τε καὶ ἔγγραφοι[24] ἐγένοντο ἀπὸ τοῦ Θεοῦ ἐν τῷ μνημοσύνῳ[25] αὐτῶν εἰς τοὺς αἰῶνας τῶν αἰώνων. ἀμήν.

---

[1] δράω aor act ptcp m.p.nom., do, accomplish

[2] στυγητός, ή, όν, loathsome, despicable

[3] κακία, ας, ή, baseness, depravity, wickedness, vice

[4] πλήρης, ες, filled, full

[5] τοσοῦτος, αύτη, οῦτον, so many, so much, so great

[6] ἐξερίζω aor act ind 3p, be factious, contentious

[7] θυμός, οῦ, ὁ, passion, passionate, longing, wrath, rage, indignation

[8] ὅσιος, ία, ον, devout, pious, pleasing to God, holy

[9] ἄμωμος, ον, unblemished, blameless

[10] πρόθεσις, εως, ή, plan, purpose, resolve, will

[11] δουλεύω pres act ptcp m.p.acc., serve

[12] αἰκία, ίας, ή, mistreatment, torture

[13] περιβάλλω aor act inf, lay, put around, put on

[14] ὕψιστος, η, ον, Most High

[15] ὑπέρμαχος, ου, ὁ, champion, defender

[16] ὑπερασπιστής, οῦ, ὁ, protector

[17] καθαρός, ά, όν, clean, pure

[18] λατρεύω pres act ptcp m.p.gen., serve, minister

[19] πανάρετος, ον, most excellent

[20] ὑπομένω pres act ptcp m.p.nom., endure, hold up

[21] πεποίθησις, εως, ή, confidence, trust

[22] κληρονομέω aor act ind 3p, inherit

[23] ἐπαίρω aor pass ind 3s, lift up, hold up

[24] ἔγγραφος, ον, recorded

[25] μνημόσυνον, ου, τό, memory, memorial offering

46:1 Τοιούτοις οὖν ὑποδείγμασιν[1] κολληθῆναι[2] καὶ ἡμᾶς δεῖ, ἀδελφοί. **2** γέγραπται γάρ· Κολλᾶσθε[3] τοῖς ἁγίοις, ὅτι οἱ κολλώμενοι[4] αὐτοῖς ἁγιασθήσονται.[5] **3** καὶ πάλιν ἐν ἑτέρῳ τόπῳ λέγει· Μετὰ ἀνδρὸς ἀθῴου[6] ἀθῷος[7] ἔσῃ, καὶ μετὰ ἐκλεκτοῦ[8] ἐκλεκτὸς[9] ἔσῃ, καὶ μετὰ στρεβλοῦ[10] διαστρέψεις.[11] **4** κολληθῶμεν[12] οὖν τοῖς ἀθῴοις[13] καὶ δικαίοις· εἰσὶν δὲ οὗτοι ἐκλεκτοὶ[14] τοῦ Θεοῦ. **5** Ἵνα τί ἔρεις[15] καὶ θυμοὶ[16] καὶ διχοστασίαι[17] καὶ σχίσματα[18] πόλεμός[19] τε ἐν ὑμῖν; **6** ἢ οὐχὶ ἕνα Θεὸν ἔχομεν καὶ ἕνα Χριστὸν καὶ ἓν πνεῦμα τῆς χάριτος τὸ ἐκχυθὲν[20] ἐφ᾽ ἡμᾶς, καὶ μία κλῆσις[21] ἐν Χριστῷ; **7** ἵνα τί διέλκομεν[22] καὶ διασπῶμεν[23] τὰ μέλη τοῦ Χριστοῦ, καὶ στασιάζομεν[24] πρὸς τὸ σῶμα τὸ ἴδιον, καὶ εἰς τοσαύτην[25] ἀπόνοιαν[26] ἐρχόμεθα ὥστε ἐπιλαθέσθαι[27] ἡμᾶς ὅτι μέλη ἐσμὲν

---

[1] ὑπόδειγμα, ατος, τό, example, model, pattern

[2] κολλάω aor pass inf, bind together, unite, follow

[3] κολλάω pres mid impv 2p, bind together, unite, follow

[4] κολλάω pres mid ptcp m.p.nom., bind together, unite, follow

[5] ἁγιάζω fut pass ind 3p, consecrate, sanctify

[6] ἀθῷος, ον, innocent

[7] ἀθῷος, ον, innocent

[8] ἐκλεκτός, ή, όν, chosen, elect

[9] ἐκλεκτός, ή, όν, chosen, elect

[10] στρεβλός, ή, όν, crooked, perverse

[11] διαστρέφω fut act ind 2s, deform, crooked, pervert

[12] κολλάω aor pass sub 1p, bind closely, unite

[13] ἀθῷος, ον, innocent

[14] ἐκλεκτός, ή, όν, chosen, elect

[15] ἔρις, ιδος, ἡ, strife, discord, contention

[16] θυμός, οῦ, ὁ, anger, wrath, rage, indignation

[17] διχοστασία, ας, ἡ, dissension

[18] σχίσμα, ατος, τό, division, dissension, schism

[19] πόλεμος, ου, ὁ, conflict, quarrel

[20] ἐκχύννω aor pass ptcp n.s.acc., pour out

[21] κλῆσις, εως, ἡ, calling, invitation

[22] διέλκω pres act ind 1p, rend, tear apart

[23] διασπάω pres act sub 1p, tear apart, tear up

[24] στασιάζω pres act ind 1p, rebel

[25] τοσοῦτος, αύτη, οῦτον, so many, so much, so great

[26] ἀπόνοια, ας, ἡ, madness, frenzy

[27] ἐπιλανθάνομαι aor mid inf, forget

ἀλλήλων; μνήσθητε[1] τῶν λόγων Ἰησοῦ τοῦ Κυρίου ἡμῶν,
8 εἶπεν γάρ· Οὐαὶ τῷ ἀνθρώπῳ ἐκείνῳ· καλὸν ἦν αὐτῷ εἰ οὐκ
ἐγεννήθη, ἢ ἕνα τῶν ἐκλεκτῶν[2] μου σκανδαλίσαι·[3] κρεῖττον[4] ἦν
αὐτῷ περιτεθῆναι[5] μύλον[6] καὶ καταποντισθῆναι[7] εἰς τὴν
θάλασσαν, ἢ ἕνα τῶν ἐκλεκτῶν[8] μου διαστρέψαι.[9] **9** τὸ σχίσμα[10]
ὑμῶν πολλοὺς διέστρεψεν,[11] πολλοὺς εἰς ἀθυμίαν[12] ἔβαλεν,
πολλοὺς εἰς δισταγμόν,[13] τοὺς πάντας ἡμᾶς εἰς λύπην.[14] καὶ
ἐπίμονος[15] ὑμῶν ἐστὶν ἡ στάσις.[16]

47:1 Ἀναλάβετε[17] τὴν ἐπιστολὴν τοῦ μακαρίου Παύλου τοῦ
ἀποστόλου. **2** τί πρῶτον ὑμῖν ἐν ἀρχῇ τοῦ εὐαγγελίου ἔγραψεν;

47:3 ἐπ᾽ ἀληθείας πνευματικῶς[18] ἐπέστειλεν[19] ὑμῖν περὶ αὐτοῦ
τε καὶ Κηφᾶ[20] τε καὶ Ἀπολλῶ,[21] διὰ τὸ καὶ τότε προσκλίσεις[22]
ὑμᾶς πεποιῆσθαι. **4** ἀλλ᾽ ἡ πρόσκλισις[23] ἐκείνη ἧττον[24]

---

[1] μιμνήσκομαι aor pass impv 2p,
    remember, recollect, remind
    oneself
[2] ἐκλεκτός, ή, όν, chosen, elect
[3] σκανδαλίζω aor act inf, cause to
    sin, give offense to, anger,
    shock
[4] κρείττων, ον, ονος, higher in rank,
    preferable, better
[5] περιτίθημι aor pass inf, put
    on/around
[6] μύλος, ου, ὁ, mill, millstone
[7] καταποντίζω aor pass inf, drown
[8] ἐκλεκτός, ή, όν, chosen, elect
[9] διαστρέφω aor act inf, make
    crooked, pervert
[10] σχίσμα, ατος, τό, schism
[11] διαστρέφω aor act ind 3s,
    crooked, pervert
[12] ἀθυμία, ας, ἡ, discouragement

[13] δισταγμός, οῦ, ὁ, doubt
[14] λύπη, ης, ἡ, grief, sorrow,
    affliction
[15] ἐπίμονος, ον, lasting
[16] στάσις, εως, ἡ, uprising, riot, re-
    volt, rebellion
[17] ἀναλαμβάνω aor act impv 2p,
    take up
[18] πνευματικῶς, in the Spirit, in
    keeping with the Spirit
[19] ἐπιστέλλω aor act ind 3s,
    inform/instruct by letter
[20] Κηφᾶς, ᾶ, ὁ, Cephas
[21] Ἀπολλῶς, ῶ, ὁ, Apollos
[22] πρόσκλισις, εως, ἡ, engage in
    partisan strife
[23] πρόσκλισις, εως, ἡ, engage in
    partisan strife
[24] ἥσσων, lesser, inferior, weaker

ἁμαρτίαν ὑμῖν προσήνεγκεν· προσεκλίθητε[1] γὰρ ἀποστόλοις μεμαρτυρημένοις καὶ ἀνδρὶ δεδοκιμασμένῳ[2] παρ' αὐτοῖς. **5** νυνὶ[3] δὲ κατανοήσατε[4] τίνες ὑμᾶς διέστρεψαν[5] καὶ τὸ σεμνὸν[6] τῆς περιβοήτου[7] φιλαδελφίας[8] ὑμῶν ἐμείωσαν.[9] **6** αἰσχρά,[10] ἀγαπητοί, καὶ λίαν[11] αἰσχρὰ[12] καὶ ἀνάξια[13] τῆς ἐν Χριστῷ ἀγωγῆς,[14] ἀκούεσθαι τὴν βεβαιοτάτην[15] καὶ ἀρχαίαν[16] Κορινθίων[17] ἐκκλησίαν δι' ἓν ἢ δύο πρόσωπα στασιάζειν[18] πρὸς τοὺς πρεσβυτέρους. **7** καὶ αὕτη ἡ ἀκοὴ[19] οὐ μόνον εἰς ἡμᾶς ἐχώρησεν,[20] ἀλλὰ καὶ εἰς τοὺς ἑτεροκλινεῖς[21] ὑπάρχοντας ἀφ' ἡμῶν, ὥστε καὶ βλασφημίας[22] ἐπιφέρεσθαι[23] τῷ ὀνόματι Κυρίου διὰ τὴν ὑμετέραν[24] ἀφροσύνην,[25] ἑαυτοῖς δὲ κίνδυνον[26] ἐπεξεργάζεσθαι.[27]

---

[1] προσκλίνω aor pass ind 2p, attach oneself to, join someone
[2] δοκιμάζω perf pass ptcp m.s.dat., test, examine, approve
[3] νυνί, adv, now
[4] κατανοέω aor act impv 2p, think about, notice
[5] διαστρέφω aor act ind 3p, crooked, pervert
[6] σεμνός, ή, όν, noble, dignified, serious
[7] περιβόητος, ον, well known, far famed, celebrated
[8] φιλαδελφία, ας, ή, love of brother/sister
[9] μειόω aor act ind 3p, lessen
[10] αἰσχρός, ά, όν, shameful, base
[11] λίαν, adv, very (much), exceedingly
[12] αἰσχρός, ά, όν, shameful, base
[13] ἀνάξιος, ον, unworthy

[14] ἀγωγή, ῆς, ή, way of life, conduct
[15] βέβαιος, α, ον, reliable
[16] ἀρχαῖος, αία, αῖον, old, ancient
[17] Κορίνθιος, ου, ὁ, Corinthian
[18] στασιάζω pres act inf, rebel
[19] ἀκοή, ῆς, ή, report, hearing
[20] χωρέω aor act ind 3s, reach, go, go out, away
[21] ἑτεροκλινής, ές, οῦς, inclined to, having a propensity for
[22] βλασφημία, ας, ή, blasphemy, reviling, denigration, slander
[23] ἐπιφέρω pres mid inf, add, bring, pronounce
[24] ὑμέτερος, α, ον, your
[25] ἀφροσύνη, ης, ή, foolishness, lack of sense
[26] κίνδυνος, ου, ὁ, danger, risk
[27] ἐπεξεργάζομαι pres mid inf, cause besides

48:1 Ἐξάρωμεν[1] οὖν τοῦτο ἐν τάχει[2] καὶ προσπέσωμεν[3] τῷ δεσπότῃ[4] καὶ κλαύσωμεν ἱκετεύοντες[5] αὐτόν, ὅπως ἵλεως[6] γενόμενος ἐπικαταλλαγῇ[7] ἡμῖν καὶ ἐπὶ τὴν σεμνὴν[8] τῆς φιλαδελφίας[9] ἡμῶν ἁγνὴν[10] ἀγωγὴν[11] ἀποκαταστήσῃ[12] ἡμᾶς. **2** πύλη[13] γὰρ δικαιοσύνης ἀνεῳγυῖα εἰς ζωὴν αὕτη, καθὼς γέγραπται· Ἀνοίξατέ μοι πύλας[14] δικαιοσύνης, ἵνα εἰσελθὼν ἐν αὐταῖς ἐξομολογήσωμαι[15] τῷ Κυρίῳ. **3** αὕτη ἡ πύλη[16] τοῦ Κυρίου· δίκαιοι εἰσελεύσονται ἐν αὐτῇ. **4** Πολλῶν οὖν πυλῶν[17] ἀνεῳγυιῶν, ἡ ἐν δικαιοσύνῃ αὕτη ἐστὶν ἡ ἐν Χριστῷ, ἐν ᾗ μακάριοι πάντες οἱ εἰσελθόντες καὶ κατευθύνοντες[18] τὴν πορείαν[19] αὐτῶν ἐν ὁσιότητι[20] καὶ δικαιοσύνῃ, ἀταράχως[21] πάντα ἐπιτελοῦντες.[22] **5** ἤτω τις πιστός, ἤτω δυνατὸς γνῶσιν[23] ἐξειπεῖν,[24] ἤτω σοφὸς[25] ἐν διακρίσει[26] λόγων, **6** τοσούτῳ[27] γὰρ

---

[1] ἐξαίρω aor act sub 1p, remove, drive away

[2] τάχος, ους, τό, speed, quickness, swiftness, haste

[3] προσπίπτω aor act sub 1p, fall down before, at the feet of

[4] δεσπότης, ου, ὁ, lord, master

[5] ἱκετεύω pres act ptcp m.p.nom., supplicate, beseech

[6] ἵλεως, ων, gracious, merciful

[7] ἐπικαταλλάσσομαι aor pass sub 3s, be reconciled to someone

[8] σεμνός, ή, όν, worthy of respect/honor, noble, dignified, serious

[9] φιλαδελφία, ας, ἡ, love of brother/sister

[10] ἁγνός, ή, όν, pure, holy

[11] ἀγωγή, ῆς, ἡ, way of life, conduct

[12] ἀποκαθίστημι aor act sub 3s, restore, reestablish, bring back, restore

[13] πύλη, ης, ἡ, gate, door

[14] πύλη, ης, ἡ, gate, door

[15] ἐξομολογέω aor mid sub 1s, praise

[16] πύλη, ης, ἡ, gate, door

[17] πύλη, ης, ἡ, gate, door

[18] κατευθύνω pres act ptcp m.p.nom., lead, direct

[19] πορεία, ας, ἡ, path, trip

[20] ὁσιότης, τητος, ἡ, devoutness, piety, holiness

[21] ἀταράχως, without confusion, undisturbed

[22] ἐπιτελέω pres act ptcp m.p.nom., complete, accomplish, perform

[23] γνῶσις, εως, ἡ, knowledge

[24] ἐξεῖπον aor act inf, express, proclaim

[25] σοφός, ή, όν, clever, skillful, experienced

[26] διάκρισις, εως, ἡ, distinguishing, differentiation

[27] τοσοῦτος, αύτη, οῦτον, so much, so great, to such an extent

μᾶλλον ταπεινοφρονεῖν¹ ὀφείλει, ὅσῳ δοκεῖ μᾶλλον μείζων εἶναι, καὶ ζητεῖν τὸ κοινωφελὲς² πᾶσιν, καὶ μὴ τὸ ἑαυτοῦ.

49:1 Ὁ ἔχων ἀγάπην ἐν Χριστῷ ποιησάτω τὰ τοῦ Χριστοῦ παραγγέλματα.³ **2** τὸν δεσμὸν⁴ τῆς ἀγάπης τοῦ Θεοῦ τίς δύναται ἐξηγήσασθαι;⁵ **3** τὸ μεγαλεῖον⁶ τῆς καλλονῆς⁷ αὐτοῦ τίς ἀρκετός⁸ ἐξειπεῖν;⁹ **4** τὸ ὕψος¹⁰ εἰς ὃ ἀνάγει¹¹ ἡ ἀγάπη ἀνεκδιήγητόν¹² ἐστιν. **5** ἀγάπη κολλᾷ¹³ ἡμᾶς τῷ Θεῷ, ἀγάπη καλύπτει¹⁴ πλῆθος ἁμαρτιῶν, ἀγάπη πάντα ἀνέχεται,¹⁵ πάντα μακροθυμεῖ.¹⁶ οὐδὲν βάναυσον¹⁷ ἐν ἀγάπῃ, οὐδὲν ὑπερήφανον.¹⁸ ἀγάπη σχίσμα¹⁹ οὐκ ἔχει, ἀγάπη οὐ στασιάζει,²⁰ ἀγάπη πάντα ποιεῖ ἐν ὁμονοίᾳ.²¹ ἐν τῇ ἀγάπῃ ἐτελειώθησαν²² πάντες οἱ ἐκλεκτοὶ²³ τοῦ Θεοῦ· δίχα²⁴ ἀγάπης οὐδὲν εὐάρεστόν²⁵ ἐστιν τῷ Θεῷ. **6** ἐν ἀγάπῃ προσελάβετο²⁶ ἡμᾶς ὁ δεσπότης.²⁷ διὰ τὴν

---

¹ ταπεινοφρονέω pres act inf, humble, modest, unassuming

² κοινωφελής, ές, generally useful

³ παράγγελμα, ατος, τό, order, direction, instruction, precept

⁴ δεσμός, οῦ, ὁ, bond, chain, imprisonment

⁵ ἐξηγέομαι aor mid inf, tell, report, describe, expound

⁶ μεγαλεῖος, α, ον, greatness, sublimity

⁷ καλλονή, ῆς, ἡ, beauty

⁸ ἀρκετός, ή, όν, enough, sufficient, adequate

⁹ ἐξεῖπον aor act inf, express, proclaim

¹⁰ ὕψος, ους, τό, height

¹¹ ἀνάγω pres act ind 3s, lead, bring up

¹² ἀνεκδιήγητος, ον, indescribable

¹³ κολλάω pres act ind 3s, bind closely, unite

¹⁴ καλύπτω pres act ind 3s, cover, hide, conceal

¹⁵ ἀνέχω pres mid ind 3s, endure, bear with, put up with

¹⁶ μακροθυμέω pres act ind 3s, have patience, wait

¹⁷ βάναυσος, ον, base, vulgar

¹⁸ ὑπερήφανος, ον, arrogant, haughty, proud

¹⁹ σχίσμα, ατος, τό, schism

²⁰ στασιάζω pres act ind 3s, rebel

²¹ ὁμόνοια, ας, ἡ, harmony, oneness of mind, unanimity, concord

²² τελειόω aor pass ind 3p, complete, bring to an end, finish, completion, perfection

²³ ἐκλεκτός, ή, όν, elect, chosen

²⁴ δίχα, adv, without, apart from

²⁵ εὐάρεστος, ον, pleasing, acceptable

²⁶ προσλαμβάνω aor mid ind 3s, receive

²⁷ δεσπότης, ου, ὁ, lord, master

ἀγάπην, ἣν ἔσχεν πρὸς ἡμᾶς, τὸ αἷμα αὐτοῦ ἔδωκεν ὑπὲρ ἡμῶν Ἰησοῦς Χριστὸς ὁ Κύριος ἡμῶν ἐν θελήματι Θεοῦ, καὶ τὴν σάρκα ὑπὲρ τῆς σαρκὸς ἡμῶν καὶ τὴν ψυχὴν ὑπὲρ τῶν ψυχῶν ἡμῶν.

50:1 Ὁρᾶτε, ἀγαπητοί, πῶς μέγα καὶ θαυμαστόν[1] ἐστιν ἡ ἀγάπη, καὶ τῆς τελειότητος[2] αὐτῆς οὐκ ἔστιν ἐξήγησις.[3] **2** τίς ἱκανὸς ἐν αὐτῇ εὑρεθῆναι, εἰ μὴ οὓς ἂν καταξιώσῃ[4] ὁ Θεός; δεώμεθα[5] οὖν καὶ αἰτώμεθα ἀπὸ τοῦ ἐλέους[6] αὐτοῦ, ἵνα ἐν ἀγάπῃ εὑρεθῶμεν δίχα[7] προσκλίσεως[8] ἀνθρωπίνης[9] ἄμωμοι.[10] **3** Αἱ γενεαὶ πᾶσαι ἀπὸ Ἀδὰμ[11] ἕως τῆσδε[12] τῆς ἡμέρας παρῆλθον,[13] ἀλλ’ οἱ ἐν ἀγάπῃ τελειωθέντες[14] κατὰ τὴν τοῦ Θεοῦ χάριν ἔχουσιν χῶρον[15] εὐσεβῶν.[16] οἱ φανερωθήσονται ἐν τῇ ἐπισκοπῇ[17] τῆς βασιλείας τοῦ Θεοῦ. **4** γέγραπται γάρ· Εἰσέλθετε εἰς τὰ ταμεῖα[18] μικρὸν ὅσον ὅσον, ἕως οὗ παρέλθῃ[19] ἡ ὀργὴ καὶ ὁ θυμός[20] μου, καὶ μνησθήσομαι[21] ἡμέρας ἀγαθῆς καὶ ἀναστήσω ὑμᾶς ἐκ τῶν θηκῶν[22] ὑμῶν. **5** Μακάριοί ἦμεν, ἀγαπητοί, εἰ τὰ

---

[1] θαυμαστός, ή, όν, wonderful, marvelous, remarkable
[2] τελειότης, ητος, ἡ, perfection, completeness
[3] ἐξήγησις, εως, ἡ, narrative, description
[4] καταξιόω aor act sub 3s, consider worthy
[5] δέομαι pres mid sub 1p, ask, request
[6] ἔλεος, ους, τό, mercy, compassion, pity
[7] δίχα, adv, without, apart
[8] πρόσκλισις, εως, ἡ, partisanship, partisan strife
[9] ἀνθρώπινος, η, ον, human
[10] ἄμωμος, ον, unblemished, blameless

[11] Ἀδάμ, ὁ, Adam
[12] ὅδε, this
[13] παρέρχομαι aor act ind 3p, go by, pass by
[14] τελειόω aor pass ptcp m.p.nom., make perfect
[15] χῶρος, οῦ, ὁ, place
[16] εὐσεβής, ές, devout, godly, pious
[17] ἐπισκοπή, ῆς, ἡ, visitation
[18] ταμεῖον, ου, τό, storeroom, inner room
[19] παρέρχομαι aor act sub 3s, go by, pass by
[20] θυμός, οῦ, ὁ, anger, wrath, rage, indignation
[21] μιμνήσκομαι fut pass ind 1s, remember
[22] θήκη, ης, ἡ, grave, sheath

προστάγματα[1] τοῦ Θεοῦ ἐποιοῦμεν ἐν ὁμονοίᾳ[2] ἀγάπης, εἰς τὸ ἀφεθῆναι ἡμῖν δι᾽ ἀγάπης τὰς ἁμαρτίας. **6** γέγραπται γάρ· Μακάριοι ὧν ἀφέθησαν αἱ ἀνομίαι,[3] καὶ ὧν ἐπεκαλύφθησαν[4] αἱ ἁμαρτίαι· μακάριος ἀνὴρ οὗ οὐ μὴ λογίσηται Κύριος ἁμαρτίαν, οὐδέ ἐστιν ἐν τῷ στόματι αὐτοῦ δόλος.[5] **7** Οὗτος ὁ μακαρισμὸς[6] ἐγένετο ἐπὶ τοὺς ἐκλελεγμένους[7] ὑπὸ τοῦ Θεοῦ διὰ ᾽Ιησοῦ Χριστοῦ τοῦ Κυρίου ἡμῶν, ᾧ ἡ δόξα εἰς τοὺς αἰῶνας τῶν αἰώνων. ἀμήν.

51:1 Ὅσα οὖν παρεπέσαμεν[8] καὶ ἐποιήσαμεν διά τινος τῶν τοῦ ἀντικειμένου,[9] ἀξιώσωμεν[10] ἀφεθῆναι ἡμῖν· καὶ ἐκεῖνοι δὲ οἵτινες ἀρχηγοὶ[11] στάσεως[12] καὶ διχοστασίας[13] ἐγενήθησαν, ὀφείλουσιν τὸ κοινὸν[14] τῆς ἐλπίδος σκοπεῖν.[15] **2** οἱ γὰρ μετὰ φόβου καὶ ἀγάπης πολιτευόμενοι[16] ἑαυτοὺς θέλουσιν μᾶλλον αἰκίαις[17] περιπίπτειν[18] ἢ τοὺς πλησίον,[19] μᾶλλον δὲ ἑαυτῶν κατάγνωσιν[20] φέρουσιν ἢ τῆς παραδεδομένης ἡμῖν καλῶς καὶ

---

[1] πρόσταγμα, ατος, τό, command(ment), injunction
[2] ὁμόνοια, ας, ἡ, harmony, oneness of mind, unanimity, concord
[3] ἀνομία, ας, ἡ, lawless deeds, iniquities
[4] ἐπικαλύπτω aor pass ind 3p, cover up
[5] δόλος, ου, ὁ, deceit, cunning, treachery
[6] μακαρισμός, οῦ, ὁ, blessing
[7] ἐκλέγομαι perf pass ptcp m.p.acc., choose, elect
[8] παραπίπτω aor act ind 1p, fall away
[9] ἀντίκειμαι pres mid ptcp m.s.gen., be in opposition to

[10] ἀξιόω aor act sub 1p, request, ask
[11] ἀρχηγός, οῦ, ὁ, leader, ruler, prince
[12] στάσις, εως, ἡ, rebellion, revolt
[13] διχοστασία, ας, ἡ, dissension
[14] κοινός, ή, όν, common ground
[15] σκοπέω pres act inf, look (out) for, notice
[16] πολιτεύομαι pres mid ptcp m.p.nom., live, lead one's life
[17] αἰκία, ίας, ἡ, mistreatment, torture
[18] περιπίπτω pres act inf, fall in with, fall into
[19] πλησίον, α, ον, neighbor
[20] κατάγνωσις, εως, ἡ, condemnation

δικαίως[1] ὁμοφωνίας.[2] **3** καλὸν γὰρ ἀνθρώπῳ ἐξομολογεῖσθαι[3] περὶ τῶν παραπτωμάτων[4] ἢ σκληρῦναι[5] τὴν καρδίαν αὐτοῦ, καθὼς ἐσκληρύνθη[6] ἡ καρδία τῶν στασιαζόντων[7] πρὸς τὸν θεράποντα[8] τοῦ Θεοῦ Μωϋσῆν, ὧν τὸ κρίμα[9] πρόδηλον[10] ἐγενήθη. **4** κατέβησαν γὰρ εἰς ᾅδου[11] ζῶντες, καὶ θάνατος ποιμανεῖ[12] αὐτούς. **5** Φαραὼ[13] καὶ ἡ στρατιὰ[14] αὐτοῦ καὶ πάντες οἱ ἡγούμενοι[15] Αἰγύπτου,[16] τά τε ἅρματα[17] καὶ οἱ ἀναβάται[18] αὐτῶν, οὐ δι' ἄλλην τινὰ αἰτίαν[19] ἐβυθίσθησαν[20] εἰς θάλασσαν ἐρυθρὰν[21] καὶ ἀπώλοντο, ἀλλὰ διὰ τὸ σκληρυνθῆναι[22] αὐτῶν τὰ ἀσυνέτους[23] καρδίας μετὰ τὸ γενέσθαι τὰ σημεῖα καὶ τὰ Τέρατα[24] ἐν γῇ Αἰγύπτου[25] διὰ τοῦ θεράποντος[26] τοῦ Θεοῦ Μωϋσέως.

52:1 Ἀπροσδεής,[27] ἀδελφοί, ὁ δεσπότης[28] ὑπάρχει τῶν ἁπάντων· οὐδὲν οὐδενὸς χρῄζει[29] εἰ μὴ τὸ ἐξομολογεῖσθαι[30] αὐτῷ. **2** φησὶν

---

[1] δικαίως, adv, righteously
[2] ὁμοφωνία, ας, ἡ, harmony
[3] ἐξομολογέω pres mid inf, confess, admit
[4] παράπτωμα, ατος, τό, offense, wrongdoing, sin
[5] σκληρύνω aor act inf, harden
[6] σκληρύνω aor pass ind 3s, harden
[7] στασιάζω pres act ptcp m.p.gen., rebel
[8] θεράπων, οντος, ὁ, servant, aide
[9] κρίμα, ατος, τό, decision, decree, judgment
[10] πρόδηλος, ον, clear, evident
[11] ᾅδης, ου, ὁ, Hades
[12] ποιμαίνω fut act ind 3s, (lead to) pasture, shepherd
[13] φαραώ, ὁ, Pharaoh
[14] στρατιά, ᾶς, ἡ, army
[15] ἡγέομαι pres mid ptcp m.p.nom., lead, guide

[16] Αἴγυπτος, ου, ἡ, Egypt
[17] ἅρμα, ατος, τό, chariot
[18] ἀναβάτης, ου, ὁ, rider
[19] αἰτία, ας, ἡ, reason, cause
[20] βυθίζω aor pass ind 3p, sink, plunge
[21] ἐρυθρός, ά, όν, red
[22] σκληρύνω aor pass inf, harden
[23] ἀσύνετος, ον, senseless, foolish
[24] τέρας, ατος, τό, wonder
[25] Αἴγυπτος, ου, ἡ, Egypt
[26] θεράπων, οντος, ὁ, servant, minister
[27] ἀπροσδεής, ές, needing nothing
[28] δεσπότης, ου, ὁ, lord, master
[29] χρῄζω pres act ind 3s, (have) need (of)
[30] ἐξομολογέω pres mid inf, confess, admit

γὰρ ὁ ἐκλεκτὸς[1] Δαυείδ· Ἐξομολογήσομαι[2] τῷ Κυρίῳ, καὶ
ἀρέσει[3] αὐτῷ ὑπὲρ μόσχον[4] νέον[5] κέρατα[6] ἐκφέροντα[7] καὶ
ὁπλάς·[8] ἰδέτωσαν πτωχοὶ καὶ εὐφρανθήτωσαν.[9] **3** καὶ πάλιν
λέγει· Θῦσον[10] τῷ Θεῷ θυσίαν[11] αἰνέσεως[12] καὶ ἀπόδος τῷ
ὑψίστῳ[13] τὰς εὐχάς[14] σου· καὶ ἐπικάλεσαί με ἐν ἡμέρᾳ θλίψεώς
σου, καὶ ἐξελοῦμαί[15] σε, καὶ δοξάσεις με. **4** θυσία[16] γὰρ τῷ Θεῷ
πνεῦμα συντετριμμένον.[17]

53:1 Ἐπίστασθε[18] γὰρ καὶ καλῶς ἐπίστασθε[19] τὰς ἱερὰς[20]
γραφάς, ἀγαπητοί, καὶ ἐγκεκύφατε[21] εἰς τὰ λόγια[22] τοῦ Θεοῦ·
πρὸς ἀνάμνησιν[23] οὖν ταῦτα γράφομεν. **2** Μωϋσέως γὰρ
ἀναβαίνοντος εἰς τὸ ὄρος καὶ ποιήσαντος τεσσεράκοντα[24]
ἡμέρας καὶ τεσσεράκοντα[25] νύκτας ἐν νηστείᾳ[26] καὶ
ταπεινώσει,[27] εἶπεν πρὸς αὐτὸν ὁ Θεός· Μωϋσῆ, Μωϋσῆ,
κατάβηθι τὸ τάχος[28] ἐντεῦθεν,[29] ὅτι ἠνόμησεν[30] ὁ λαός σου οὓς

---

[1] ἐκλεκτός, ή, όν, elect, chosen
[2] ἐξομολογέω fut mid inf, confess, admit
[3] ἀρέσκω fut act ind 3s, please, flatter
[4] μόσχος, ου, ὁ, calf, young bull, ox
[5] νέος, α, ον, new
[6] κέρας, ατος, τό, horn
[7] ἐκφέρω pres act ptcp m.s.acc., grow
[8] ὁπλή, ῆς, ἡ, hoof
[9] εὐφραίνω aor pass impv 3p, rejoice, be glad, celebrate
[10] θύω aor act impv 2s, sacrifice
[11] θυσία, ας, ἡ, sacrifice, offering
[12] αἴνεσις, εως, ἡ, praise
[13] ὕψιστος, η, ον, Most High
[14] εὐχή, ῆς, ἡ, vow, prayer
[15] ἐξαιρέω fut mid ind 1s, set free, deliver, rescue

[16] θυσία, ας, ἡ, sacrifice, offering
[17] συντρίβω fut mid ind 1s, broken
[18] ἐπίσταμαι pres mid ind 2p, know
[19] ἐπίσταμαι pres mid ind 2p, know
[20] ἱερός, ά, όν, holy
[21] ἐγκύπτω perf act ind 2p, examine
[22] λόγιον, ου, τό, saying, oracle
[23] ἀνάμνησις, εως, ἡ, reminder, remembrance
[24] τεσσεράκοντα, forty
[25] τεσσεράκοντα, forty
[26] νηστεία, ας, ἡ, fast
[27] ταπείνωσις, εως, ἡ, humilation
[28] τάχος, ους, τό, speed, quickness, swiftness, haste
[29] ἐντεῦθεν, adv, from here
[30] ἀνομέω aor act ind 3s, be lawless, sin

ἐξήγαγες[1] ἐκ γῆς Αἰγύπτου·[2] παρέβησαν[3] ταχὺ[4] ἐκ τῆς ὁδοῦ ἧς
ἐνετείλω[5] αὐτοῖς, ἐποίησαν ἑαυτοῖς χωνεύματα.[6] **3** Καὶ εἶπεν
Κύριος πρὸς αὐτόν· Λελάληκα πρός σε ἅπαξ[7] καὶ δὶς[8] λέγων,
Ἑώρακα τὸν λαὸν τοῦτον, καὶ ἰδού ἐστιν σκληροτράχηλος·[9]
ἔασόν[10] με ἐξολεθρεῦσαι[11] αὐτούς, καὶ ἐξαλείψω[12] τὸ ὄνομα
αὐτῶν ὑποκάτωθεν[13] τοῦ οὐρανοῦ, καὶ ποιήσω σε εἰς ἔθνος μέγα
καὶ θαυμαστὸν[14] καὶ πολὺ μᾶλλον ἢ τοῦτο. **4** Καὶ εἶπε Μωϋσῆς·
Μηθαμῶς,[15] Κύριε· ἄφες τὴν ἁμαρτίαν τῷ λαῷ τούτῳ, ἢ κἀμὲ
ἐξάλειψον[16] ἐκ βίβλου[17] ζώντων. **5** ὢ[18] μεγάλης ἀγάπης, ὢ[19]
τελειότητος[20] ἀνυπερβλήτου·[21] παρρησιάζεται[22] θεράπων[23] πρὸς
Κύριον, αἰτεῖται ἄφεσιν[24] τῷ πλήθει, ἢ καὶ ἑαυτὸν
ἐξαλειφθῆναι[25] μετ᾽ αὐτῶν ἀξιοῖ.

54:1 Τίς οὖν ἐν ὑμῖν γενναῖος,[26] τίς εὔσπλαγχνος,[27] τίς
πεπληροφορημένος[28] ἀγάπης; **2** εἰπάτω· Εἰ δι᾽ ἐμὲ στάσις[29] καὶ

---

[1] ἐξάγω aor act ind 2s, lead out,
   bring out
[2] Αἴγυπτος, ου, ἡ, Egypt
[3] παραβαίνω aor act ind 3p,
   transgress, break
[4] ταχύ, adv, quickly
[5] ἐντέλλω aor mid ind 2s, command,
   order
[6] χώνευμα, ατος, τό, cast image
[7] ἅπαξ, adv, once
[8] δίς, adv, twice
[9] σκληροτράχηλος, ον, stiff-necked
[10] ἐάω aor act impv 2s, let, permit
[11] ἐξολεθρεύω aor act inf, destroy
   utterly, root out
[12] ἐξαλείφω fut act ind 1s, wipe
   away
[13] ὑποκάτωθεν, adv, (from) under
[14] θαυμαστός, ή, όν, wonderful,
   marvelous, remarkable
[15] μηδαμῶς, adv, by no means,
   certainly not, no

[16] ἐξαλείφω aor act impv 2s, wipe
   away, erase
[17] βίβλος, ου, ἡ, book
[18] ὦ, intj, oh
[19] ὦ, intj, oh
[20] τελειότης, ητος, ἡ, maturity
[21] ἀνυπέρβλητος, ον,
   unsurpassable, unexcelled
[22] παρρησιάζω pres mid ind, speak
   or act openly
[23] θεράπων, οντος, ὁ, servent
   minister
[24] ἄφεσις, έσεως, ἡ, forgiveness,
   pardon, cancellation
[25] ἐξαλείφω aor pass inf, wipe
   away, erase
[26] γενναῖος, α, ον, noble, illustrious
[27] εὔσπλαγχνος, ον, tenderhearted,
   compassionate
[28] πληροφορέω perf pass ind 3s, fill,
   fulfill
[29] στάσις, εως, ἡ, rebellion, uprising

ἔρις[1] καὶ σχίσματα,[2] ἐκχωρῶ,[3] ἄπειμι[4] οὗ ἐὰν βούλησθε, καὶ ποιῶ τὰ προστασσόμενα[5] ὑπὸ τοῦ πλήθους· μόνον τὸ ποίμνιον[6] τοῦ Χριστοῦ εἰρηνευέτω[7] μετὰ τῶν καθεσταμένων[8] πρεσβυτέρων. **3** τοῦτο ὁ ποιήσας ἑαυτῷ μέγα κλέος[9] ἐν Χριστῷ περιποιήσεται,[10] καὶ πᾶς τόπος δέξεται αὐτόν, τοῦ γὰρ Κυρίου ἡ γῆ καὶ τὸ πλήρωμα[11] αὐτῆς. **4** ταῦτα οἱ πολιτευόμενοι[12] τὴν ἀμεταμέλητον[13] πολιτείαν[14] τοῦ Θεοῦ ἐποίησαν καὶ ποιήσουσιν.

55:1 Ἵνα δὲ καὶ ὑποδείγματα[15] ἐθνῶν ἐνέγκωμεν· πολλοὶ βασιλεῖς καὶ ἡγούμενοι,[16] λοιμικοῦ[17] τινὸς ἐνστάντος[18] καιροῦ, χρησμοδοτηθέντες[19] παρέδωκαν ἑαυτοὺς εἰς θάνατον, ἵνα ῥύσωνται[20] διὰ τοῦ ἑαυτῶν αἵματος τοὺς πολίτας.[21] πολλοὶ ἐξεχώρησαν[22] ἰδίων πόλεων, ἵνα μὴ στασιάζωσιν[23] ἐπὶ πλεῖον. **2** ἐπιστάμεθα[24] πολλοὺς ἐν ἡμῖν παραδεδωκότας ἑαυτοὺς εἰς

---

[1] ἔρις, ιδος, ἡ, strife, discord, contention

[2] σχίσμα, ατος, τό, schism

[3] ἐκχωρέω pres act ind 1s, go away, depart

[4] ἄπειμι pres act ind 1s, go away, go, come

[5] προστάσσω pres pass ptcp n.p.acc., command, order, give instructions

[6] ποίμνιον, ου, τό, flock

[7] εἰρηνεύω pres act impv 3s, be at peace, reconcile

[8] καθίστημι pres pass m.p.gen., appoint, put in charge

[9] κλέος, ους, τό, fame, glory

[10] περιποιέω fut mid ind 3s, acquire, obtain, gain for oneself

[11] πλήρωμα, ατος, τό, that which fills

[12] πολιτεύομαι pres mid ptcp m.p.nom., live, lead one's life

[13] ἀμεταμέλητος, ον, not to be regretted, without regret

[14] πολιτεία, ας, ἡ, citizenship

[15] ὑπόδειγμα, ατος, τό, example, model, pattern

[16] ἡγέομαι pres mid ptcp m.p.nom., lead, guide

[17] λοιμικός, ή, όν, pestilence

[18] ἐνίστημι aor act ptcp m.s.gen., imminent, impending, happen now, hand, arrive, come

[19] χρησμοδοτέω aor pass ptcp m.p.nom., give an oracular response

[20] ῥύομαι aor mid sub 3p, save, rescue, deliver, preserve

[21] πολίτης, ου, ὁ, citizen

[22] ἐκχωρέω aor act ind 3p, go out, go away, depart

[23] στασιάζω pres act sub 3p, rebel

[24] ἐπίσταμαι pres mid ind 1p, know, be acquainted with

δεσμά,[1] ὅπως ἑτέρους λυτρώσονται.[2] πολλοὶ ἑαυτοὺς παρέδωκαν εἰς δουλείαν[3] καὶ λαβόντες τὰς τιμὰς αὐτῶν ἑτέρους ἐψώμισαν.[4] **3** πολλαὶ γυναῖκες ἐνδυναμωθεῖσαι[5] διὰ τῆς χάριτος τοῦ Θεοῦ ἐπετελέσαντο[6] πολλὰ ἀνδρεῖα.[7] **4** Ἰουδίθ[8] ἡ μακαρία, ἐν συγκλεισμῷ[9] οὔσης τῆς πόλεως, ᾐτήσατο παρὰ τῶν πρεσβυτέρων ἐαθῆναι[10] αὐτὴν ἐξελθεῖν εἰς τὴν παρεμβολὴν[11] τῶν ἀλλοφύλων.[12] **5** παραδοῦσα οὖν ἑαυτὴν τῷ κινδύνῳ[13] ἐξῆλθεν δι' ἀγάπην τῆς πατρίδος[14] καὶ τοῦ λαοῦ τοῦ ὄντος ἐν συγκλεισμῷ,[15] καὶ παρέδωκεν Κύριος Ὀλοφέρνην[16] ἐν χειρὶ θηλείας.[17] **6** οὐχ ἥττονι[18] καὶ ἡ τελεία[19] κατὰ πίστιν Ἐσθὴρ[20] κινδύνῳ[21] ἑαυτὴν παρέβαλεν,[22] ἵνα τὸ δωδεκάφυλον[23] τοῦ Ἰσραὴλ μέλλον ἀπολέσθαι ῥύσηται.[24] διὰ γὰρ τῆς νηστείας[25] καὶ τῆς ταπεινώσεως[26] αὐτῆς ἠξίωσεν[27] τὸν παντεπόπτην[28] δεσπότην,[29]

---

[1] δεσμός, οῦ, ὁ, bond, fetter

[2] λυτρόω fut mid ind 3p, redeem

[3] δουλεία, ας, ἡ, slavery

[4] ψωμίζω aor act ind 3p, feed, give away, dole out

[5] ἐνδυναμόω aor pass ptcp f.p.nom., strengthen, become strong

[6] ἐπιτελέω aor mid ind 3p, complete, accomplish, perform, bring about

[7] ἀνδρεῖος, εία, εῖον, manly, courageous

[8] Ἰουδίθ, ἡ, Judith

[9] συγκλεισμός, οῦ, ὁ, confinement, encirclement

[10] ἐάω aor pass inf, let, permit

[11] παρεμβολή, ῆς, ἡ, a (fortified) camp

[12] ἀλλόφυλος, ον, foreigner, alien

[13] κίνδυνος, ου, ὁ, danger, risk

[14] πατρίς, ίδος, ἡ, fatherland, homeland, country

[15] συγκλεισμός, οῦ, ὁ, confinement, encirclement

[16] Ὀλοφέρνης, ου, ὁ, Holofernes

[17] θῆλυς, εια, υ, female

[18] ἥσσων, adv, lesser, inferior, weaker

[19] τέλειος, α, ον, perfect

[20] Ἐσθήρ, ἡ, Esther

[21] κίνδυνος, ου, ὁ, danger, risk

[22] παραβάλλω aor act ind 3s, expose to hazard, give up

[23] δωδεκάφυλος, ον, of the twelve tribes

[24] ῥύομαι aor mid sub 3s, save, rescue, deliver, preserve

[25] νηστεία, ας, ἡ, fast

[26] ταπείνωσις, εως, ἡ, humiliation

[27] ἀξιόω aor act ind 3s, request, ask

[28] παντεπόπτης, ου, ὁ, one who sees all, one who is all-seeing

[29] δεσπότης, ου, ὁ, lord, master

Θεὸν τῶν αἰώνων· ὃς ἰδὼν τὸ ταπεινὸν[1] τῆς ψυχῆς αὐτῆς ἐρύσατο[2] τὸν λαόν, ὧν χάριν[3] ἐκινδύνευσεν.[4]

56:1 Καὶ ἡμεῖς οὖν ἐντύχωμεν[5] περὶ τῶν ἔν τινι παραπτώματι[6] ὑπαρχόντων, ὅπως δοθῇ αὐτοῖς ἐπιείκεια[7] καὶ ταπεινοφροσύνη[8] εἰς τὸ εἶξαι[9] αὐτοὺς μὴ ἡμῖν ἀλλὰ τῷ θελήματι τοῦ Θεοῦ. οὕτως γὰρ ἔσται αὐτοῖς ἔγκαρπος[10] καὶ τελεία[11] ἡ πρὸς τὸν Θεὸν καὶ τοὺς ἁγίους μετ᾽ οἰκτιρμῶν[12] μνεῖα.[13] **2** ἀναλάβωμεν[14] παιδείαν,[15] ἐφ᾽ ᾗ οὐδεὶς ὀφείλει ἀγανακτεῖν,[16] ἀγαπητοί. ἡ νουθέτησις,[17] ἣν ποιούμεθα εἰς ἀλλήλους, καλή ἐστιν καὶ ὑπεράγαν[18] ὠφέλιμος·[19] κολλᾷ[20] γὰρ ἡμᾶς τῷ θελήματι τοῦ Θεοῦ. **3** οὕτως γὰρ φησιν ὁ ἅγιος λόγος· Παιδεύων[21] ἐπαίδευσέν[22] με ὁ Κύριος, καὶ τῷ θανάτῳ οὐ παρέδωκέν με. **4** ὃν γὰρ ἀγαπᾷ Κύριος παιδεύει,[23] μαστιγοῖ[24] δὲ πάντα υἱὸν ὃν παραδέχεται.[25]

---

[1] ταπεινός, ή, όν, humble, lowly, undistinguished

[2] ῥύομαι aor mid ind 3s, save, rescue, deliver, preserve

[3] χάριν, adv, for the sake of, on behalf of, on account of

[4] κινδυνεύω aor act ind 3s, be in danger, run a risk

[5] ἐντυγχάνω aor act sub 1p, pray

[6] παράπτωμα, ατος, τό, offense, wrongdoing, sin

[7] ἐπιείκεια, ας, ἡ, forbearance, gentleness, graciousness, tolerance

[8] ταπεινοφροσύνη, ης, ἡ, humility, modesty

[9] εἴκω aor act inf, yield

[10] ἔγκαρπος, ον, fruitful

[11] τέλειος, α, ον, perfect

[12] οἰκτιρμός, οῦ, ὁ, mercy, compassion

[13] μνεία, ας, ἡ, remembrance, memory

[14] ἀναλαμβάνω aor act sub 1p, take up, receive

[15] παιδεία, ας, ἡ, discipline, correction

[16] ἀγανακτέω pres act inf, be aroused, indignant, angry

[17] νουθέτησις, εως, ἡ, admonition, warning, reproof

[18] ὑπεράγαν, adv, beyond measure

[19] ὠφέλιμος, ον, useful, beneficial, advantageous

[20] κολλάω pres act ind 3s, bind closely, unite

[21] παιδεύω pres act ptcp m.s.nom., discipline

[22] παιδεύω aor act ind 3s, discipline

[23] παιδεύω pres act ind 3s, discipline

[24] μαστιγόω pres act ind 3s, punish, chastise

[25] παραδέχομαι pres mid ind 3s, accept

5 Παιδεύσει¹ με γάρ, φησίν, δίκαιος ἐν ἐλέει² καὶ ἐλέγξει³ με, * ἔλεος *⁴ δὲ ἁμαρτωλῶν μὴ λιπανάτω⁵ τὴν κεφαλήν μου. **6** Καὶ πάλιν λέγει· Μακάριος ἄνθρωπος ὃν ἤλεγξεν⁶ ὁ Κύριος, νουθέτημα⁷ δὲ παντοκράτορος⁸ μὴ ἀπαναίνου·⁹ αὐτὸς γὰρ ἀλγεῖν¹⁰ ποιεῖ, καὶ πάλιν ἀποκαθίστησιν·¹¹ **7** ἔπαισεν,¹² καὶ αἱ χεῖρες αὐτοῦ ἰάσαντο.¹³ **8** ἑξάκις¹⁴ ἐξ ἀναγκῶν¹⁵ ἐξελεῖταί¹⁶ σε, ἐν δὲ τῷ ἑβδόμῳ¹⁷ οὐχ ἅψεταί σου κακόν. **9** ἐν λιμῷ¹⁸ ῥύσεταί¹⁹ σε ἐκ θανάτου, ἐν πολέμῳ²⁰ δὲ ἐκ χειρὸς σιδήρου²¹ λύσει σε· **10** καὶ ἀπὸ μάστιγος²² γλώσσης σε κρύψει,²³ καὶ οὐ μὴ φοβηθήσῃ κακῶν ἐπερχομένων.²⁴ **11** ἀδίκων²⁵ καὶ ἀνόμων²⁶ καταγελάσῃ,²⁷ ἀπὸ δὲ θηρίων ἀγρίων²⁸ οὐ μὴ φοβηθῇς, **12** θῆρες²⁹ γὰρ ἄγριοι³⁰ εἰρηνεύσουσίν³¹ σοι. **13** εἶτα³² γνώσῃ ὅτι

---

¹ παιδεύω fut act ind 3s, disciple
² ἔλεος, ους, τό, mercy, compassion, pity
³ ἐλέγχω fut act ind 3s, convict, convince, reprove, correct
⁴ ἔλεος, ους, τό, mercy, compassion
⁵ λιπαίνω aor act impv 3s, anoint
⁶ ἐλέγχω aor act ind 3s, convict, convince, reprove, correct
⁷ νουθέτημα, ατος, τό, admonition, discipline
⁸ παντοκράτωρ, ορος, ὁ, Almighty, All-Powerful, Omnipotent (One)
⁹ ἀπαναίνομαι pres mid impv 2s, reject, disown
¹⁰ ἀλγέω pres act inf, feel pain
¹¹ ἀποκαθίστημι pres act ind 3s, restore, reestablish
¹² παίω aor act ind 3s, strike, wound
¹³ ἰάομαι aor mid ind 3p, heal, cure
¹⁴ ἑξάκις, adv, six times
¹⁵ ἀνάγκη, ης, ἡ, distress, calamity, pressure

¹⁶ ἐξαιρέω fut mid ind 3s, set free, deliver, rescue
¹⁷ ἕβδομος, η, ον, seventh
¹⁸ λιμός, οῦ, ὁ, ἡ, famine, hunger
¹⁹ ῥύομαι fut mid ind 3s, save, rescue, deliver, preserve
²⁰ πόλεμος, ου, ὁ, war
²¹ σίδηρος, ου, ὁ, sword, iron
²² μάστιξ, ιγος, ἡ, whip, lash
²³ κρύπτω fut act ind 3s, hide, conceal
²⁴ ἐπέρχομαι pres mid ptcp n.p.gen., come, arrive
²⁵ ἄδικος, ον, unjust, crooked
²⁶ ἄνομος, ον, lawless, wicked
²⁷ καταγελάω fut mid ind 2s, laugh at, ridicule
²⁸ ἄγριος, ια, ον, wild beast
²⁹ θήρ, ός, ὁ, (wild) animal
³⁰ ἄγριος, ια, ον, wild
³¹ εἰρηνεύω fut act ind 3p, be at peace, live in peace
³² εἶτα, adv, then, next

εἰρηνεύσει¹ σου ὁ οἶκος· ἡ δὲ δίαιτα² τῆς σκηνῆς³ σου οὐ μὴ ἁμάρτῃ. **14** γνώσῃ δέ ὅτι πολὺ τὸ σπέρμα σου, τὰ δὲ τέκνα σου ὥσπερ τὸ παμβότανον⁴ τοῦ ἀγροῦ· **15** ἐλεύσῃ δὲ ἐν τάφῳ⁵ ὥσπερ σῖτος⁶ ὥριμος⁷ κατὰ καιρὸν θεριζόμενος,⁸ ἢ ὥσπερ θημωνιὰ⁹ ἅλωνος¹⁰ καθ᾽ ὥραν συγκομισθεῖσα.¹¹ **16** Βλέπετε, ἀγαπητοί, πόσος¹² ὑπερασπισμός¹³ ἐστιν τοῖς παιδευομένοις¹⁴ ὑπὸ τοῦ δεσπότου·¹⁵ πατὴρ γὰρ ἀγαθὸς ὢν παιδεύει¹⁶ εἰς τὸ ἐλεηθῆναι¹⁷ ἡμᾶς διὰ τῆς ὁσίας¹⁸ παιδείας¹⁹ αὐτοῦ.

57:1 Ὑμεῖς οὖν, οἱ τὴν καταβολὴν²⁰ τῆς στάσεως²¹ ποιήσαντες, ὑποτάγητε τοῖς πρεσβυτέροις καὶ παιδεύθητε²² εἰς μετάνοιαν,²³ κάμψαντες²⁴ τὰ γόνατα²⁵ τῆς καρδίας ὑμῶν. **2** μάθετε²⁶ ὑποτάσσεσθαι, ἀποθέμενοι²⁷ τὴν ἀλαζόνα²⁸ καὶ

---

¹ εἰρηνεύω fut act ind 3s, be at peace, live in peace
² δίαιτα, ης, ἡ, dwelling-place, habitation
³ σκηνή, ῆς, ἡ, tent, hut
⁴ παμβότανον, ου, τό, all(-covering) herbage
⁵ τάφος, ου, ὁ, tomb, grave
⁶ σῖτος, ου, ὁ, wheat, grain
⁷ ὥριμος, ον, ripe
⁸ θερίζω pres pass ptcp m.s.nom., reap, harvest
⁹ θημωνιά, ᾶς, ἡ, heap (of sheaves)
¹⁰ ἅλων, ωνος, ἡ, threshing floor
¹¹ συγκομίζω aor pass ptcp f.s.nom., bring in
¹² πόσος, η, ον, how great, how many, how much
¹³ ὑπερασπισμός, οῦ, ὁ, protection
¹⁴ παιδεύω pres pass ptcp m.p.dat., discipline, educate
¹⁵ δεσπότης, ου, ὁ, lord, master
¹⁶ παιδεύω pres act ind 3s, discipline, educate
¹⁷ ἐλεέω aor pass inf, have compassion, mercy, pity
¹⁸ ὅσιος, ία, ον, holy, devout, pious, pleasing to God
¹⁹ παιδεία, ας, ἡ, discipline, correction
²⁰ καταβολή, ῆς, ἡ, foundation
²¹ στάσις, εως, ἡ, revolt, rebellion, uprising
²² παιδεύω aor pass impv 2p, discipline, educate
²³ μετάνοια, ας, ἡ, repentance, turning about, conversion
²⁴ κάμπτω aor act ptcp m.p.nom., bend, bow
²⁵ γόνυ, ατος, τό, knee
²⁶ μανθάνω aor act impv 2p, learn
²⁷ ἀποτίθημι aor mid ptcp m.p.nom., lay aside, lay down, put away
²⁸ ἀλαζών, όνος, ὁ, ἡ, boaster, braggart

ὑπερήφανον[1] τῆς γλώσσης ὑμῶν αὐθάδειαν.[2] ἄμεινον[3] γάρ ἐστιν ὑμῖν ἐν τῷ ποιμνίῳ[4] τοῦ Χριστοῦ μικροὺς καὶ ἐλλογίμους[5] εὑρεθῆναι, ἢ καθ᾽ ὑπεροχὴν[6] δοκοῦντας ἐκριφῆναι[7] ἐκ τῆς ἐλπίδος αὐτοῦ. 3 οὕτως γὰρ λέγει ἡ πανάρετος[8] σοφία· Ἰδοὺ προήσομαι[9] ὑμῖν ἐμῆς πνοῆς[10] ῥῆσιν,[11] διδάξω δὲ ὑμᾶς τὸν ἐμὸν λόγον. 4 ἐπειδὴ[12] ἐκάλουν καὶ οὐχ ὑπηκούσατε,[13] καὶ ἐξέτεινον[14] λόγους καὶ οὐ προσείχετε,[15] ἀλλὰ ἀκύρους[16] ἐποιεῖτε τὰς ἐμὰς βουλὰς[17] τοῖς δὲ ἐμοῖς ἐλέγχοις ἠπειθήσατε.[18] τοιγαροῦν[19] κἀγὼ τῇ ὑμετέρᾳ[20] ἀπωλείᾳ[21] ἐπιγελάσομαι,[22] καταχαροῦμαι[23] δὲ ἡνίκα[24] ἂν ἔρχηται ὑμῖν ὄλεθρος[25] καὶ ὡς ἂν ἀφίκηται[26] ὑμῖν ἄφνω[27] θόρυβος,[28] ἡ δὲ καταστροφὴ[29] ὁμοία καταιγίδι[30] παρῇ,[31] ἢ ὅταν ἔρχηται ὑμῖν θλῖψις καὶ πολιορκία.[32] 5 ἔσται γάρ, ὅταν

---

[1] ὑπερήφανος, ον, arrogant, haughty, proud

[2] αὐθάδεια, ας, ἡ, arrogance, willfulness, stubbornness

[3] ἀμείνων, ον, better

[4] ποίμνιον, ου, τό, flock

[5] ἐλλόγιμος, ον, included, reputable, eminent

[6] ὑπεροχή, ῆς, ἡ, superiority, preeminence

[7] ἐκρίπτω aor pass inf, be deprived of

[8] πανάρετος, ον, most excellent

[9] προΐημι fut mid ind 1s, bring forth, express

[10] πνοή, ῆς, ἡ, breath, wind, spirit

[11] ῥῆσις, εως, ἡ, word, expression

[12] ἐπειδή, conj, because, when, after

[13] ὑπακούω aor act ind 2p, obey, follow, be subject to

[14] ἐκτείνω imp act ind 1s, stretch out

[15] προσέχω imp act ind 2p, pay attention to, give heed to, follow

[16] ἄκυρος, ον, void, of no effect

[17] βουλή, ῆς, ἡ, advice, council

[18] ἀπειθέω aor act ind 2p, disobey, be disobedient

[19] τοιγαροῦν, conj, therefore, then, for that very reason

[20] ὑμέτερος, α, ον, your

[21] ἀπώλεια, ας, ἡ, destruction, waste

[22] ἐπιγελάω fut mid ind 1p, laugh at

[23] καταχαίρω fut mid ind 1s, rejoice

[24] ἡνίκα, adv, when, at the time when

[25] ὄλεθρος, ου, ὁ, destruction, ruin, death

[26] ἀφικνέομαι aor mid sub 3s, reach

[27] ἄφνω, adv, suddenly

[28] θόρυβος, ου, ὁ, noise, clamor, confusion, unrest

[29] καταστροφή, ῆς, ἡ, ruin, destruction

[30] καταιγίς, ίδος, ἡ, a sudden blast of wind

[31] πάρειμι pres act sub 3s, be present

[32] πολιορκία, ας, ἡ, siege, tribulation

ἐπικαλέσησθέ με, ἐγὼ δὲ οὐκ εἰσακούσομαι[1] ὑμῶν· ζητήσουσίν
με κακοὶ καὶ οὐχ εὑρήσουσιν· ἐμίσησαν γὰρ σοφίαν, τὸν δὲ
φόβον τοῦ Κυρίου οὐ προείλαντο,[2] οὐδὲ ἤθελον ἐμαῖς
προσέχειν[3] βουλαῖς,[4] ἐμυκτήριζον[5] δὲ ἐμοὺς ἐλέγχους.[6]
6 τοιγαροῦν[7] ἔδονται τῆς ἑαυτῶν ὁδοῦ τοὺς καρπούς, καὶ τῆς
ἑαυτῶν ἀσεβείας[8] πλησθήσονται.[9] **7** ἀνθ᾽[10] ὧν γὰρ ἠδίκουν[11]
νηπίους,[12] φονευθήσονται,[13] καὶ ἐξετασμὸς[14] ἀσεβεῖς[15] ὀλεῖ.[16] ὁ
δὲ ἐμοῦ ἀκούων κατασκηνώσει[17] ἐπ᾽ ἐλπίδι πεποιθώς, καὶ
ἡσυχάσει[18] ἀφόβως[19] ἀπὸ παντὸς κακοῦ.

58:1 Ὑπακούσωμεν[20] οὖν τῷ παναγίῳ[21] καὶ ἐνδόξῳ[22] ὀνόματι
αὐτοῦ, φυγόντες[23] τὰς προειρημένας[24] διὰ τῆς σοφίας τοῖς
ἀπειθοῦσιν[25] ἀπειλάς,[26] ἵνα κατασκηνώσωμεν[27] πεποιθότες ἐπὶ

---

[1] εἰσακούω fut mid ind 1s, hear,
listen, obey

[2] προαιρέω aor mid ind 3p, choose,
commit oneself to, prefer

[3] προσέχω pres act inf, pay attention
to, give heed to, follow

[4] βουλή, ῆς, ἡ, council, advice, will

[5] μυκτηρίζω imp act ind 3p, turn up
the nose at, treat with contempt

[6] ἔλεγχος, ου, ὁ, reproof, censure,
correction

[7] τοιγαροῦν,, conj, therefore

[8] ἀσέβεια, ας, ἡ, impiety,
ungodliness

[9] πίμπλημι fut pass ind 3p, fill

[10] ἀντί, prep, because of, for the
purpose of

[11] ἀδικέω imp act ind 3p, do wrong

[12] νήπιος, ία, ιον, infant, child

[13] φονεύω fut pass ind 3p, murder,
kill

[14] ἐξετασμός, οῦ, ὁ, examination,
inquiry

[15] ἀσεβής, ές, irreverent, impious,
ungodly

[16] ὄλλυμι fut act ind 3s, destroy

[17] κατασκηνόω fut act ind 3s, cause
to dwell

[18] ἡσυχάζω fut act ind 3s, be quiet,
remain silent, rest

[19] ἀφόβως, adv, without fear,
fearlessly

[20] ὑπακούω aor act sub 1p, obey,
follow, be subject to

[21] πανάγιος, ον, all-holy

[22] ἔνδοξος, ον, glorious, splendid

[23] φεύγω aor act ptcp m.p.nom., flee,
escape

[24] προλέγω perf mid ptcp f.p.acc.,
tell beforehand/in advance

[25] ἀπειθέω pres act ptcp m.p.dat.,
disobey, disobedient

[26] ἀπειλή, ῆς, ἡ, threat

[27] κατασκηνόω aor act sub 1p,
cause to dwell, live, settle

τὸ ὁσιώτατον[1] τῆς μεγαλωσύνης[2] αὐτοῦ ὄνομα. **2** δέξασθε τὴν συμβουλὴν[3] ἡμῶν, καὶ ἔσται ἀμεταμέλητα[4] ὑμῖν. ζῆ γὰρ ὁ Θεὸς καὶ ζῆ ὁ Κύριος Ἰησοῦς Χριστὸς καὶ τὸ πνεῦμα τὸ ἅγιον, ἥ τε πίστις καὶ ἡ ἐλπὶς τῶν ἐκλεκτῶν,[5] ὅτι ὁ ποιήσας ἐν ταπεινοφροσύνῃ[6] μετ' ἐκτενοῦς[7] ἐπιεικείας[8] ἀμεταμελήτως[9] τὰ ὑπὸ τοῦ Θεοῦ δεδομένα δικαιώματα[10] καὶ προστάγματα,[11] οὗτος ἐντεταγμένος[12] καὶ ἐλλόγιμος[13] ἔσται εἰς τὸν ἀριθμὸν[14] τῶν σωζομένων διὰ Ἰησοῦ Χριστοῦ, δι' οὗ ἐστὶν αὐτῷ ἡ δόξα εἰς τοὺς αἰῶνας τῶν αἰώνων. ἀμήν.

59:1 Ἐὰν δέ τινες ἀπειθήσωσιν[15] τοῖς ὑπ' αὐτοῦ δι' ἡμῶν εἰρημένοις, γινωσκέτωσαν ὅτι παραπτώσει[16] καὶ κινδύνῳ[17] οὐ μικρῷ ἑαυτοὺς ἐνδήσουσιν.[18] **2** ἡμεῖς δὲ ἀθῷοι[19] ἐσόμεθα ἀπὸ ταύτης τῆς ἁμαρτίας καὶ αἰτησόμεθα, ἐκτενῆ[20] τὴν δέησιν[21] καὶ ἱκεσίαν[22] ποιούμενοι, ὅπως τὸν ἀριθμὸν[23] τὸν κατηριθμημένον[24] τῶν ἐκλεκτῶν[25] αὐτοῦ ἐν ὅλῳ τῷ κόσμῳ διαφυλάξῃ[26] ἄθραυστον[27]

---

[1] ὅσιος, ία, ον, most holy, devout, pious
[2] μεγαλωσύνη, ης, ἡ, majesty
[3] συμνουλή, ῆς, ἡ, advice, council
[4] ἀμεταμέλητος, ον, not to be regretted, without regret
[5] ἐκλεκτός, ή, όν, elect, chosen
[6] ταπεινοφροσύνη, ης, ἡ, humility, modesty
[7] ἐκτενής, ές, eager, earnest
[8] ἐπιείκεια, ας, ἡ, courtesy, indulgence, tolerance
[9] ἀμεταμελήτως, adv, without feeling regret
[10] δικαίωμα, ατος, τό, regulation, requirement, commandment
[11] πρόσταγμα, ατος, τό, commandment, order, injunction
[12] ἐντάσσω perf mid ptcp m.s.nom., cause to be enrolled

[13] ἐλλόγιμος, ον, included, reputable, eminent
[14] ἀριθμός, οῦ, ὁ, number
[15] ἀπειθέω aor act sub 3p, disobey, be disobedient
[16] παράπτωσις, εως, ἡ, wrongdoing, sin
[17] κίνδυνος, ου, ὁ, danger, risk
[18] ἐνδέω fut act ind 3p, bind to, entangle, involve
[19] ἀθῷος, ον, innocent
[20] ἐκτενής, ές, eager, earnest
[21] δέησις, εως, ἡ, prayer
[22] ἱκεσία, ας, ἡ, supplication
[23] ἀριθμός, οῦ, ὁ, number
[24] καταιριθμέω perf mid ptcp m.s.acc., count, count among
[25] ἐκλεκτός, ή, όν, elect, chosen
[26] διαφυλάσσω aor act sub 3s, guard, protect
[27] ἄθραυστος, ον, unbroken

ὁ δημιουργὸς¹ τῶν ἁπάντων διὰ τοῦ ἠγαπημένου παιδὸς² αὐτοῦ Ἰησοῦ Χριστοῦ, δι' οὗ ἐκάλεσεν ἡμᾶς ἀπὸ σκότους εἰς φῶς, ἀπὸ ἀγνωσίας³ εἰς ἐπίγνωσιν⁴ δόξης ὀνόματος αὐτοῦ. 3 Δὸς ἡμῖν, Κύριε, ἐλπίζειν ἐπὶ τὸ ἀρχέγονον⁵ πάσης κτίσεως⁶ ὄνομά σου, ἀνοίξας τοὺς ὀφθαλμοὺς τῆς καρδίας ἡμῶν εἰς τὸ γινώσκειν σε, τὸν μόνον ὕψιστον⁷ ἐν ὑψηλοῖς,⁸ ἅγιον ἐν ἁγίοις ἀναπαυόμενον·⁹ τὸν ταπεινοῦντα¹⁰ ὕβριν¹¹ ὑπερηφάνων,¹² τὸν διαλύοντα¹³ λογισμοὺς¹⁴ ἐθνῶν, τὸν ποιοῦντα ταπεινοὺς¹⁵ εἰς ὕψος¹⁶ καὶ τοὺς ὑψηλοὺς¹⁷ ταπεινοῦντα,¹⁸ τὸν πλουτίζοντα¹⁹ καὶ πτωχίζοντα,²⁰ τὸν ἀποκτείνοντα καὶ ζῆν ποιοῦντα, μόνον εὐεργέτην²¹ πνευμάτων καὶ Θεὸν πάσης σαρκός, τὸν ἐπιβλέποντα²² ἐν ταῖς ἀβύσσοις,²³ τὸν ἐπόπτην²⁴ ἀνθρωπίνων²⁵ ἔργων, τὸν τῶν κινδυνευόντων²⁶ βοηθόν,²⁷ τὸν τῶν ἀπηλπισμένων²⁸ σωτῆρα,²⁹

---

¹ δημιουργός, οῦ, ὁ, craftsworker, builder, maker, creator
² παῖς, παιδός, ὁ, ἡ, servant
³ ἀγνωσία, ας, ἡ, ignorance
⁴ ἐπίγνωσις, εως, ἡ, knowledge, recognition
⁵ ἀρχέγονος, ον, original author, originator, source
⁶ κτίσις, εως, ἡ, creation
⁷ ὕψιστος, η, ον, highest
⁸ ὕψιστος, η, ον, high, highest
⁹ ἀναπαύω pres mid ptcp m.s.acc., rest upon, rest
¹⁰ ταπεινόω pres act ptcp m.s.acc., humble, lower, abase
¹¹ ὕβρις, εως, ἡ, insolence, arrogance, pride
¹² ὑπερήφανος, ον, arrogant, haughty, proud
¹³ διαλύω pres act ptcp m.s.acc., break up, dissolve, destroy
¹⁴ λογισμός, οῦ, ὁ, reasoning, power, wisdom
¹⁵ ταπεινός, ή, όν, humble, lowly
¹⁶ ὕψος, ους, τό, height, high place
¹⁷ ὑψηλός, ή, όν, proud, haughty
¹⁸ ταπεινόω pres act ptcp m.s.acc., humble, lower, abase
¹⁹ πλουτίζω pres act ptcp m.s.acc., make wealthy, rich
²⁰ πτωχίζω pres act ptcp m.s.acc., make (extremely) poor
²¹ εὐεργέτης, ου, ὁ, benefactor
²² ἐπιβλέπω pres act ptcp m.s.acc., look, gaze
²³ ἄβυσσος, ου, ἡ, depth, abyss
²⁴ ἐπόπτης, ου, ὁ, a watchful observer, eyewitness
²⁵ ἀνθρώπινος, η, ον, human
²⁶ κινδυνεύω pres act ptcp m.p.gen., be in danger, run a risk
²⁷ βοηθός, όν, helpful
²⁸ ἀπελπίζω perf mid ptcp m.p.gen., despair, expect back
²⁹ σωτήρ, ῆρος, ὁ, savior, deliverer, preserver

τὸν παντὸς πνεύματος κτίστην[1] καὶ ἐπίσκοπον,[2] τὸν πληθύνοντα[3] ἔθνη ἐπὶ γῆς καὶ ἐκ πάντων ἐκλεξάμενον[4] τοὺς ἀγαπῶντάς σε διὰ Ἰησοῦ Χριστοῦ τοῦ ἠγαπημένου παιδός[5] σου, δι' οὗ ἡμᾶς ἐπαίδευσας,[6] ἡγίασας,[7] ἐτίμησας.[8] 4 Ἀξιοῦμέν[9] σε, δέσποτα,[10] βοηθὸν[11] γενέσθαι καὶ ἀντιλήπτορα[12] ἡμῶν. τοὺς ἐν θλίψει ἡμῶν σῶσον· τοὺς ταπεινοὺς[13] ἐλέησον·[14] τοὺς πεπτωκότας ἔγειρον· τοῖς δεομένοις[15] ἐπιφάνηθι.[16] τοὺς ἀσεβεῖς[17] ἴασαι.[18] τοὺς πλανωμένους τοῦ λαοῦ σου ἐπίστρεφον· χόρτασον[19] τοὺς πεινῶντας.[20] λύτρωσαι[21] τοὺς δεσμίους[22] ἡμῶν· ἐξανάστησον[23] τοὺς ἀσθενοῦντας· παρακάλεσον τοὺς ὀλιγοψυχοῦντας.[24] γνώτωσαν ἅπαντα τὰ ἔθνη ὅτι σὺ εἶ ὁ Θεὸς μόνος, καὶ Ἰησοῦς Χριστὸς ὁ παῖς[25] σου, καὶ ἡμεῖς λαός σου καὶ πρόβατα τῆς νομῆς[26] σου.

---

[1] κτίστης, ου, ὁ, the Creator

[2] ἐπίσκοπος, ου, ὁ, overseer, supervisor

[3] πληθύνω pres act ptcp m.s.acc., increase, multiply, grow

[4] ἐκλέγομαι aor mid ptcp m.s.acc., choose, select something

[5] παῖς, παιδός, ὁ, ἡ, servant

[6] παιδεύω aor act ind 2s, discipline, educate

[7] ἁγιάζω aor act ind 2s, consecrate, dedicate, sanctify

[8] τιμάω aor act ind 2s, honor, estimate, value

[9] ἀξιόω pres act ind 1p, request, ask

[10] δεσπότης, ου, ὁ, lord, master

[11] βοηθός, όν, helpful

[12] ἀντιλήπτωρ, ορος, ὁ, protector, helper

[13] ταπεινός, ή, όν, humble, lowly, undistinguished

[14] ἐλεέω aor act impv 2s, have compassion, mercy, pity

[15] δέομαι pres mid ptcp m.p.dat., ask, request

[16] ἐπιφαίνω aor pass impv 2s, show, give light to, become apparent, make an appearance

[17] ἀσθενής, ές, sick, ill, weak

[18] ἰάομαι aor mid impv 2s, heal, cure

[19] χορτάζω aor act impv 2s, feed, fill

[20] πεινάω pres act ptcp m.p.acc., hungry, be hungry, hunger for

[21] λυτρόω aor mid impv 2s, redeem, set free, rescue

[22] δέσμιος, ου, ὁ, prisoner

[23] ἐξανίστημι aor act impv 2s, raise up, awake

[24] ὀλιγοψυχέω pres act ptcp m.p.acc., be faint-hearted, discouraged

[25] παῖς, παιδός, ὁ, ἡ, servant

[26] νομή, ῆς, ἡ, pasturage

60:1 Σὺ τὴν ἀέναον[1] τοῦ κόσμου σύστασιν[2] διὰ τῶν ἐνεργουμένων[3] ἐφανεροποίησας· σύ, Κύριε, τὴν οἰκουμένην[4] ἔκτισας,[5] ὁ πιστὸς ἐν πάσαις ταῖς γενεαῖς, δίκαιος ἐν τοῖς κρίμασιν,[6] θαυμαστὸς[7] ἐν ἰσχύϊ[8] καὶ μεγαλοπρεπείᾳ,[9] ὁ σοφὸς[10] ἐν τῷ κτίζειν[11] καὶ συνετὸς[12] ἐν τῷ τὰ γενόμενα ἑδρᾶσαι,[13] ὁ ἀγαθὸς ἐν τοῖς ὁρωμένοις καὶ πιστὸς ἐν τοῖς πεποιθόσιν ἐπὶ σέ, ἐλεῆμον[14] καὶ οἰκτίρμον,[15] ἄφες ἡμῖν τὰς ἀνομίας[16] ἡμῶν καὶ τὰς ἀδικίας[17] καὶ τὰ παραπτώματα[18] καὶ πλημμελείας.[19] **2** μὴ λογίσῃ πᾶσαν ἁμαρτίαν δούλων σου καὶ παιδισκῶν,[20] ἀλλὰ καθάρισον ἡμᾶς τὸν καθαρισμὸν[21] τῆς σῆς[22] ἀληθείας, καὶ κατεύθυνον[23] τὰ διαβήματα[24] ἡμῶν ἐν ὁσιότητι[25] καὶ δικαιοσύνῃ καὶ ἁπλότητι[26] καρδίας πορεύεσθαι καὶ ποιεῖν τὰ καλὰ καὶ

---

[1] ἀέναος, ον, ever-flowing, eternal

[2] σύστασις, εως, ἡ, structure, constitution, nature

[3] ἐνεργέω pres mid ptcp n.p.gen., work, be at work, be active

[4] οἰκουμένη, ης, ἡ, inhabited earth, world

[5] κτίζω aor act ind 2s, create

[6] κρίμα, ατος, τό, judgment, decision, decree

[7] θαυμαστός, ή, όν, wonderful, marvelous, remarkable

[8] ἰσχύς, ύος, ἡ, strength, power, might

[9] μεγαλοπρέπεια, ας, ἡ, majesty, sublimity

[10] σοφός, ή, όν, wise, clever, skillful

[11] κτίζω pres act inf, create

[12] συνετός, ή, όν, intelligent, sagacious, wise, with good sense

[13] ἑδράζω aor act inf, establish, fix, settle

[14] ἐλεήμων, ον, ονος, merciful, sympathetic, compassionate

[15] οἰκτίρμων, ον, merciful, compassionate

[16] ἀνομία, ας, ἡ, lawlessness, transgression

[17] ἀδικία, ας, ἡ, wrongdoing, wickedness, injustice

[18] παράπτωμα, ατος, τό, offense, wrongdoing, sin

[19] πλημμέλεια, ας, ἡ, fault, error, sin, offense

[20] παιδίσκη, ης, ἡ, female slave

[21] καθαρισμός, οῦ, ὁ, purification, cleansing

[22] σός, σή, σόν, your

[23] κατευθύνω aor act impv 2s, lead, direct

[24] διάβημα, ατος, τό, step

[25] ὁσιότης, τητος, ἡ, devoutness, piety, holiness

[26] ἁπλότης, ητος, ἡ, simplicity, sincerity, uprightness

εὐάρεστα¹ ἐνώπιόν σου καὶ ἐνώπιον τῶν ἀρχόντων ἡμῶν. **3** ναί, δέσποτα,² ἐπίφανον³ τὸ πρόσωπόν σου ἐφ' ἡμᾶς εἰς ἀγαθὰ ἐν εἰρήνῃ, εἰς τὸ σκεπασθῆναι⁴ ἡμᾶς τῇ χειρί σου τῇ κραταιᾷ⁵ καὶ ῥυσθῆναι⁶ ἀπὸ πάσης ἁμαρτίας τῷ βραχίονί⁷ σου τῷ ὑψηλῷ.⁸ καὶ ῥῦσαι⁹ ἡμᾶς ἀπὸ τῶν μισούντων ἡμᾶς ἀδίκως.¹⁰ **4** δὸς ὁμόνοιαν¹¹ καὶ εἰρήνην ἡμῖν τε καὶ πᾶσιν τοῖς κατοικοῦσιν τὴν γῆν, καθὼς ἔδωκας τοῖς πατράσιν ἡμῶν, ἐπικαλουμένων σε αὐτῶν ὁσίως¹² ἐν πίστει καὶ ἀληθείᾳ, ὥστε σῴζεσθαι ἡμᾶς ὑπηκόους¹³ γινομένους τῷ παντοκράτορι¹⁴ καὶ παναρέτῳ¹⁵ ὀνόματί σου, τοῖς τε ἄρχουσιν καὶ ἡγουμένοις¹⁶ ἡμῶν ἐπὶ τῆς γῆς.

61:1 Σύ, δέσποτα,¹⁷ ἔδωκας τὴν ἐξουσίαν τῆς βασιλείας αὐτοῖς διὰ τοῦ μεγαλοπρεποῦς¹⁸ καὶ ἀνεκδιηγήτου¹⁹ κράτους²⁰ σου, εἰς τὸ γινώσκοντας ἡμᾶς τὴν ὑπὸ σοῦ αὐτοῖς δεδομένην δόξαν καὶ τιμὴν ὑποτάσσεσθαι αὐτοῖς, μηδὲν ἐναντιουμένους²¹ τῷ θελήματί σου· οἷς δός, Κύριε, ὑγείαν,²² εἰρήνην, ὁμόνοιαν,²³ εὐστάθειαν,²⁴ εἰς τὸ διέπειν²⁵ αὐτοὺς τὴν ὑπὸ σοῦ δεδομένην

---

¹ εὐάρεστος, ον, pleasing, acceptable
² δεσπότης, ου, ὁ, lord, master
³ ἐπιφαίνω aor act impv 2s, show, give light to
⁴ σκεπάζω aor pass inf, cover, shelter
⁵ κραταιός, ά, όν, powerful, mighty
⁶ ῥύομαι aor pass inf, save, rescue, deliver, preserve
⁷ βραχίων, ονος, ὁ, arm
⁸ ὑψηλός, ή, όν, exalted, high
⁹ ῥύομαι aor mid impv 2s, save, rescue, deliver, preserve
¹⁰ ἀδίκως, adv, undeservedly, unjustly
¹¹ ὁμόνοια, ας, ἡ, oneness of mind, unanimity, concord, harmony
¹² ὁσίως, adv, devoutly
¹³ ὑπήκοος, ον, obedient

¹⁴ παντοκράτωρ, ορος, ὁ, Almighty, All-Powerful, Omnipotent (One)
¹⁵ πανάρετος, ον, most excellent
¹⁶ ἡγέομαι pres mid ptcp m.p.dat., lead, guide
¹⁷ δεσπότης, ου, ὁ, lord, master
¹⁸ μεγαλοπρεπής, ές, magnificent, sublime, majestic, impressive
¹⁹ ἀνεκδιήγητος, ον, indescribable
²⁰ κράτος, ους, τό, might, power
²¹ ἐναντιόομαι pres mid ptcp m.p.acc., oppose
²² ὑγεία, ας, ἡ, health
²³ ὁμόνοια, ας, ἡ, oneness of mind, unanimity, concord, harmony
²⁴ εὐστάθεια, ας, ἡ, tranquility, stability, firmness
²⁵ διέπω pres act inf, conduct, administer

αὐτοῖς ἡγεμονίαν[1] ἀπροσκόπως.[2] **2** σὺ γάρ, δέσποτα[3] ἐπουράνιε,[4] βασιλεῦ τῶν αἰώνων, δίδως τοῖς υἱοῖς τῶν ἀνθρώπων δόξαν καὶ τιμὴν καὶ ἐξουσίαν τῶν ἐπὶ τῆς γῆς ὑπαρχόντων· σύ, Κύριε, διεύθυνον[5] τὴν βουλὴν[6] αὐτῶν κατὰ τὸ καλὸν καὶ εὐάρεστον[7] ἐνώπιόν σου, ὅπως διέποντες[8] ἐν εἰρήνῃ καὶ πραΰτητι[9] εὐσεβῶς[10] τὴν ὑπὸ σοῦ αὐτοῖς δεδομένην ἐξουσίαν ἵλεῴ[11] σου τυγχάνωσιν.[12] **3** Ὁ μόνος δυνατὸς ποιῆσαι ταῦτα καὶ περισσότερα[13] ἀγαθὰ μεθ' ἡμῶν, σοι ἐξομολογούμεθα[14] διὰ τοῦ ἀρχιερέως καὶ προστάτου[15] τῶν ψυχῶν ἡμῶν Ἰησοῦ Χριστοῦ, δι' οὗ σοι ἡ δόξα καὶ ἡ μεγαλωσύνη[16] καὶ νῦν καὶ εἰς γενεὰν γενεῶν καὶ εἰς τοὺς αἰῶνας τῶν αἰώνων. ἀμήν.

62:1 Περὶ μὲν τῶν ἀνηκόντων[17] τῇ θρησκείᾳ[18] ἡμῶν καὶ τῶν ὠφελιμωτάτων[19] εἰς ἐνάρετον[20] βίον[21] τοῖς θέλουσιν εὐσεβῶς[22]

---

[1] ἡγεμονία, ας, ἡ, chief command, direction, management
[2] ἀπροσκόπως, adv, without stumbling
[3] δεσπότης, ου, ὁ, lord, master
[4] ἐπουράνιος, ον, celestial, heavenly
[5] διευθύνω aor act impv 2s, guide, direct, govern
[6] βουλή, ῆς, ἡ, plan, purpose, intention
[7] εὐάρεστος, ον, pleasing, acceptable
[8] διέπω pres act ptcp m.p.nom., conduct, administer
[9] πραΰτης, ητος, ἡ, gentleness, humility, courtesy, considerateness, meekness
[10] εὐσεβῶς, adv, in a godly manner
[11] ἵλεως, ων, gracious, merciful

[12] τυγχάνω pres act sub 3p, experience, attain, gain, find
[13] περισσότερος, τέρα, ον, greater, more, even more
[14] ἐξομολογέω pres mid ind 1p, praise
[15] προστάτης, ου, ὁ, benefactor, defender, guardian
[16] μεγαλωσύνη, ης, ἡ, majesty
[17] ἀνήκω pres act ptcp n.p.gen., refer, relate, belong
[18] θρησκεία, ας, ἡ, religion, worship
[19] ὠφέλιμος, ον, useful, beneficial, advantageous
[20] ἐνάρετος, ον, exceptional, virtuous
[21] βίος, ου, ὁ, life
[22] εὐσεβῶς, adv, in a godly manner

καὶ δικαίως[1] διευθύνειν[2] τὴν πορείαν[3] αὐτῶν, ἱκανῶς[4] ἐπεστείλαμεν[5] ὑμῖν, ἄνδρες ἀδελφοί. 2 περὶ γὰρ πίστεως καὶ μετανοίας[6] καὶ γνησίας[7] ἀγάπης καὶ ἐγκρατείας[8] καὶ σωφροσύνης[9] καὶ ὑπομονῆς πάντα τόπον ἐψηλαφήσαμεν,[10] ὑπομιμνήσκοντες[11] δεῖν ὑμᾶς ἐν δικαιοσύνῃ καὶ ἀληθείᾳ καὶ μακροθυμίᾳ[12] τῷ παντοκράτορι[13] Θεῷ ὁσίως[14] εὐαρεστεῖν,[15] ὁμονοοῦντας[16] ἀμνησικάκως[17] ἐν ἀγάπῃ καὶ εἰρήνῃ μετὰ ἐκτενοῦς[18] ἐπιεικείας,[19] καθὼς καὶ οἱ προδεδηλωμένοι[20] πατέρες ἡμῶν εὐηρέστησαν[21] ταπεινοφρονοῦντες[22] τὰ πρὸς τὸν πατέρα καὶ Θεὸν καὶ κτίστην[23] καὶ πρὸς πάντας ἀνθρώπους. 3 καὶ ταῦτα τοσούτῳ[24] ἥδιον ὑπεμνήσαμεν,[25] ἐπειδὴ[26] σαφῶς[27] ᾔδειμεν

---

[1] δικαίως, adv, justly, in an upright manner

[2] διευθύνω pres act inf, guide, direct, govern

[3] πορεία, ας, ἡ, journey, trip

[4] ἱκανῶς, adv, sufficiently, capably

[5] ἐπιστέλλω aor act ind 1p, inform, instruct by letter, write

[6] μετάνοια, ας, ἡ, repentance, turning about, conversion

[7] γνήσιος, α, ον, true

[8] ἐγκράτεια, είας, ἡ, self-control

[9] σωφροσύνη, ης, ἡ, reasonableness, rationality

[10] ψηλαφάω aor act ind 1p, touch, handle

[11] ὑπομιμνήσκω pres act ptcp m.p.nom., remind

[12] μακροθυμία, ας, ἡ, patience, steadfastness, endurance

[13] παντοκράτωρ, ορος, ὁ, Almighty, All-Powerful, Omnipotent (One)

[14] ὁσίως, adv, devoutly

[15] εὐαρεστέω pres act inf, pleasing, take delight

[16] ὁμονοέω pres act ptcp m.p.acc., be in agreement, live in harmony

[17] ἀμνησικάκως, adv, without bearing malice

[18] ἐκτενής, ές, eager, earnest

[19] ἐπιείκεια, ας, ἡ, clemency, gentleness, graciousness, courtesy, indulgence, tolerance

[20] προδηλόω perf mid ptcp m.p.nom., reveal

[21] εὐαρεστέω aor act ind 3p, please, take delight

[22] ταπεινοφρονέω pres act ptcp m.p.nom., be modest, unassuming

[23] κτίστης, ου, ὁ, the Creator

[24] τοσοῦτος, αύτη, οῦτον, so many, so much, so great

[25] ὑπομιμνήσκω aor act ind 1p, remind

[26] ἐπειδή,, conj, since, when, after

[27] σαφῶς, adv, clearly, exactly, very well

γράφειν ἡμᾶς ἀνδράσιν πιστοῖς καὶ ἐλλογιμωτάτοις[1] καὶ
ἐγκεκυφόσιν[2] εἰς τὰ λόγια τῆς παιδείας[3] τοῦ Θεοῦ.

63:1 Θεμιτὸν[4] οὖν ἐστὶν τοῖς τοιούτοις καὶ τοσούτοις
ὑποδείγμασιν[5] προσελθόντας ὑποθεῖναι[6] τὸν τράχηλον[7] καὶ τὸν
τῆς ὑπακοῆς[8] τόπον ἀναπληρώσαντας[9] προσκλιθῆναι[10] τοῖς
ὑπάρχουσιν ἀρχηγοῖς[11] τῶν ψυχῶν ἡμῶν, ὅπως ἡσυχάσαντες[12]
τῆς ματαίας[13] στάσεως[14] ἐπὶ τὸν προκείμενον[15] ἡμῖν ἐν ἀληθείᾳ
σκοπὸν[16] δίχα[17] παντὸς μώμου[18] καταντήσωμεν.[19] **2** χαρὰν γὰρ
καὶ ἀγαλλίασιν[20] ἡμῖν παρέξετε,[21] ἐὰν ὑπήκοοι[22] γενόμενοι τοῖς
ὑφ' ἡμῶν γεγραμμένοις διὰ τοῦ ἁγίου πνεύματος ἐκκόψητε[23]
τὴν ἀθέμιτον[24] τοῦ ζήλους[25] ὑμῶν ὀργὴν κατὰ τὴν ἔντευξιν[26] ἣν

---

[1] ἐλλόγιμος, ον, included,
reputable, eminent
[2] ἐγκύπτω perf act ptcp m.p.dat.,
close attention, examine
[3] παιδεία, ας, ἡ, upbringing,
training, instruction, discipline,
correction
[4] θεμιτός, ή, όν, allowed, permitted,
right
[5] ὑπόδειγμα, ατος, τό, example,
model, pattern
[6] ὑποτίθημι aor act inf, lay down,
make known, teach
[7] τράχηλος, ου, ὁ, neck, throat
[8] ὑπακοή, ῆς, ἡ, obedience
[9] ἀναπληρόω aor act ptcp m.p.acc.,
make complete, fulfill, fill a
gap, replace
[10] προσκλίνω aor pass inf, attach
oneself to, join someone
[11] ἀρχηγός, οῦ, ὁ, leader, ruler,
prince
[12] ἡσυχάζω aor act ptcp m.p.nom.,
rest, be peaeable/orderly

[13] μάταιος, αία, αιον, idle, empty,
fruitless, useless, powerless
[14] στάσις, εως, ἡ, rebellion,
uprising, riot, revolt
[15] πρόκειμαι pres mid ptcp
m.s.acc., be exposed, lie before,
present
[16] σκοπός, οῦ, ὁ, goal, mark
[17] δίχα, adv, without, apart from
[18] μῶμος, ου, ὁ, blame, defect,
blemish
[19] καταντάω aor act sub 1p, come,
arrive, reach, meet
[20] ἀγαλλίασις, εως, ἡ, exultation
[21] παρέχω fut act ind 2p, give up,
grant, show
[22] ὑπήκοος, ον, obedient
[23] ἐκκόπτω aor act sub 2p, cut off,
cut down, exterminate
[24] ἀθέμιτος, ον, not allowed,
forbidden, wanton, disgusting,
unseemly
[25] ζῆλος, ου, ὁ, jealousy, zeal
[26] ἔντευξις, εως, ἡ, petition,
request, prayer

ἐποιησάμεθα περὶ εἰρήνης καὶ ὁμονοίας[1] ἐν τῇδε τῇ ἐπιστολῇ.[2] 3 Ἐπέμψαμεν δὲ καὶ ἄνδρας πιστοὺς καὶ σώφρονας[3] ἀπὸ νεότητος[4] ἀναστραφέντας[5] ἕως γήρους[6] ἀμέμπτως[7] ἐν ἡμῖν, οἵτινες καὶ μάρτυρες ἔσονται μεταξὺ[8] ὑμῶν καὶ ἡμῶν. 4 τοῦτο δὲ ἐποιήσαμεν ἵνα εἰδῆτε ὅτι πᾶσα ἡμῖν φροντὶς[9] καὶ γέγονεν καὶ ἔστιν εἰς τὸ ἐν τάχει[10] ὑμᾶς εἰρηνεῦσαι.[11]

64:1 Λοιπὸν ὁ παντεπόπτης[12] Θεὸς καὶ δεσπότης[13] τῶν πνευμάτων καὶ Κύριος πάσης σαρκός, ὁ ἐκλεξάμενος[14] τὸν Κύριον Ἰησοῦν Χριστὸν καὶ ἡμᾶς δι' αὐτοῦ εἰς λαὸν περιούσιον,[15] δώῃ πάσῃ ψυχῇ ἐπικεκλημένῃ[16] τὸ μεγαλοπρεπὲς[17] καὶ ἅγιον ὄνομα αὐτοῦ πίστιν, φόβον, εἰρήνην, ὑπομονὴν,[18] μακροθυμίαν,[19] ἐγκράτειαν,[20] ἁγνείαν[21] καὶ σωφροσύνην,[22] εἰς εὐαρέστησιν[23] τῷ ὀνόματι αὐτοῦ διὰ τοῦ ἀρχιερέως καὶ προστάτου[24] ἡμῶν Ἰησοῦ Χριστοῦ, δι' οὗ αὐτῷ

---

[1] ὁμόνοια, ας, ἡ, harmony, unanimity, concord

[2] ἐπιστολή, ῆς, ἡ, letter, epistle

[3] σώφρων, ον, ονος, prudent, thoughtful, self-controlled

[4] νεότης, τητος, ἡ, state of youthfulness, youth

[5] ἀναστρέφω aor pass ptcp m.p.acc., live, act, behave, conduct oneself

[6] γῆρας, ως or ους, τό, old age

[7] ἀμέμπτως, adv, blamelessly

[8] μεταξύ, impr prep, between, in the middle, next

[9] φροντίς, ίδος, ἡ, reflection, thought, care, concern

[10] τάχος, ους, τό, speed, quickness, swiftness, haste

[11] εἰρηνεύω aor act inf, reconcile, live in peace

[12] παντεπόπτης, ου, ὁ, one who sees all, one who is all-seeing

[13] δεσπότης, ου, ὁ, lord, master

[14] ἐκλέγομαι aor mid ptcp m.s.nom., choose, select

[15] περιούσιος, ον, chosen, special

[16] ἐπικαλέω perf mid ptcp f.s.dat., call upon, call out

[17] μεγαλοπρεπής, ές, magnificent, sublime, majestic, impressive

[18] ὑπομονή, ῆς, ἡ, patience, endurance, fortitude, steadfastness, perseverance

[19] μακροθυμία, ας, ἡ, patience, steadfastness, endurance

[20] ἐγκράτεια, είας, ἡ, self-control

[21] ἁγνεία, ας, ἡ, purity, chastity

[22] σωφροσύνη, ης, ἡ, reasonableness, rationality, good judgment

[23] εὐαρέστησις, εως, ἡ, being pleased

[24] προστάτης, ου, ὁ, defender, guardian, benefactor

δόξα καὶ μεγαλωσύνη,[1] κράτος[2] καὶ τιμή, καὶ νῦν καὶ εἰς πάντας τοὺς αἰῶνας τῶν αἰώνων, ἀμήν.

65:1 Τοὺς δὲ ἀπεσταλμένους ἀφ᾽ ἡμῶν Κλαύδιον[3] Ἔφηβον[4] καὶ Οὐαλέριον[5] Βίτωνα[6] σὺν καὶ Φορτουνάτῳ[7] ἐν εἰρήνη μετὰ χαρᾶς ἐν τάχει[8] ἀναπέμψατε[9] πρὸς ἡμᾶς, ὅπως θᾶττον[10] τὴν εὐκταίαν[11] καὶ ἐπιποθήτην[12] ἡμῖν εἰρήνην καὶ ὁμόνοιαν[13] ἀπαγγέλλωσιν, εἰς τὸ τάχιον[14] καὶ ἡμᾶς χαρῆναι περὶ τῆς εὐσταθείας[15] ὑμῶν.

65:2 Ἡ χάρις τοῦ Κυρίου ἡμῶν Ἰησοῦ Χριστοῦ μεθ᾽ ὑμῶν καὶ μετὰ πάντων πανταχῆ[16] τῶν κεκλημένων ὑπὸ τοῦ Θεοῦ καὶ δι᾽ αὐτοῦ, δι᾽ οὗ αὐτῷ δόξα, τιμή, κράτος[17] καὶ μεγαλωσύνη,[18] θρόνος αἰώνιος ἀπὸ τῶν αἰώνων εἰς τοὺς αἰῶνας τῶν αἰώνων. ἀμήν.

---

[1] μεγαλωσύνη, ης, ἡ, majesty

[2] κράτος, ους, τό, might, power

[3] Κλαύδιος, ου, ὁ, Claudius

[4] Ἔφηβος, ου, ὁ, Ephebus

[5] Οὐαλέριος, ου, ὁ, Valerius

[6] Βίτων, ωνος, ὁ, Bito

[7] Φορτουνᾶτος, ου, ὁ, Fortunatus

[8] τάχος, ους, τό, speed, quickness, swiftness, haste

[9] ἀναπέμπω aor act impv 2p, send up, send, send back

[10] ταχέως, adv, quickly, soon

[11] εὐταῖος, α, ον, prayed for, wished for

[12] ἐπιπόθητος, ον, longed for, desired

[13] ὁμόνοια, ας, ἡ, harmony, oneness of mind, unanimity, concord

[14] ταχύς, εῖα, ύ, quick, swift, speedy

[15] εὐστάθεια, ας, ἡ, good disposition, tranquility, stability, firmness

[16] πανταῇ, adv, everywhere

[17] κράτος, ους, τό, might, power

[18] μεγαλωσύνη, ης, ἡ, majesty

2 Clement

APOSTOLIC FATHERS GREEK READER

VOLUME 4

II CLEMENT

AN INTRODUCTION

It is commonplace to describe 2 Clement as being neither a letter nor by Clement of Rome, who wrote the first epistle assigned to him. It is clearly a sermon, given to an audience that was once idolatrous in its worship (2 Clem. 1.6; 3.1). An attractive suggestion as to the occasion of the sermon was made by J. B. Lightfoot (1828–1889) in his nineteenth-century edition of the Clementine texts. He suggested that the sermon was given to the Corinthian congregation between AD 120–140, and that being a memorable homily it was preserved along with 1 Clement, and eventually took the name of the letter's author as its own.[1] K. P. Donfried has built upon this compelling hypothesis in his *The Setting of Second Clement in Early Christianity* where he argues that 2 Clement is actually a sermon by one of the elders who had been dismissed by the Corinthian congregation, a situation addressed in 1 Clement. The latter missive had been successful in securing the reinstatement of the elders, and 2 Clement is the homiletic response by one of these elders after he had been reinstated.[2] If Donfried is right, then the homily must be assigned the date that has been given to 1 Clement, which would be around AD 96. But as Lightfoot rightly noted at the conclusion of his own reflections on the provenance of the homily, "we must be content to remain ... in ignorance of the author; nor is it likely now that the veil will ever be withdrawn."[3]

---

[1] J. B. Lightfoot, ed. and trans., *The Apostolic Fathers: Clement, Ignatius, and Polycarp* (1889–1890 ed.; repr. Grand Rapids: Baker Books, 1981), 194–208 (2 Clem. 1.2).

[2] Karl Paul Donfried, *The Setting of Second Clement in Early Christianity*, NovTSup 38 (Leiden: Brill, 1974), 1–48. See also Karl Paul Donfried, "The Theology of Second Clement," *Harvard Theological Review* 66 (1973): 498–500.

[3] Lightfoot, ed. and trans., *Apostolic Fathers*, 208 (1.2).

Theology

Donfried observed that the homily falls into three clearly distinct sections.[1] First, 2 Clem. 1.1–2.7 presents the author/preacher as leading his hearers/readers in a personal mini-reflection on God's saving work in Jesus Christ (2 Clem. 1.2; "how much suffering Jesus Christ endured for our sake"), which forms the theological foundation for the hortatory section that follows in 3.1–14.5. This exhortation is clearly the heart of the text, in which the congregation is encouraged to pursue ardently "holy and righteous works" (2 Clem. 6.9). The final section, 2 Clem. 15.1–18.2, provides eschatological reasons for living a holy life. The text concludes with some general exhortations and a doxology (2 Clem. 19–20).

Donfried rightly noted that the high incidence of participles in the first section—"eleven participles employed within four verses"—marks this section off as unique in the text of 2 Clement.[2] It is definitely a theological confession, which Donfried has further suggested originates from the congregation being addressed in 2 Clement. Donfried has argued that there is some tension between the stress on the present reality of salvation as emphasized in this confession and the ethical demands insisted upon by the author/preacher as necessary if salvation is going to be a future eschatological reality.[3] Donfried attributes this tension to the author/preacher's attempt to correct an over-realized, almost Gnostic, eschatology of the congregation he addreses.

In the exhortatory second section, baptism is depicted as "a seal" (2 Clem. 7.6), but the author/preacher insists that a holy life is the way to keeping one's "baptism pure and undefiled" (2 Clem. 6.9). If the seal of baptism is not preserved, therefore, the baptizand can only expect a fiery judgment (2 Clem. 7.6; see also 8.6). Second Clement 14

---

[1] Donfried, "Theology of Second Clement," 487–88.
[2] Donfried, "Theology of Second Clement," 488–89.
[3] Donfried, "Theology of Second Clement," 489–91.

brings this paraensis to a climax, "guard the flesh," which is interpreted in the context to mean, "in order that you [the church] may receive the Spirit" (14.3). The gift of the Spirit is dependent upon living in this way of holiness so as not to violate the purity of the church.[1] Donfried states it well: "Instead of the obedience of faith nurtured by the Spirit, a *nova lex*, a new Christian morality appears which in essence is little different from that which was practiced in Hellenistic Judaism."[2]

Text

Second Clement exists in three MS copies, all of which also are accompanied with 1 Clement. The most famous of these copies is Codex Alexandrinus from the fifth century. (See the introduction to 1 Clement for details about this codex.) Only the first twelve chapters can be found in this codex. The entirety of the text is found in Codex Hierosolymitanus (AD 1056). Then there is an extant Syriac translation (AD 1169–1170).[3]

---

[1] Donfried, "Theology of Second Clement," 494–95.

[2] Donfried, "Theology of Second Clement," 498.

[3] R. H. Kennet and R. L. Bensly, *The Epistles of S. Clement to the Corinthians in Syriac* (Cambridge: Cambridge University Press, 1899).

ΚΛΗΜΕΝΤΟΣ
ΠΡΟΣ ΚΟΡΙΝΘΙΟΥΣ Β

NOTES BY JASON ANDERSON

1:1 ἈΔΕΛΦΟΙ, οὕτως δεῖ ἡμᾶς φρονεῖν[1] περὶ Ἰησοῦ Χριστοῦ, ὡς περὶ Θεοῦ, ὡς περὶ κριτοῦ[2] ζώντων καὶ νεκρῶν. καὶ οὐ δεῖ ἡμᾶς μικρὰ φρονεῖν[3] περὶ τῆς σωτηρίας ἡμῶν· **2** ἐν τῷ γὰρ φρονεῖν[4] ἡμᾶς μικρὰ περὶ αὐτοῦ, μικρὰ καὶ ἐλπίζομεν λαβεῖν. καὶ οἱ ἀκούοντες ὡς περὶ μικρῶν ἁμαρτάνουσιν, καὶ ἡμεῖς ἁμαρτάνομεν, οὐκ εἰδότες πόθεν[5] ἐκλήθημεν καὶ ὑπὸ τίνος καὶ εἰς ὃν τόπον, καὶ ὅσα ὑπέμεινεν[6] Ἰησοῦς Χριστὸς παθεῖν ἕνεκα[7] ἡμῶν. **3** τίνα οὖν ἡμεῖς αὐτῷ δώσομεν ἀντιμισθίαν,[8] ἢ τίνα καρπὸν ἄξιον οὗ ἡμῖν αὐτὸς ἔδωκεν; πόσα[9] δὲ αὐτῷ ὀφείλομεν ὅσια;[10] **4** τὸ φῶς γὰρ ἡμῖν ἐχαρίσατο,[11] ὡς πατὴρ υἱοὺς ἡμᾶς προσηγόρευσεν,[12] ἀπολλυμένους ἡμᾶς ἔσωσεν. **5** ποῖον οὖν αἶνον[13] αὐτῷ δώσωμεν ἢ μισθὸν[14] ἀντιμισθίας[15] ὧν ἐλάβομεν; **6** πηροὶ[16] ὄντες τῇ διανοίᾳ,[17] προσκυνοῦντες λίθους καὶ ξύλα[18] καὶ χρυσὸν[19] καὶ ἄργυρον,[20] καὶ χαλκόν,[21] ἔργα ἀνθρώπων· καὶ ὁ

---

[1] φρονέω pres act inf, think
[2] κριτής, οῦ, ὁ, judge
[3] φρονέω pres act inf, think
[4] φρονέω pres act inf, think
[5] πόθεν, adv, from what, from where
[6] ὑπομένω aor act ind 3s, endure
[7] ἕνεκα, adv, because of, for the sake of
[8] ἀντιμισθία, ας, ἡ, recompense, exchange
[9] πόσος, η, ον, how much, many
[10] ὅσιος, ία, ον, holy (things, deeds)

[11] χαρίζομαι aor mid ind 3s, give graciously
[12] προσαγορεύω aor act ind 3s, address, call
[13] αἶνος, ου, ὁ, praise
[14] μισθός, οῦ, ὁ, reward
[15] ἀντιμισθία, ας, ἡ, recompense, exchange
[16] πηρός, ά, όν, weakened, blind
[17] διάνοια, ας, ἡ, understanding
[18] ξύλον, ου, τό, wood
[19] χρυσός, οῦ, ὁ, gold
[20] ἄργυρος, ου, ὁ, silver
[21] χαλκός, οῦ, ὁ, brass, bronze

βίος[1] ἡμῶν ὅλος ἄλλο οὐδὲν ἦν εἰ μὴ θάνατος. ἀμαύρωσιν[2] οὖν περικείμενοι[3] καὶ τοιαύτης ἀχλύος[4] γέμοντες[5] ἐν τῇ ὁράσει,[6] ἀνεβλέψαμεν[7] ἀποθέμενοι[8] ἐκεῖνο ὃ περικείμεθα[9] νέφος[10] τῇ αὐτοῦ θελήσει.[11] **7** ἠλέησεν[12] γὰρ ἡμᾶς καὶ σπλαγχνισθεὶς[13] ἔσωσεν, θεασάμενος[14] ἐν ἡμῖν πολλὴν πλάνην[15] καὶ ἀπώλειαν,[16] καὶ μηδεμίαν ἐλπίδα ἔχοντας σωτηρίας εἰ μὴ τὴν παρ' αὐτοῦ. **8** ἐκάλεσεν γὰρ ἡμᾶς οὐκ ὄντας καὶ ἠθέλησεν ἐκ μὴ ὄντος εἶναι ἡμᾶς.

2:1 Εὐφράνθητι,[17] στεῖρα[18] ἡ οὐ τίκτουσα.[19] ῥῆξον[20] καὶ βόησον,[21] ἡ οὐκ ὠδίνουσα,[22] ὅτι πολλὰ τὰ τέκνα τῆς ἐρήμου μᾶλλον ἢ τῆς ἐχούσης τὸν ἄνδρα. Ὃ εἶπεν· εὐφράνθητι,[23] στεῖρα[24] ἡ οὐ τίκτουσα,[25] ἡμᾶς εἶπεν· στεῖρα[26] γὰρ ἦν ἡ

---

[1] βίος, ου, ὁ, life
[2] ἀμαύρωσις, εως, ἡ, dimness, darkening
[3] περίκειμαι pres mid/pass ptcp m.p.nom., blanketed, surrounded
[4] ἀχλύς, ύος, ἡ, mistiness
[5] γέμω pres act ptcp m.p.nom., be full
[6] ὅρασις, εως, ἡ, eye
[7] ἀναβλέπω aor act ind 1p, regain sight
[8] ἀποτίθημι aor mid ptcp m.p.nom., take off, lay aside, rid oneself of
[9] περίκειμαι pres mid/pass ind 1p, blanketed, surrounded
[10] νέφος, ους, τό, cloud
[11] θέλησις, εως, ἡ, will
[12] ἐλεέω aor act ind 3s, have compassion, mercy on
[13] σπλαγχνίζομαι aor pass ptcp m.s.nom., have pity, feel sympathy

[14] θεάομαι aor mid ptcp m.s.nom., see, perceive
[15] πλάνη, ης, ἡ, error, deception, delusion
[16] ἀπώλεια, ας, ἡ, destruction, ruin
[17] εὐφραίνω aor pass impv 2s, be glad, rejoice
[18] στεῖρα, ας, ἡ, barren, infertile
[19] τίκτω aor act ptcp f.s.nom., give birth, bear
[20] ῥήγνυμι aor act impv 2s, break forth, let loose
[21] βοάω aor act impv 2s, shout, cry out
[22] ὠδίνω aor act ptcp f.s.nom., have birth pains
[23] εὐφραίνω aor pass impv 2s, be glad, rejoice
[24] στεῖρα, ας, ἡ, barren, infertile
[25] τίκτω aor act ptcp f.s.nom., give birth, bear
[26] στεῖρα, ας, ἡ, barren, infertile

ἐκκλησία ἡμῶν πρὸ τοῦ δοθῆναι αὐτῇ τέκνα. **2** ὁ δὲ εἶπεν·
Βόησον,[1] ἡ οὐκ ὠδίνουσα,[2] τοῦτο λέγει· τὰς προσευχὰς ἡμῶν
ἁπλῶς[3] ἀναφέρειν[4] πρὸς τὸν Θεόν, μὴ ὡς αἱ ὠδίνουσαι[5]
ἐγκακῶμεν.[6] **3** ὁ δὲ εἶπεν· Ὅτι πολλὰ τὰ τέκνα τῆς ἐρήμου
μᾶλλον ἢ τῆς ἐχούσης τὸν ἄνδρα, ἐπεὶ[7] ἔρημος ἐδόκει εἶναι ἀπὸ
τοῦ Θεοῦ ὁ λαὸς ἡμῶν, νυνὶ[8] δὲ πιστεύσαντες πλείονες
ἐγενόμεθα τῶν δοκούντων ἔχειν Θεόν. **4** καὶ ἑτέρα δὲ γραφὴ
λέγει ὅτι Οὐκ ἦλθον καλέσαι δικαίους, ἀλλὰ ἁμαρτωλούς.
5 τοῦτο λέγει· ὅτι δεῖ τοὺς ἀπολλυμένους σώζειν. **6** ἐκεῖνο γάρ
ἐστιν μέγα καὶ θαυμαστόν,[9] οὐ τὰ ἑστῶτα στηρίζειν[10] ἀλλὰ τὰ
πίπτοντα. **7** οὕτως καὶ ὁ Χριστὸς ἠθέλησεν σῶσαι τὰ
ἀπολλύμενα, καὶ ἔσωσεν πολλούς, ἐλθὼν καὶ καλέσας ἡμᾶς ἤδη
ἀπολλυμένους.

3:1 Τοσοῦτον[11] οὖν ἔλεος[12] ποιήσαντος αὐτοῦ εἰς ἡμᾶς· πρῶτον
μέν, ὅτι ἡμεῖς οἱ ζῶντες τοῖς νεκροῖς θεοῖς οὐ θύομεν[13] καὶ οὐ
προσκυνοῦμεν αὐτοῖς, ἀλλὰ ἔγνωμεν δι' αὐτοῦ τὸν πατέρα τῆς
ἀληθείας· τίς ἡ γνῶσις[14] ἡ πρὸς αὐτόν, ἢ τὸ μὴ ἀρνεῖσθαι δι' οὗ
ἔγνωμεν αὐτόν; **2** λέγει δὲ καὶ αὐτός· Τὸν ὁμολογήσαντά[15] με
ἐνώπιον τῶν ἀνθρώπων, ὁμολογήσω[16] αὐτὸν ἐνώπιον τοῦ πατρός
μου. **3** Οὗτος οὖν ἐστὶν ὁ μισθὸς[17] ἡμῶν, ἐὰν οὖν ὁμολογήσωμεν[18]

---

[1] βοάω aor act impv 2s, shout, cry out

[2] ὠδίνω aor act ptcp f.s.nom., have birth pains

[3] ἁπλῶς, adv, simply

[4] ἀναφέρω pres act inf, offer up

[5] ὠδίνω pres act ptcp f.p.nom., have birth pains

[6] ἐγκακέω pres act sub 1p, be afraid

[7] ἐπεί,, conj, since, because, for

[8] νυνί, adv, now

[9] θαυμαστός, ή, όν, wonderful, remarkable, marvelous

[10] στηρίζω pres act inf, confirm, establish, strengthen

[11] τοσοῦτος, αύτη, οῦτον, so great/strong

[12] ἔλεος, ους, τό, mercy, clemency

[13] θύω pres act ind 1p, sacrifice

[14] γνῶσις, εως, ἡ, knowledge

[15] ὁμολογέω aor act ptcp m.s.acc., acknowledge, profess

[16] ὁμολογέω fut act ind 1s, acknowledge, profess

[17] μισθός, οῦ, ὁ, reward

[18] ὁμολογέω aor act sub 1p, acknowledge, profess

δι' οὗ ἐσώθημεν. **4** ἐν τίνι δὲ αὐτὸν ὁμολογοῦμεν;[1] ἐν τῷ ποιεῖν
ἃ λέγει καὶ μὴ παρακούειν[2] αὐτοῦ τῶν ἐντολῶν, καὶ μὴ μόνον
χείλεσιν[3] αὐτὸν τιμᾶν[4] ἀλλὰ ἐξ ὅλης καρδίας καὶ ἐξ ὅλης τῆς
διανοίας.[5] **5** λέγει δὲ καὶ ἐν τῷ Ἠσαΐᾳ·[6] Ὁ λαὸς οὗτος τοῖς
χείλεσίν[7] με τιμᾷ,[8] ἡ δὲ καρδία αὐτῶν πόρρω[9] ἄπεστιν[10] ἀπ'
ἐμοῦ.

4:1 Μὴ μόνον οὖν αὐτὸν καλῶμεν Κύριον, οὐ γὰρ τοῦτο σώσει
ἡμᾶς. **2** λέγει γάρ· Οὐ πᾶς ὁ λέγων μοι, Κύριε, Κύριε,
σωθήσεται, ἀλλ' ὁ ποιῶν τὴν δικαιοσύνην. **3** ὥστε οὖν, ἀδελφοί,
ἐν τοῖς ἔργοις αὐτὸν ὁμολογῶμεν,[11] ἐν τῷ ἀγαπᾶν ἑαυτούς, ἐν τῷ
μὴ μοιχᾶσθαι[12] μηδὲ καταλαλεῖν[13] ἀλλήλων μηδὲ ζηλοῦν,[14] ἀλλ'
ἐγκρατεῖς[15] εἶναι, ἐλεήμονας,[16] ἀγαθούς· καὶ συμπάσχειν[17]
ἀλλήλοις ὀφείλομεν, καὶ μὴ φιλαργυρεῖν.[18] ἐν τούτοις τοῖς
ἔργοις ὁμολογῶμεν[19] αὐτὸν καὶ μὴ ἐν τοῖς ἐναντίοις.[20] **4** καὶ οὐ
δεῖ ἡμᾶς φοβεῖσθαι τοὺς ἀνθρώπους μᾶλλον ἀλλὰ τὸν Θεόν.
5 διὰ τοῦτο, ταῦτα ὑμῶν πρασσόντων, εἶπεν ὁ Κύριος· Ἐὰν ἦτε
μετ' ἐμοῦ συνηγμένοι ἐν τῷ κόλπῳ[21] μου καὶ μὴ ποιῆτε τὰς

---

[1] ὁμολογέω pres act ind 1p,
acknowledge, profess
[2] παρακούω pres act inf, refuse to
listen to, disobey
[3] χεῖλος, ους, τό, lips
[4] τιμάω pres act inf, honor
[5] διάνοια, ας, ἡ, understanding
[6] Ἠσαΐας, ου, ὁ, Isaiah
[7] χεῖλος, ους, τό, lips
[8] τιμάω pres act ind 3s, honor
[9] πόρρω, adv, far (away)
[10] ἄπειμι pres act ind 3s, be
absent/away
[11] ὁμολογέω pres act sub 1p,
acknowledge, profess

[12] μοιχάω pres mid/pass inf, commit
adultery
[13] καταλαλέω pres act inf, slander
[14] ζηλόω pres act inf, be filled with
envy, jealousy
[15] ἐγκρατής, ές, self-controlled
[16] ἐλεήμων, ον, merciful
[17] συμπάσχω pres act inf, have
sympathy
[18] φιλαργυρέω pres act inf, love
money
[19] ὁμολογέω pres act sub 1p,
acknowledge, profess
[20] ἐναντίος, α, ον, contrary,
opposed
[21] κόλπος, ου, ὁ, bosom

ἐντολάς μου, ἀποβαλῶ[1] ὑμᾶς καὶ ἐρῶ ὑμῖν· Ὑπάγετε ἀπ᾽ ἐμοῦ, οὐκ οἶδα ὑμᾶς πόθεν[2] ἐστέ, ἐργάται[3] ἀνομίας.[4]

5:1 Ὅθεν,[5] ἀδελφοί, καταλείψαντες[6] τὴν παροικίαν[7] τοῦ κόσμου τούτου ποιήσωμεν τὸ θέλημα τοῦ καλέσαντος ἡμᾶς, καὶ μὴ φοβηθῶμεν ἐξελθεῖν ἐκ τοῦ κόσμου τούτου. **2** λέγει γὰρ ὁ Κύριος· Ἔσεσθε ὡς ἀρνία ἐν μέσῳ λύκων.[8] **3** ἀποκριθεὶς δὲ ὁ Πέτρος αὐτῷ λέγει· Ἐὰν οὖν διασπαράξωσιν[9] οἱ λύκοι[10] τὰ ἀρνία; **4** εἶπεν ὁ Ἰησοῦς τῷ Πέτρῳ· Μὴ φοβείσθωσαν τὰ ἀρνία τοὺς λύκους[11] μετὰ τὸ ἀποθανεῖν αὐτά· καὶ ὑμεῖς μὴ φοβεῖσθε τοὺς ἀποκτέννοντας ὑμᾶς καὶ μηδὲν ὑμῖν δυναμένους ποιεῖν, ἀλλὰ φοβεῖσθε τὸν μετὰ τὸ ἀποθανεῖν ὑμᾶς ἔχοντα ἐξουσίαν ψυχῆς καὶ σώματος τοῦ βαλεῖν εἰς γέενναν[12] πυρός. **5** Καὶ γινώσκετε, ἀδελφοί, ὅτι ἡ ἐπιδημία[13] ἡ ἐν τῷ κόσμῳ τούτῳ τῆς σαρκὸς ταύτης μικρά ἐστιν καὶ ὀλιγοχρόνιος,[14] ἡ δὲ ἐπαγγελία τοῦ Χριστοῦ μεγάλη καὶ θαυμαστή[15] ἐστιν· καὶ ἀνάπαυσις[16] τῆς μελλούσης βασιλείας καὶ ζωῆς αἰωνίου. **6** τί οὖν ἐστιν ποιήσαντας ἐπιτυχεῖν[17] αὐτῶν, εἰ μὴ τὸ ὁσίως[18] καὶ δικαίως[19] ἀναστρέφεσθαι[20] καὶ τὰ κοσμικὰ[21] ταῦτα ὡς ἀλλότρια[22]

---

[1] ἀποβάλλω fut act ind 1s, reject, throw away
[2] πόθεν, adv, from where
[3] ἐργάτης, ου, τό, doer
[4] ἀνομία, ας, ἡ, lawlessness
[5] ὅθεν, adv, for which reason
[6] καταλείπω aor act ptcp m.p.nom., give up
[7] παροικία, ας, ἡ, sojourn, stay
[8] λύκος, ου, ὁ, wolf
[9] διασπαράσσω aor act sub 3p, tear in pieces
[10] λύκος, ου, ὁ, wolf
[11] λύκος, ου, ὁ, wolf
[12] γέεννα, ης, ἡ, Gehenna, hell

[13] ἐπιδημία, ας, ἡ, sojourn, stay
[14] ὀλιγοχρόνιος, ον, short duration, short-lived
[15] θαυμαστός, ή, όν, wonderful, marvelous, remarkable
[16] ἀνάπαυσις, εως, ἡ, rest, relief
[17] ἐπιτυγχάνω aor act inf, reach
[18] ὁσίως, adv, devoutly
[19] δικαίως, adv, justly
[20] ἀναστρέφω pres mid/pass inf, conduct oneself, behave
[21] κοσμικός, ή, όν, earthly
[22] ἀλλότριος, ια, ον, strange, not one's own

ἡγεῖσθαι[1] καὶ μὴ ἐπιθυμεῖν[2] αὐτῶν; **7** ἐν γὰρ τῷ ἐπιθυμεῖν[3] ἡμᾶς κτήσασθαι[4] ταῦτα ἀποπίπτομεν[5] τῆς ὁδοῦ τῆς δικαίας.

6:1 Λέγει δὲ ὁ Κύριος· Οὐδεὶς οἰκέτης[6] δύναται δυσὶ κυρίοις δουλεύειν.[7] ἐὰν ἡμεῖς θέλωμεν καὶ Θεῷ δουλεύειν[8] καὶ μαμωνᾷ,[9] ἀσύμφορον[10] ἡμῖν ἐστίν. **2** τί γὰρ τὸ ὄφελος,[11] ἐάν τις τὸν κόσμον ὅλον κερδήσῃ[12] τὴν δὲ ψυχὴν ζημιωθῇ;[13] **3** ἔστιν δὲ οὗτος ὁ αἰὼν καὶ ὁ μέλλων δύο ἐχθροί. **4** οὗτος λέγει μοιχείαν[14] καὶ φθορὰν[15] καὶ φιλαργυρίαν[16] καὶ ἀπάτην,[17] ἐκεῖνος δὲ τούτοις ἀποτάσσεται.[18] **5** οὐ δυνάμεθα οὖν τῶν δύο φίλοι[19] εἶναι· δεῖ δὲ ἡμᾶς τούτῳ ἀποταξαμένους[20] ἐκείνῳ χρᾶσθαι.[21] **6** οἰόμεθα[22] ὅτι βέλτιόν[23] ἐστιν τὰ ἐνθάδε[24] μισῆσαι, ὅτι μικρὰ καὶ ὀλιγοχρόνια[25] καὶ φθαρτά,[26] ἐκεῖνα δὲ ἀγαπῆσαι, τὰ ἀγαθὰ τὰ ἄφθαρτα.[27] **7** ποιοῦντες γὰρ τὸ θέλημα τοῦ Χριστοῦ εὑρήσομεν

---

[1] ἡγέομαι pres mid/pass inf, consider, regard
[2] ἐπιθυμέω pres act inf, long for, desire
[3] ἐπιθυμέω pres act inf, long for, desire
[4] κτάομαι aor mid inf, acquire, get
[5] ἀποπίπτω pres act ind 1p, deviate, fall from
[6] οἰκέτης, ου, ὁ, slave, household slave
[7] δουλεύω pres act inf, serve obey
[8] δουλεύω pres act inf, serve obey
[9] μαμωνᾶς, ᾶ, ἡ, wealth, property
[10] ἀσύμφορος, ον, disadvantageous, harmful
[11] ὄφελος, ους, τό, benefit, good
[12] κερδαίνω aor act sub 3s, gain
[13] ζημιόω aor pass sub 3s, forfeit, suffer loss
[14] μοιχεία, ας, ἡ, adultery
[15] φθορά, ᾶς, ἡ, corruption
[16] φιλαργυρία, ας, ἡ, avarice, love of money
[17] ἀπάτη, ης, ἡ, deception
[18] ἀποτάσσω pres mid/pass ind 3s, renounce, give up
[19] φίλος, η, ον, friend
[20] ἀποτάσσω aor mid ptcp m.p.acc., renounce, give up
[21] χράομαι pres mid/pass inf, make use of, employ
[22] οἴομαι pres mid/pass ind 1p, think, suppose, expect
[23] βελτίων, ον, better
[24] ἐνθάδε, adv, here
[25] ὀλιγοχρόνιος, ον, short duration, short-lived
[26] φθαρτός, ή, όν, perishable
[27] ἄφθαρτος, ον, imperishable

ἀνάπαυσιν·[1] εἰ δὲ μήγε,[2] οὐδὲν ἡμᾶς ῥύσεται[3] ἐκ τῆς αἰωνίου κολάσεως,[4] ἐὰν παρακούσωμεν[5] τῶν ἐντολῶν αὐτοῦ. **8** λέγει δὲ καὶ ἡ γραφὴ ἐν τῷ Ἰεζεκιήλ[6] ὅτι Ἐὰν ἀναστῇ Νῶε[7] καὶ Ἰώβ[8] καὶ Δανιήλ,[9] οὐ ῥύσονται[10] τὰ τέκνα αὐτῶν ἐν τῇ αἰχμαλωσίᾳ.[11] **9** εἰ δὲ καὶ οἱ τοιοῦτοι δίκαιοι οὐ δύνανται ταῖς ἑαυτῶν δικαιοσύναις ῥύσασθαι[12] τὰ τέκνα αὐτῶν, ἡμεῖς, ἐὰν μὴ τηρήσωμεν τὸ βάπτισμα[13] ἁγνὸν[14] καὶ ἀμίαντον,[15] ποίᾳ πεποιθήσει[16] εἰσελευσόμεθα εἰς τὸ βασίλειον[17] τοῦ Θεοῦ; ἢ τίς ἡμῶν παράκλητος[18] ἔσται, ἐὰν μὴ εὑρεθῶμεν ἔργα ἔχοντες ὅσια[19] καὶ δίκαια;

7:1 Ὥστε οὖν, ἀδελφοί μου, ἀγωνισώμεθα,[20] εἰδότες ὅτι ἐν χερσὶν ὁ ἀγών,[21] καὶ ὅτι εἰς τοὺς φθαρτοὺς[22] ἀγῶνας[23] καταπλέουσιν[24] πολλοί, ἀλλ᾽ οὐ πάντες στεφανοῦνται,[25] εἰ μὴ οἱ πολλὰ κοπιάσαντες[26] καὶ καλῶς ἀγωνισάμενοι.[27] **2** ἡμεῖς οὖν

---

[1] ἀνάπαυσις, εως, ἡ, rest, relief

[2] γέ, part, even, indeed

[3] ῥύομαι fut mid ind 3s, rescue, deliver

[4] κόλασις, εως, ἡ, punishment

[5] παρακούω aor act sub 1p, refuse to listen to, disobey

[6] Ἰεζεκιήλ, ὁ, Ezekiel

[7] Νῶε, ὁ, Noah

[8] Ἰώβ, ὁ, Job

[9] Δανιήλ, ὁ Daniel

[10] ῥύομαι fut mid ind 3p, rescue, deliver

[11] αἰχμαλωσία, ας, ἡ, captivity

[12] ῥύομαι aor mid inf, rescue, deliver

[13] βάπτισμα, ατος, τό, baptism

[14] ἁγνός, ή, όν, pure, holy

[15] ἀμίαντος, ον, undefiled

[16] πεποίθησις, εως, ἡ, confidence

[17] βασίλειος, ον, pertaining to a king, royal

[18] παράκλητος, ου, ὁ, mediator, helper

[19] ὅσιος, ία, ον, holy

[20] ἀγωνίζομαι aor mid sub 1p, engage in a contest, compete

[21] ἀγών, ἀγῶνος, ὁ, contest, fight

[22] φθαρτός, ή, όν, perishable

[23] ἀγών, ἀγῶνος, ὁ, contest, fight

[24] καταπλέω pres act ind 3s, go (to the contests)

[25] στεφανόω pres mid/pass ind 3p, crown

[26] κοπιάω aor act ptcp m.p.nom., labor hard, struggle

[27] ἀγωνίζομαι aor mid ptcp m.p.nom., engage in a contest, compete

ἀγωνισώμεθα,[1] ἵνα πάντες στεφανωθῶμεν.[2] **3** ὥστε θέωμεν[3] τὴν ὁδὸν τὴν εὐθεῖαν,[4] ἀγῶνα[5] τὸν ἄφθαρτον,[6] καὶ πολλοὶ εἰς αὐτὸν καταπλεύσωμεν[7] καὶ ἀγωνισώμεθα,[8] ἵνα καὶ στεφανωθῶμεν.[9] καὶ εἰ μὴ δυνάμεθα πάντες στεφανωθῆναι,[10] κἂν ἐγγὺς τοῦ στεφάνου[11] γενώμεθα. **4** εἰδέναι ἡμᾶς δεῖ, ὅτι ὁ τὸν φθαρτὸν[12] ἀγῶνα[13] ἀγωνιζόμενος,[14] ἐὰν εὑρεθῇ φθείρων,[15] μαστιγωθεὶς[16] αἴρεται καὶ ἔξω βάλλεται τοῦ σταδίου.[17] **5** τί δοκεῖτε; ὁ τὸν τῆς ἀφθαρσίας[18] ἀγῶνα[19] φθείρας,[20] τί παθεῖται; **6** τῶν γὰρ μὴ τηρησάντων, φησίν, τὴν σφραγίδα·[21] Ὁ σκώληξ[22] αὐτῶν οὐ τελευτήσει[23] καὶ τὸ πῦρ αὐτῶν οὐ σβεσθήσεται,[24] καὶ ἔσονται εἰς ὅρασιν[25] πάσῃ σαρκί.

8:1 Ὡς οὖν ἐσμὲν ἐπὶ γῆς, μετανοήσωμεν. **2** πηλὸς[26] γάρ ἐσμεν εἰς τὴν χεῖρα τοῦ τεχνίτου.[27] ὃν τρόπον[28] γὰρ ὁ κεραμεύς,[29] ἐὰν ποιῇ σκεῦος[30] καὶ ἐν ταῖς χερσὶν αὐτοῦ διαστραφῇ[31] ἢ

---

[1] ἀγωνίζομαι aor mid sub 1p, engage in a contest, compete
[2] στεφανόω aor pass sub 1p, crown
[3] θέω pres act sub 1p, run
[4] εὐθύς, εῖα, ύ, straight
[5] ἀγών, ἀγῶνος, ὁ, contest, fight
[6] ἄφθαρτος, ον, imperishable
[7] καταπλέω aor act sub 1p, go (to the contests)
[8] ἀγωνίζομαι aor mid sub 1p, engage in a contest, compete
[9] στεφανόω aor pass sub 1p, crown
[10] στεφανόω aor pass inf, crown
[11] στέφανος, ου, ὁ, crown
[12] φθαρτός, ή, όν, perishable
[13] ἀγών, ἀγῶνος, ὁ, contest, fight
[14] ἀγωνίζομαι pres mid/pass ptcp m.s.nom., engage in a contest, compete
[15] φθείρω pres act ptcp m.s.nom., violate rules

[16] μαστιγόω aor pass ptcp m.s.nom., flog, scourge
[17] στάδιον, ου, τό, arena, stadium
[18] ἀφθαρσία, ας, ἡ, incorruptibility, immortality
[19] ἀγών, ἀγῶνος, ὁ, contest, fight
[20] φθείρω aor act ptcp m.s.nom., violate rules
[21] σφραγίς, ῖδος, ἡ, seal
[22] σκώληξ, ηκος, ὁ, worm
[23] τελευτάω fut act ind 3s, die
[24] σβέννυμι fut pass ind 3s, quench, extinguish
[25] ὅρασις, εως, ἡ, spectacle
[26] πηλός, οῦ, ὁ, clay
[27] τεχνίτης, ου, ὁ, potter, craftsman
[28] τρόπος, ου, ὁ, manner, way, kind
[29] κεραμεύς, έως, ὁ, potter
[30] σκεῦος, ους, τό, vessel, jar
[31] διαστρέφω aor pass sub 3s, deform

συντριβῇ,¹ πάλιν αὐτὸ ἀναπλάσσει·² ἐὰν δὲ προφθάσῃ³ εἰς τὴν κάμινον⁴ τοῦ πυρὸς αὐτὸ βαλεῖν, οὐκέτι βοηθήσει⁵ αὐτῷ. οὕτως καὶ ἡμεῖς· ἕως ἐσμὲν ἐν τούτῳ τῷ κόσμῳ, ἐν τῇ σαρκὶ ἃ ἐπράξαμεν πονηρὰ μετανοήσωμεν ἐξ ὅλης τῆς καρδίας, ἵνα σωθῶμεν ὑπὸ τοῦ Κυρίου ἕως ἔχομεν καιρὸν μετανοίας.⁶ 3 μετὰ γὰρ τὸ ἐξελθεῖν ἡμᾶς ἐκ τοῦ κόσμου, οὐκέτι δυνάμεθα ἐκεῖ ἐξομολογήσασθαι⁷ ἢ μετανοεῖν ἔτι. 4 ὥστε, ἀδελφοί, ποιήσαντες τὸ θέλημα τοῦ πατρὸς καὶ τὴν σάρκα ἁγνὴν⁸ τηρήσαντες καὶ τὰς ἐντολὰς τοῦ Κυρίου φυλάξαντες ληψόμεθα ζωὴν αἰώνιον. 5 λέγει γὰρ ὁ Κύριος ἐν τῷ εὐαγγελίῳ· Εἰ τὸ μικρὸν οὐκ ἐτηρήσατε, τὸ μέγα τίς ὑμῖν δώσει; λέγω γὰρ ὑμῖν ὅτι ὁ πιστὸς ἐν ἐλαχίστῳ⁹ καὶ ἐν πολλῷ πιστός ἐστιν. 6 ἄρα οὖν τοῦτο λέγει· τηρήσατε τὴν σάρκα ἁγνὴν¹⁰ καὶ τὴν σφραγίδα¹¹ ἄσπιλον,¹² ἵνα τὴν ζωὴν ἀπολάβωμεν.¹³

9:1 Καὶ μὴ λεγέτω τις ὑμῶν ὅτι αὕτη ἡ σὰρξ οὐ κρίνεται οὐδὲ ἀνίσταται. 2 γνῶτε· ἐν τίνι ἐσώθητε, ἐν τίνι ἀνεβλέψατε,¹⁴ εἰ μὴ ἐν τῇ σαρκὶ ταύτῃ ὄντες; 3 δεῖ οὖν ἡμᾶς ὡς ναὸν Θεοῦ φυλάσσειν τὴν σάρκα. 4 ὃν τρόπον¹⁵ γὰρ ἐν τῇ σαρκὶ ἐκλήθητε, καὶ ἐν τῇ σαρκὶ ἐλεύσεσθε. 5 εἰ Χριστός, ὁ Κύριος ὁ σώσας ἡμᾶς, ὢν μὲν τὸ πρῶτον πνεῦμα, ἐγένετο σὰρξ καὶ οὕτως ἡμᾶς ἐκάλεσεν,

---

¹ συντρίβω aor pass sub 3s, break, smash
² ἀναπλάσσω pres act ind 3s, reshape, remold
³ προφθάνω aor act sub 3s, do already, do previously
⁴ κάμινος, ου, ἡ, kiln, furnace
⁵ βοηθέω fut act ind 3s, furnish aid, help
⁶ μετάνοια, ας, ἡ, repentance
⁷ ἐξομολογέω aor mid inf, confess
⁸ ἁγνός, ή, όν, pure, holy
⁹ ἐλάχιστος, ίστη, ον, a very little thing
¹⁰ ἁγνός, ή, όν, pure, holy
¹¹ σφραγίς, ῖδος, ἡ, seal
¹² ἄσπιλος, ον, spotless, without fault
¹³ ἀπολαμβάνω aor act sub 1p, receive
¹⁴ ἀναβλέπω aor act ind 2p, regain sight
¹⁵ τρόπος, ου, ὁ, manner, way, kind

οὕτως καὶ ἡμεῖς ἐν ταύτῃ τῇ σαρκὶ ἀποληψόμεθα[1] τὸν μισθόν.[2] **6** ἀγαπῶμεν οὖν ἀλλήλους, ὅπως ἔλθωμεν πάντες εἰς τὴν βασιλείαν τοῦ Θεοῦ. **7** ὡς ἔχομεν καιρὸν τοῦ ἰαθῆναι,[3] ἐπιδῶμεν[4] ἑαυτοὺς τῷ θεραπεύοντι Θεῷ, ἀντιμισθίαν[5] αὐτῷ διδόντες. **8** ποίαν; τὸ μετανοῆσαι ἐξ εἰλικρινοῦς[6] καρδίας. **9** προγνώστης[7] γάρ ἐστιν τῶν πάντων καὶ εἰδὼς ἡμῶν τὰ ἐν καρδίᾳ. **10** δῶμεν οὖν αὐτῷ αἶνον[8] αἰώνιον, μὴ ἀπὸ στόματος μόνον ἀλλὰ καὶ ἀπὸ καρδίας, ἵνα ἡμᾶς προσδέξηται[9] ὡς υἱούς. **11** καὶ γὰρ εἶπεν ὁ Κύριος· Ἀδελφοί μου οὗτοι εἰσιν οἱ ποιοῦντες τὸ θέλημα τοῦ πατρός μου.

10:1 Ὥστε, ἀδελφοί μου, ποιήσωμεν τὸ θέλημα τοῦ πατρὸς τοῦ καλέσαντος ἡμᾶς, ἵνα ζήσωμεν, καὶ διώξωμεν μᾶλλον τὴν ἀρετήν·[10] τὴν δὲ κακίαν[11] καταλείψωμεν[12] ὡς προοδοιπόρον[13] τῶν ἁμαρτιῶν ἡμῶν, καὶ φύγωμεν[14] τὴν ἀσέβειαν,[15] μὴ ἡμᾶς καταλάβῃ[16] κακά. **2** ἐὰν γὰρ σπουδάσωμεν[17] ἀγαθοποιεῖν,[18] διώξεται ἡμᾶς εἰρήνη. **3** Διὰ ταύτην γὰρ τὴν αἰτίαν[19] οὐκ ἔστιν εὑρεῖν ἄνθρωπον, οἵτινες παράγουσι[20] φόβους ἀνθρωπίνους,[21]

---

[1] ἀπολαμβάνω fut mid ind 1p, receive

[2] μισθός, οῦ, ὁ, reward

[3] ἰάομαι aor pass inf, heal, restore

[4] ἐπιδίδωμι aor act sub 1p, give up, surrender

[5] ἀντιμισθία, ας, ἡ, recompense, exchange

[6] εἰλικρινής, ές, pure

[7] προγνώστης, ου, ὁ, one who knows something beforehand

[8] αἶνος, ου, ὁ, praise

[9] προσδέχομαι aor mid sub 3s, welcome, receive

[10] ἀρετή, ῆς, ἡ, virtue

[11] κακία, ας, ἡ, wickedness

[12] καταλείπω aor act sub 1p, give up

[13] προοδοιπόρος, ον, going before

[14] φεύγω aor act sub 1p, flee

[15] ἀσέβεια, ας, ἡ, impiety

[16] καταλαμβάνω aor act sub 3s, overtake

[17] σπουδάζω aor act sub 1p, be eager, make every effort

[18] ἀγαθοποιέω pres act inf, do right

[19] αἰτία, ας, ἡ, cause, reason

[20] παράγω pres act ind 3p, bring in, introduce

[21] ἀνθρώπινος, η, ον, human

προῃρημένοι[1] μᾶλλον τὴν ἐνθάδε[2] ἀπόλαυσιν[3] ἢ τὴν μέλλουσαν ἐπαγγελίαν. **4** ἀγνοοῦσιν[4] γὰρ ἡλίκην[5] ἔχει βάσανον[6] ἡ ἐνθάδε[7] ἀπόλαυσις,[8] καὶ οἵαν[9] τρυφὴν[10] ἔχει ἡ μέλλουσα ἐπαγγελία. **5** καὶ εἰ μὲν αὐτοὶ μόνοι ταῦτα ἔπρασσον, ἀνεκτὸν[11] ἦν· νῦν δὲ ἐπιμένουσιν[12] κακοδιδασκαλοῦντες[13] τὰς ἀναιτίους[14] ψυχάς, οὐκ εἰδότες ὅτι δισσὴν[15] ἕξουσιν τὴν κρίσιν, αὐτοί τε καὶ οἱ ἀκούοντες αὐτῶν

11:1 Ἡμεῖς οὖν ἐν καθαρᾷ[16] καρδίᾳ δουλεύσωμεν[17] τῷ Θεῷ, καὶ ἐσόμεθα δίκαιοι. ἐὰν δὲ μὴ δουλεύσωμεν[18] διὰ τοῦ μὴ πιστεύειν ἡμᾶς τῇ ἐπαγγελίᾳ τοῦ Θεοῦ, ταλαίπωροι[19] ἐσόμεθα. **2** λέγει γὰρ καὶ ὁ προφητικὸς[20] λόγος· Ταλαίπωροί[21] εἰσιν οἱ δίψυχοι,[22] οἱ διστάζοντες[23] τῇ καρδίᾳ, οἱ λέγοντες· Ταῦτα πάντα ἠκούσαμεν καὶ ἐπὶ τῶν πατέρων ἡμῶν, ἡμεῖς δὲ ἡμέραν ἐξ ἡμέρας προσδεχόμενοι[24] οὐδὲν τούτων ἑωράκαμεν. **3** Ἀνόητοι,[25]

---

[1] προαιρέω perf mid/pass ptcp m.p.nom., prefer

[2] ἐνθάδε, adv, here

[3] ἀπόλαυσις, εως, ἡ, pleasure, enjoyment

[4] ἀγνοέω pres act ind 3p, not know, be ignorant

[5] ἡλίκος, η, ον, how great

[6] βάσανος, ου, ἡ, torture

[7] ἐνθάδε, adv, here

[8] ἀπόλαυσις, εως, ἡ, pleasure, enjoyment

[9] οἷος, α, ον, how great

[10] τρυφή, ῆς, ἡ, joy, delight

[11] ἀνεκτός, όν, bearable, endurable

[12] ἐπιμένω pres act ind 3p, persist, continue

[13] κακοδιδασκαλέω pres act ptcp m.p.nom., teach evil

[14] ἀναίτιος, ον, innocent

[15] δισσός, ή, όν, double

[16] καθαρός, ά, όν, pure

[17] δουλεύω aor act sub 1p, serve, obey

[18] δουλεύω aor act sub 1p, serve, obey

[19] ταλαίπωρος, ον, miserable, wretched

[20] προφητικός, ή, όν, prophetic

[21] ταλαίπωρος, ον, miserable, wretched

[22] δίψυχος, ον, doubting, double-minded

[23] διστάζω pres act ptcp m.p.nom., doubt, waver

[24] προσδέχομαι pres mid/pass ptcp m.p.nom., wait

[25] ἀνόητος, ον, foolish, dim-witted

συμβάλετε¹ ἑαυτοὺς ξύλῳ,² λάβετε ἄμπελον·³ πρῶτον μὲν
φυλλοροεῖ,⁴ εἶτα⁵ βλαστὸς⁶ γίνεται, μετὰ ταῦτα ὄμφαξ,⁷ εἶτα⁸
σταφυλὴ⁹ παρεστηκυῖα. 4 οὕτως καὶ ὁ λαός μου ἀκαταστασίας¹⁰
καὶ θλίψεις ἔσχεν, ἔπειτα¹¹ ἀπολήψεται¹² τὰ ἀγαθά. 5 Ὥστε,
ἀδελφοί μου, μὴ διψυχῶμεν,¹³ ἀλλὰ ἐλπίσαντες ὑπομείνωμεν,¹⁴
ἵνα καὶ τὸν μισθὸν¹⁵ κομισώμεθα.¹⁶ 6 πιστὸς γάρ ἐστιν ὁ
ἐπαγγειλάμενος¹⁷ τὰς ἀντιμισθίας¹⁸ ἀποδιδόναι ἑκάστῳ τῶν
ἔργων αὐτοῦ. 7 ἐὰν οὖν ποιήσωμεν τὴν δικαιοσύνην ἐναντίον¹⁹
τοῦ Θεοῦ, εἰσήξομεν²⁰ εἰς τὴν βασιλείαν αὐτοῦ καὶ ληψόμεθα
τὰς ἐπαγγελίας ἃς οὓς οὐκ ἤκουσεν οὐδὲ ὀφθαλμὸς εἶδεν οὐδὲ
ἐπὶ καρδίαν ἀνθρώπου ἀνέβη.

12:1 Ἐκδεχώμεθα²¹ οὖν καθ᾽ ὥραν τὴν βασιλείαν τοῦ Θεοῦ ἐν
ἀγάπῃ καὶ δικαιοσύνῃ, ἐπειδὴ²² οὐκ οἴδαμεν τὴν ἡμέραν τῆς
ἐπιφανείας²³ τοῦ Θεοῦ. 2 ἐπερωτηθεὶς γὰρ αὐτὸς ὁ Κύριος ὑπό
τινος πότε²⁴ ἥξει²⁵ αὐτοῦ ἡ βασιλεία, εἶπεν· Ὅταν ἔσται τὰ δύο

¹ συμβάλλω aor act impv 2p, compare
² ξύλον, ου, τό, tree
³ ἄμπελος, ου, ἡ, grapevine
⁴ φυλλορροέω pres act ind 3s, shed leaves
⁵ εἶτα, adv, then
⁶ βλαστός, οῦ, ὁ, bud, sprout
⁷ ὄμφαξ, ακος, ἡ, unripe grape
⁸ εἶτα, adv, then
⁹ σταφυλή, ῆς, ἡ, bunch of grapes
¹⁰ ἀκαταστασία, ας, ἡ, disturbance, tumult
¹¹ ἔπειτα, adv, then
¹² ἀπολαμβάνω fut mid ind 3s, receive
¹³ διψυχέω pres act sub 1p, doubt, be changeable
¹⁴ ὑπομένω aor act sub 1p, endure, hold out
¹⁵ μισθός, οῦ, ὁ, reward
¹⁶ κομίζω aor mid sub 1p, carry off, receive
¹⁷ ἐπαγγέλλομαι aor mid ptcp m.s.nom., promise
¹⁸ ἀντιμισθία, ας, ἡ, recompense, exchange
¹⁹ ἐναντίον, adv, before
²⁰ εἰσήκω fut act ind 1p, enter
²¹ ἐκδέχομαι pres mid/pass sub 1p, expect
²² ἐπειδή,, conj, because
²³ ἐπιφάνεια, ας, ἡ, appearance, appearing
²⁴ πότε, adv, when
²⁵ ἥκω fut act ind 3s, come

ἓν, καὶ τὸ ἔξω ὡς τὸ ἔσω,[1] καὶ τὸ ἄρσεν[2] μετὰ τῆς θηλείας,[3] οὔτε ἄρσεν[4] οὔτε θῆλυ.[5] 3 τὰ δύο δὲ ἕν ἐστιν, ὅταν λαλῶμεν ἑαυτοῖς ἀλήθειαν καὶ ἐν δυσὶ σώμασιν ἀνυποκρίτως[6] εἴη μία ψυχή. 4 καὶ τὸ ἔξω ὡς τὸ ἔσω,[7] τοῦτο λέγει· τὴν ψυχὴν λέγει τὸ ἔσω,[8] τὸ δὲ ἔξω τὸ σῶμα λέγει. ὃν τρόπον[9] οὖν σου τὸ σῶμα φαίνεται, οὕτως καὶ ἡ ψυχή σου δῆλος[10] ἔστω ἐν τοῖς καλοῖς ἔργοις. 5 καὶ τὸ ἄρσεν[11] μετὰ τῆς θηλείας,[12] οὔτε ἄρσεν[13] οὔτε θῆλυ,[14] τοῦτο λέγει· ἵνα ἀδελφὸς ἰδὼν ἀδελφὴν[15] μηδὲν φρονῇ[16] περὶ αὐτῆς θηλυκόν,[17] μηδὲ φρονῇ[18] τι περὶ αὐτοῦ ἀρσενικόν.[19] 6 ταῦτα ὑμῶν ποιούντων, φησίν, ἐλεύσεται ἡ βασιλεία τοῦ πατρός μου.

13:1 Ἀδελφοὶ οὖν ἤδη ποτὲ[20] μετανοήσωμεν· νήψωμεν[21] ἐπὶ τὸ ἀγαθόν, μεστοὶ[22] γάρ ἐσμεν πολλῆς ἀνοίας[23] καὶ πονηρίας.[24] ἐξαλείψωμεν[25] ἀφ' ἡμῶν τὰ πρότερα[26] ἁμαρτήματα[27] καὶ μετανοήσαντες ἐκ ψυχῆς σωθῶμεν. καὶ μὴ γινώμεθα ἀνθρωπάρεσκοι,[28] μηδὲ θέλωμεν μόνον ἑαυτοῖς ἀρέσκειν,[29] ἀλλὰ καὶ τοῖς ἔξω ἀνθρώποις ἐπὶ τῇ δικαιοσύνῃ, ἵνα τὸ ὄνομα δι' ἡμᾶς μὴ βλασφημῆται. **2** Λέγει γὰρ ὁ Κύριος· Διὰ παντὸς τὸ ὄνομά μου βλασφημεῖται ἐν πᾶσιν τοῖς ἔθνεσιν, καὶ πάλιν·

---

[1] ἔσω, adv, inside, within

[2] ἄρσην, εν, male

[3] θῆλυς, εια, υ, female

[4] ἄρσην, εν, male

[5] θῆλυς, εια, υ, female

[6] ἀνυποκρίτως, adv, with no insincerity

[7] ἔσω, adv, inside, within

[8] ἔσω, adv, inside, within

[9] τρόπος, ου, ὁ, manner, way, kind

[10] δῆλος, η, ον, clear, plain

[11] ἄρσην, εν, male

[12] θῆλυς, εια, υ, female

[13] ἄρσην, εν, male

[14] θῆλυς, εια, υ, female

[15] ἀδελφή, ῆς, ἡ, sister

[16] φρονέω pres act sub 3s, think

[17] θηλυκός, ή, όν, female

[18] φρονέω pres act sub 3s, think

[19] ἀρσενικός, ή, όν, male

[20] ποτέ, adv, at last

[21] νήφω aor act sub 1p, be well-balanced, self-controlled

[22] μεστός, ή, όν, filled with

[23] ἄνοια, ας, ἡ, folly

[24] πονηρία, ας, ἡ, wickedness

[25] ἐξαλείφω fut act ind 1p, remove, obliterate

[26] πρότερος, α, ον, former

[27] ἁμάρτημα, ατος, τό, sin, transgression

[28] ἀνθρωπάρεσκος, ον, people-pleaser

[29] ἀρέσκω pres act inf, please

Οὐαὶ δι' ὃν βλασφημεῖται τὸ ὄνομά μου. ἐν τίνι βλασφημεῖται; ἐν τῷ μὴ ποιεῖν ὑμᾶς ἃ βούλομαι. **3** τὰ ἔθνη γὰρ, ἀκούοντα ἐκ τοῦ στόματος ἡμῶν τὰ λόγια[1] τοῦ Θεοῦ, ὡς καλὰ καὶ μεγάλα θαυμάζει· ἔπειτα[2] καταμαθόντα[3] τὰ ἔργα ἡμῶν ὅτι οὐκ ἔστιν ἄξια τῶν ῥημάτων ὧν λέγομεν, ἔνθεν[4] εἰς βλασφημίαν[5] τρέπονται,[6] λέγοντες εἶναι μῦθόν[7] τινα καὶ πλάνην.[8] **4** ὅταν γὰρ ἀκούσωσιν παρ' ἡμῶν ὅτι λέγει ὁ Θεός· Οὐ χάρις ὑμῖν εἰ ἀγαπᾶτε τοὺς ἀγαπῶντας ὑμᾶς, ἀλλὰ χάρις ὑμῖν εἰ ἀγαπᾶτε τοὺς ἐχθροὺς καὶ τοὺς μισοῦντας ὑμᾶς· ταῦτα ὅταν ἀκούσωσιν, θαυμάζουσιν τὴν ὑπερβολὴν[9] τῆς ἀγαθότητος.[10] ὅταν δὲ ἴδωσιν ὅτι οὐ μόνον τοὺς μισοῦντας οὐκ ἀγαπῶμεν, ἀλλ' ὅτι οὐδὲ τοὺς ἀγαπῶντας, καταγελῶσιν[11] ἡμῶν καὶ βλασφημεῖται τὸ ὄνομα.

14:1 Ὥστε, ἀδελφοί, ποιοῦντες τὸ θέλημα τοῦ πατρὸς ἡμῶν Θεοῦ ἐσόμεθα ἐκ τῆς ἐκκλησίας τῆς πρώτης, τῆς πνευματικῆς,[12] τῆς πρὸ ἡλίου καὶ σελήνης[13] ἐκτισμένης.[14] ἐὰν δὲ μὴ ποιήσωμεν τὸ θέλημα Κυρίου, ἐσόμεθα ἐκ τῆς γραφῆς τῆς λεγούσης· Ἐγενήθη ὁ οἶκός μου σπήλαιον[15] λῃστῶν.[16] ὥστε οὖν αἱρετισώμεθα[17] ἀπὸ τῆς ἐκκλησίας τῆς ζωῆς εἶναι, ἵνα σωθῶμεν. **2** οὐκ οἴομαι[18] δὲ ὑμᾶς ἀγνοεῖν[19] ὅτι ἐκκλησία ζῶσα σῶμά ἐστιν Χριστοῦ, λέγει γὰρ ἡ γραφή· Ἐποίησεν ὁ Θεὸς τὸν

---

[1] λόγιον, ου, τό, saying

[2] ἔπειτα,, conj, then

[3] καταμανθάνω aor act ptcp n.p.acc., observe, learn

[4] ἔνθεν, adv, from then on

[5] βλασφημία, ας, ἡ, denigration, blasphemy

[6] τρέπω pres mid/pass ind 3p, turn

[7] μῦθος, ου, ὁ, tale, story

[8] πλάνη, ης, ἡ, delusion, deception

[9] ὑπερβολή, ῆς, ἡ, extraordinary character/quality

[10] ἀγαθότης, ητος, ἡ, goodness

[11] καταγελάω pres act ind 3p, laugh at, ridicule

[12] πνευματικός, ή, όν, spiritual

[13] σελήνη, ης, ἡ, moon

[14] κτίζω perf mid/pass ptcp f.s.gen., create

[15] σπήλαιον, ου, τό, hideout

[16] λῃστής, οῦ, ὁ, robber

[17] αἱρετίζω aor mid sub 1p, choose

[18] οἴομαι pres mid/pass ind 1s, think, suppose, expect

[19] ἀγνοέω pres act inf, not know, be ignorant

ἄνθρωπον ἄρσεν[1] καὶ θῆλυ.[2] τὸ ἄρσεν[3] ἐστὶν ὁ Χριστός, τὸ θῆλυ[4]
ἡ ἐκκλησία. καὶ ὅτι τὰ βιβλία καὶ οἱ ἀπόστολοι τὴν ἐκκλησίαν
οὐ νῦν εἶναι, ἀλλὰ ἄνωθεν[5] λέγουσιν, δῆλον.[6] ἦν γὰρ
πνευματική,[7] ὡς καὶ ὁ Ἰησοῦς ἡμῶν, ἐφανερώθη δὲ ἐπ' ἐσχάτων
τῶν ἡμερῶν, ἵνα ἡμᾶς σώσῃ. 3 ἡ ἐκκλησία δὲ πνευματικὴ[8] οὖσα
ἐφανερώθη ἐν τῇ σαρκὶ Χριστοῦ, δηλοῦσα[9] ἡμῖν ὅτι ἐάν τις
ἡμῶν τηρήσῃ αὐτὴν ἐν τῇ σαρκὶ καὶ μὴ φθείρῃ,[10] ἀπολήψεται[11]
αὐτὴν ἐν τῷ πνεύματι τῷ ἁγίῳ. ἡ γὰρ σὰρξ αὕτη ἀντίτυπός[12]
ἐστιν τοῦ πνεύματος· οὐδεὶς οὖν τὸ ἀντίτυπον[13] φθείρας[14] τὸ
αὐθεντικὸν[15] μεταλήψεται.[16] ἄρα οὖν τοῦτο λέγει, ἀδελφοί·
Τηρήσατε τὴν σάρκα ἵνα τοῦ πνεύματος μεταλάβητε.[17] 4 εἰ δὲ
λέγομεν εἶναι τὴν σάρκα τὴν ἐκκλησίαν καὶ τὸ πνεῦμα
Χριστόν, ἄρα οὖν ὁ ὑβρίσας[18] τὴν σάρκα ὕβρισεν[19] τὴν
ἐκκλησίαν. ὁ τοιοῦτος οὖν οὐ μεταλήψεται[20] τοῦ πνεύματος, ὅ
ἐστιν ὁ Χριστός. 5 τοσαύτην[21] δύναται ἡ σὰρξ αὕτη
μεταλαβεῖν[22] ζωὴν καὶ ἀθανασίαν,[23] κολληθέντος[24] αὐτῇ τοῦ

---

[1] ἄρσην, εν, male
[2] θῆλυς, εια, υ, female
[3] ἄρσην, εν, male
[4] θῆλυς, εια, υ, female
[5] ἄνωθεν, adv, from the beginning
[6] δῆλος, η, ον, clear, plain
[7] πνευματικός, ή, όν, spiritual
[8] πνευματικός, ή, όν, spiritual
[9] δηλόω pres act ptcp f.s.nom.,
reveal, make clear
[10] φθείρω pres act sub 3s, corrupt,
ruin
[11] ἀπολαμβάνω fut mid ind 3s,
receive
[12] ἀντίτυπος, ον, copy,
representation
[13] ἀντίτυπος, ον, copy,
representation
[14] φθείρω aor act ptcp m.s.nom.,
corrupt, ruin

[15] αὐθεντικός, ή, όν, original
[16] μεταλαμβάνω fut mid ind 3s,
have a share in, receive
[17] μεταλαμβάνω aor act sub 2p,
have a share in, receive
[18] ὑβρίζω aor act ptcp m.s.nom.,
scoff at, insult
[19] ὑβρίζω aor act ind 3s, scoff at,
insult
[20] μεταλαμβάνω fut mid ind 3s,
have a share in, receive
[21] τοσοῦτος, αύτη, οῦτον, so
great/strong, to such an extent
[22] μεταλαμβάνω aor act inf, have a
share in, receive
[23] ἀθανασία, ας, ἡ, immortality
[24] κολλάω aor pass ptcp n.s.gen.,
join to, attach to

πνεύματος τοῦ ἁγίου, οὔτε ἐξειπεῖν¹ τις δύναται οὔτε λαλῆσαι
ἃ ἡτοίμασεν ὁ Κύριος τοῖς ἐκλεκτοῖς² αὐτοῦ.

15:1 Οὐκ οἴομαι³ δέ ὅτι μικρὰν συμβουλίαν⁴ ἐποιησάμην περὶ
ἐγκρατείας·⁵ ἣν ποιήσας τις οὐ μετανοήσει, ἀλλὰ καὶ ἑαυτὸν
σώσει κἀμὲ τὸν συμβουλεύσαντα.⁶ μισθὸς⁷ γὰρ οὐκ ἔστιν μικρὸς
πλανωμένην ψυχὴν καὶ ἀπολλυμένην ἀποστρέψαι⁸ εἰς τὸ
σωθῆναι. **2** ταύτην γὰρ ἔχομεν τὴν ἀντιμισθίαν⁹ ἀποδοῦναι τῷ
Θεῷ τῷ κτίσαντι¹⁰ ἡμᾶς, ἐὰν ὁ λέγων καὶ ἀκούων μετὰ πίστεως
καὶ ἀγάπης καὶ λέγῃ καὶ ἀκούῃ. **3** ἐμμείνωμεν¹¹ οὖν ἐφ' οἷς
ἐπιστεύσαμεν δίκαιοι καὶ ὅσιοι,¹² ἵνα μετὰ παρρησίας αἰτῶμεν
τὸν Θεὸν τὸν λέγοντα· Ἔτι λαλοῦντός σου ἐρῶ· Ἰδοὺ πάρειμι.¹³
4 τοῦτο γὰρ τὸ ῥῆμα μεγάλης ἐστὶν ἐπαγγελίας σημεῖον,
ἑτοιμότερον¹⁴ γὰρ ἑαυτὸν λέγει ὁ Κύριος εἰς τὸ διδόναι τοῦ
αἰτοῦντος. **5** τοσαύτης¹⁵ οὖν χρηστότητος¹⁶ μεταλαμβάνοντες¹⁷
μὴ φθονήσωμεν¹⁸ ἑαυτοῖς τυχεῖν¹⁹ τοσούτων²⁰ ἀγαθῶν. ὅσην γὰρ

---

¹ ἐξαγορεύω aor act inf, express,
  proclaim
² ἐκλεκτός, ή, όν, chosen
³ οἴομαι pres mid/pass ind 1s, think,
  suppose, expect
⁴ συμβουλία, ας, ἡ, advice, counsel
⁵ ἐγκράτεια, είας, ἡ, self-control
⁶ συμβουλεύω aor act ptcp m.s.acc.,
  advise
⁷ μισθός, οῦ, ὁ, reward
⁸ ἀποστρέφω aor act inf, turn
⁹ ἀντιμισθία, ας, ἡ, recompense,
  exchange
¹⁰ κτίζω aor act ptcp m.s.dat., create
¹¹ ἐμμένω aor act sub 1p, persevere
  in, remain true

¹² ὅσιος, ία, ον, holy
¹³ πάρειμι pres act ind 1s, be
  present
¹⁴ ἕτοιμος, η, ον, ready, willing
¹⁵ τοσοῦτος, αύτη, οῦτον, so
  great/strong, to such an extent
¹⁶ χρηστότης, ητος, ἡ, kindness
¹⁷ μεταλαμβάνω pres act ptcp
  m.p.nom., have share in, receive
¹⁸ φθονέω aor act sub 1p, envy,
  begrudge
¹⁹ τυγχάνω aor act inf, attain, find
²⁰ τοσοῦτος, αύτη, οῦτον, so
  great/strong, to such an extent

ἡδονὴν¹ ἔχει τὰ ῥήματα ταῦτα τοῖς ποιήσασιν αὐτά, τοσαύτην² κατάκρισιν³ ἔχει τοῖς παρακούσασιν.⁴

16:1 Ὥστε, ἀδελφοί, ἀφορμὴν⁵ λαβόντες οὐ μικρὰν εἰς τὸ μετανοῆσαι, καιρὸν ἔχοντες ἐπιστρέψωμεν ἐπὶ τὸν καλέσαντα ἡμᾶς Θεόν, ἕως ἔτι ἔχομεν τὸν παραδεχόμενον⁶ ἡμᾶς. **2** ἐὰν γὰρ ταῖς ἡδυπαθείαις⁷ ταύταις ἀποταξώμεθα⁸ καὶ τὴν ψυχὴν ἡμῶν νικήσωμεν⁹ ἐν τῷ μὴ ποιεῖν τὰς ἐπιθυμίας αὐτῆς τὰς πονηράς, μεταληψόμεθα¹⁰ τοῦ ἐλέους¹¹ Ἰησοῦ. **3** Γινώσκετε δέ ὅτι ἔρχεται ἤδη ἡ ἡμέρα τῆς κρίσεως ὡς κλίβανος¹² καιόμενος,¹³ καὶ τακήσονταί¹⁴ αἱ δυνάμεις τῶν οὐρανῶν, καὶ πᾶσα ἡ γῆ ὡς μόλιβος¹⁵ ἐπὶ πυρὶ τηκόμενος,¹⁶ καὶ τότε φανήσεται τὰ κρύφια¹⁷ καὶ φανερὰ¹⁸ ἔργα τῶν ἀνθρώπων. **4** καλὸν οὖν ἐλεημοσύνη¹⁹ ὡς μετάνοια²⁰ ἁμαρτίας. κρείσσων²¹ νηστεία²² προσευχῆς, ἐλεημοσύνη²³ δὲ ἀμφοτέρων,²⁴ ἀγάπη δὲ καλύπτει²⁵ πλῆθος ἁμαρτιῶν, προσευχὴ δὲ ἐκ καλῆς συνειδήσεως ἐκ θανάτου

---

¹ ἡδονή, ῆς, ἡ, pleasure, delight
² τοσοῦτος, αὐτη, οῦτον, so great/strong, to such an extent
³ κατάκρισις, εως, ἡ, condemnation
⁴ παρακούω aor act ptcp m.p.dat., refuse to listen to, disobey
⁵ ἀφορμή, ῆς, ἡ, opportunity, occasion
⁶ παραδέχομαι pres mid/pass ptcp m.s.acc., accept, receive
⁷ ἡδυπάθεια, ας, ἡ, enjoyment, comfort
⁸ ἀποτάσσω aor mid sub 1p, renounce, give up
⁹ νικάω aor act sub 1p, overcome, win a victory
¹⁰ μεταλαμβάνω fut mid ind 1p, have a share in, receive
¹¹ ἔλεος, ους, τό, mercy

¹² κλίβανος, ου, ὁ, oven
¹³ καίω pres mid/pass ptcp m.s.nom., burn
¹⁴ τήκω fut pass ind 3p, melt
¹⁵ μόλιβος, ου, ὁ, lead
¹⁶ τήκω pres pass ptcp m.s.nom., melt
¹⁷ κρύφιος, ια, ιον, hidden, secret
¹⁸ φανερός, ά, όν, visible, evident, known
¹⁹ ἐλεημοσύνη, ης, ἡ, alms
²⁰ μετάνοια, ας, ἡ, repentance
²¹ κρείττων, ον, better, more advantageous than
²² νηστεία, ας, ἡ, fast
²³ ἐλεημοσύνη, ης, ἡ, alms
²⁴ ἀμφότεροι, αι, α, both
²⁵ καλύπτω pres act ind 3s, hide, conceal

ῥύεται.¹ μακάριος πᾶς ὁ εὑρεθεὶς ἐν τούτοις πλήρης,² ἐλεημοσύνη³ γὰρ κούφισμα⁴ ἁμαρτίας γίνεται.

17:1 Μετανοήσωμεν οὖν ἐξ ὅλης καρδίας, ἵνα μή τις ἡμῶν παραπόληται.⁵ εἰ γὰρ ἐντολὰς ἔχομεν ἵνα καὶ τοῦτο πράσσωμεν ἀπὸ τῶν εἰδώλων⁶ ἀποσπᾶν⁷ καὶ κατηχεῖν,⁸ πόσῳ⁹ μᾶλλον ψυχὴν ἤδη γινώσκουσαν τὸν Θεὸν οὐ δεῖ ἀπόλλυσθαι; **2** συλλάβωμεν¹⁰ οὖν ἑαυτοῖς καὶ τοὺς ἀσθενοῦντας ἀνάγειν¹¹ περὶ τὸ ἀγαθόν, ὅπως σωθῶμεν ἅπαντες· καὶ ἐπιστρέψωμεν ἀλλήλους καὶ νουθετήσωμεν.¹² **3** καὶ μὴ μόνον ἄρτι δοκῶμεν προσέχειν¹³ καὶ πιστεύειν ἐν τῷ νουθετεῖσθαι¹⁴ ἡμᾶς ὑπὸ τῶν πρεσβυτέρων, ἀλλὰ καὶ ὅταν εἰς οἶκον ἀπαλλαγῶμεν¹⁵ μνημονεύωμεν¹⁶ τῶν τοῦ Κυρίου ἐνταλμάτων¹⁷ καὶ μὴ ἀντιπαρελκώμεθα¹⁸ ἀπὸ τῶν κοσμικῶν¹⁹ ἐπιθυμιῶν, ἀλλὰ πυκνότερον²⁰ προσερχόμενοι πειρώμεθα²¹ προκόπτειν²² ἐν ταῖς ἐντολαῖς τοῦ Κυρίου, ἵνα πάντες τὸ αὐτὸ φρονοῦντες²³ συνηγμένοι ὦμεν ἐπὶ τὴν ζωήν.

---

¹ ῥύομαι pres mid/pass ind 3s, rescue, deliver

² πλήρης, ες, complete, full

³ ἐλεημοσύνη, ης, ἡ, alms

⁴ κούφισμα, ατος, τό, lightening, alleviation

⁵ παραπόλλυμι aor mid sub 3s, perish, be lost

⁶ εἴδωλον, ου, τό, idol

⁷ ἀποσπάω pres act inf, draw away

⁸ κατηχέω pres act inf, teach, give instruction

⁹ πόσος, η, ον, how much

¹⁰ συλλαμβάνω aor act sub 1p, help, aid

¹¹ ἀνάγω pres act inf, restore, bring back

¹² νουθετέω aor act sub 1p, admonish, warn

¹³ προσέχω pres act inf, pay attention

¹⁴ νουθετέω pres mid/pass inf, admonish, warn

¹⁵ ἀπαλλάσσω aor act sub 1p, leave, depart

¹⁶ μνημονεύω pres act sub 1p, remember

¹⁷ ἔνταλμα, ατος, τό, commandment

¹⁸ ἀντιπαρέλκω pres mid/pass sub 1p, let oneself be dragged over to the opposite side

¹⁹ κοσμικός, ή, όν, worldly

²⁰ πυκνός, ή, όν, often

²¹ πειράω pres mid/pass sub 1p, attempt, endeavor

²² προκόπτω pres act inf, progress advance

²³ φρονέω pres act ptcp m.p.nom., think

4 εἶπεν γὰρ ὁ Κύριος· Ἔρχομαι συναγαγεῖν πάντα τὰ ἔθνη, φυλάς, καὶ γλώσσας. τοῦτο δὲ λέγει τὴν ἡμέραν τῆς ἐπιφανείας[1] αὐτοῦ, ὅτε ἐλθὼν λυτρώσεται[2] ἡμᾶς, ἕκαστον κατὰ τὰ ἔργα αὐτοῦ. **5** καὶ ὄψονται τὴν δόξαν αὐτοῦ καὶ τὸ κράτος[3] οἱ ἄπιστοι,[4] καὶ ξενισθήσονται[5] ἰδόντες τὸ βασίλειον[6] τοῦ κόσμου ἐν τῷ Ἰησοῦ, λέγοντες· Οὐαὶ ἡμῖν, ὅτι σὺ ἦς καὶ οὐκ ᾔδειμεν καὶ οὐκ ἐπιστεύομεν, καὶ οὐκ ἐπειθόμεθα τοῖς πρεσβυτέροις τοῖς ἀναγγέλλουσιν[7] ἡμῖν περὶ τῆς σωτηρίας ἡμῶν, καί· Ὁ σκώληξ[8] αὐτῶν οὐ τελευτήσει[9] καὶ τὸ πῦρ αὐτῶν οὐ σβεσθήσεται,[10] καὶ ἔσονται εἰς ὅρασιν[11] πάσῃ σαρκί. **6** τὴν ἡμέραν ἐκείνην λέγει τῆς κρίσεως, ὅταν ὄψονται τοὺς ἐν ἡμῖν ἀσεβήσαντας[12] καὶ παραλογισαμένους[13] τὰς ἐντολὰς Ἰησοῦ Χριστοῦ. **7** οἱ δὲ δίκαιοι, εὐπραγήσαντες[14] καὶ ὑπομείναντες[15] τὰς βασάνους[16] καὶ μισήσαντες τὰς ἡδυπαθείας[17] τῆς ψυχῆς, ὅταν θεάσωνται[18] τοὺς ἀστοχήσαντας[19] καὶ ἀρνησαμένους διὰ τῶν λόγων ἢ διὰ τῶν ἔργων τὸν Ἰησοῦν, ὅπως κολάζονται[20] δειναῖς[21] βασάνοις[22] πυρὶ

---

[1] ἐπιφάνεια, ας, ἡ, appearance, appearing
[2] λυτρόω fut mid ind 3s, redeem, rescue
[3] κράτος, ους, τό, power, might
[4] ἄπιστος, ον, unbelieving
[5] ξενίζω fut pass ind 3p, astonish, surprise
[6] βασίλειος, ον, pertaining to a king, royal
[7] ἀναγγέλλω pres act ptcp m.p.dat., proclaim
[8] σκώληξ, ηκος, ὁ, worm
[9] τελευτάω fut act ind 3s, die
[10] σβέννυμι fut pass ind 3s, quench, extinguish
[11] ὅρασις, εως, ἡ, spectacle
[12] ἀσεβέω aor act ptcp m.p.acc., act impiously
[13] παραλογίζομαι aor mid ptcp m.p.acc., reckon fraudulently, defraud
[14] εὐπραγέω aor act ptcp m.p.nom., do what is right
[15] ὑπομένω aor act ptcp m.p.nom., endure, hold out
[16] βάσανος, ου, ἡ, torture
[17] ἡδυπάθεια, ας, ἡ, enjoyment, comfort
[18] θεάομαι aor mid sub 3p, see
[19] ἀστοχέω aor act ptcp m.p.acc., deviate, depart
[20] κολάζω pres mid/pass ind 3p, punish
[21] δεῖνα, ἡ, όν, fearful, terrible
[22] βάσανος, ου, ἡ, torture

ἀσβέστῳ,[1] ἔσονται δόξαν διδόντες τῷ Θεῷ αὐτῶν, λέγοντες ὅτι
Ἔσται ἐλπὶς τῷ δεδουλευκότι[2] Θεῷ ἐξ ὅλης καρδίας.

18:1 Καὶ ἡμεῖς οὖν γενώμεθα ἐκ τῶν εὐχαριστούντων, τῶν
δεδουλευκότων[3] τῷ Θεῷ, καὶ μὴ ἐκ τῶν κρινομένων ἀσεβῶν.[4]
2 καὶ γὰρ αὐτὸς πανθαμαρτωλὸς[5] ὢν καὶ μήπω[6] φυγὼν[7] τὸν
πειρασμόν,[8] ἀλλ᾽ ἔτι ὢν ἐν μέσοις τοῖς ὀργάνοις[9] τοῦ διαβόλου,
σπουδάζω[10] τὴν δικαιοσύνην διώκειν, ὅπως ἰσχύσω[11] κἂν ἐγγὺς
αὐτῆς γενέσθαι, φοβούμενος τὴν κρίσιν τὴν μέλλουσαν.

19:1 Ὥστε, ἀδελφοὶ καὶ ἀδελφαί,[12] μετὰ τὸν Θεὸν τῆς ἀληθείας
ἀναγινώσκω ὑμῖν ἔντευξιν[13] εἰς τὸ προσέχειν[14] τοῖς
γεγραμμένοις, ἵνα καὶ ἑαυτοὺς σώσητε καὶ τὸν ἀναγινώσκοντα
ἐν ὑμῖν. μισθὸν[15] γὰρ αἰτῶ ὑμᾶς τὸ μετανοῆσαι ἐξ ὅλης καρδίας,
σωτηρίαν ἑαυτοῖς καὶ ζωὴν διδόντας. τοῦτο γὰρ ποιήσαντες
σκοπὸν[16] πᾶσιν τοῖς νέοις[17] θήσομεν τοῖς βουλομένοις περὶ τὴν
εὐσέβειαν[18] καὶ τὴν χρηστότητα[19] τοῦ Θεοῦ φιλοπονεῖν.[20] **2** καὶ
μὴ ἀηδῶς[21] ἔχωμεν καὶ ἀγανακτῶμεν[22] οἱ ἄσοφοι,[23] ὅταν τις ἡμᾶς
νουθετῇ[24] καὶ ἐπιστρέφῃ ἀπὸ τῆς ἀδικίας[25] εἰς τὴν δικαιοσύνην.

---

[1] ἄσβεστος, ον, inextinguishable
[2] δουλεύω perf act ptcp m.s.dat.,
   serve, obey
[3] δουλεύω perf act ptcp m.p.gen.,
   serve, obey
[4] ἀσεβής, ές, ungodly
[5] πανθαμαρτωλός, όν, utterly sinful
[6] μήπω, adv, not yet
[7] φεύγω aor act ptcp m.s.nom., flee
[8] πειρασμός, οῦ, ὁ, temptation
[9] ὄργανον, ου, τό, tool
[10] σπουδάζω pres act ind 1s, be
   eager, make ever effort
[11] ἰσχύω fut act ind 1s, be able, have
   power
[12] ἀδελφή, ῆς, ἡ, sister
[13] ἔντευξις, εως, ἡ, petition, request

[14] προσέχω pres act inf, pay
   attention
[15] μισθός, οῦ, ὁ, reward
[16] σκοπός, οῦ, ὁ, goal, mark
[17] νέος, α, ον, young (people)
[18] εὐσέβεια, ας, ἡ, godliness, piety
[19] χρηστότης, ητος, ἡ, kindness
[20] φιλοπονέω pres act inf, devote
   oneself
[21] ἀηδῶς, adv, unwillingly,
   reluctantly
[22] ἀγανακτέω pres act sub 1p, be
   indignant, angry
[23] ἄσοφος, ον, unwise, foolish
[24] νουθετέω pres act sub 3s,
   admonish, warn
[25] ἀδικία, ας, ἡ, wrongdoing

ἐνίοτε[1] γὰρ πονηρὰ πράσσοντες οὐ γινώσκομεν διὰ τὴν διψυχίαν[2] καὶ ἀπιστίαν[3] τὴν ἐνοῦσαν[4] ἐν τοῖς στήθεσιν[5] ἡμῶν, καὶ ἐσκοτίσμεθα[6] τὴν διάνοιαν[7] ὑπὸ τῶν ἐπιθυμιῶν τῶν ματαίων.[8] 3 πράξωμεν οὖν τὴν δικαιοσύνην ἵνα εἰς τέλος σωθῶμεν. μακάριοι οἱ τούτοις ὑπακούοντες[9] τοῖς προστάγμασιν·[10] κἂν ὀλίγον χρόνον κακοπαθήσωσιν[11] ἐν τῷ κόσμῳ, τὸν ἀθάνατον[12] τῆς ἀναστάσεως καρπὸν τρυγήσουσιν.[13] 4 μὴ οὖν λυπείσθω[14] ὁ εὐσεβής[15] ἐὰν ἐπὶ τοῖς νῦν χρόνοις ταλαιπωρῇ·[16] μακάριος αὐτὸν ἀναμένει[17] χρόνος. ἐκεῖνος ἄνω[18] μετὰ τῶν πατέρων ἀναβιώσας[19] εὐφρανθήσεται[20] εἰς τὸν ἀλύπητον[21] αἰῶνα.

20:1 Ἀλλὰ μηδὲ ἐκεῖνο τὴν διάνοιαν[22] ὑμῶν ταρασσέτω[23] ὅτι βλέπομεν τοὺς ἀδίκους[24] πλουτοῦντας[25] καὶ στενοχωρουμένους[26] τοὺς τοῦ Θεοῦ δούλους. 2 πιστεύωμεν οὖν, ἀδελφοὶ καὶ

---

[1] ἐνίοτε, adv, sometimes
[2] διψυχία, ας, ἡ, indecision, doubt
[3] ἀπιστία, ας, ἡ, unbelief
[4] ἔνειμι pres act ptcp f.s.acc., be in
[5] στῆθος, ους, τό, chest, breast
[6] σκοτίζω perf mid/pass ind 1p, be/become darkened
[7] διάνοια, ας, ἡ, understanding
[8] μάταιος, αία, αιον, futile, empty
[9] ὑπακούω pres act ptcp m.p.nom., obey, subject
[10] πρόσταγμα, ατος, τό, command, instruction
[11] κακοπαθέω aor pass sub 3p, suffer misfortune
[12] ἀθάνατος, ον, immortal
[13] τρυγάω fut act ind 3p, harvest
[14] λυπέω pres mid/pass impv 3s, grieve, be sad
[15] εὐσεβής, ές, godly, pious

[16] ταλαιπωρέω pres act sub 3s, be miserable, endure sorrow
[17] ἀναμένω pres act ind 3s, wait for, expect
[18] ἄνω, adv, above
[19] ἀναβιόω aor act ptcp m.s.nom., come to life again
[20] εὐφραίνω fut pass ind 3s, be glad, rejoice
[21] ἀλύπητος, ον, without sorrow
[22] διάνοια, ας, ἡ, disposition, thought
[23] ταράσσω pres act impv 3s, stir up, disturb
[24] ἄδικος, ον, unjust, crooked
[25] πλουτέω pres act ptcp m.p.acc., be rich
[26] στενοχωρέω pres mid/pass ptcp m.p.acc., be distressed

ἀδελφαί·[1] Θεοῦ ζῶντος πεῖραν[2] ἀθλοῦμεν,[3] καὶ γυμναζόμεθα[4] τῷ νῦν βίῳ[5] ἵνα τῷ μέλλοντι στεφανωθῶμεν.[6] **3** οὐδεὶς τῶν δικαίων ταχὺν[7] καρπὸν ἔλαβεν, ἀλλ᾽ ἐκδέχεται[8] αὐτόν. **4** εἰ γὰρ τὸν μισθὸν[9] τῶν δικαίων ὁ Θεὸς συντόμως[10] ἀπεδίδου, εὐθέως ἐμπορίαν[11] ἠσκοῦμεν[12] καὶ οὐ θεοσέβειαν·[13] ἐδοκοῦμεν γὰρ εἶναι δίκαιοι, οὐ τὸ εὐσεβές,[14] ἀλλὰ τὸ κερδαλέον[15] διώκοντες. καὶ διὰ τοῦτο θεῖα[16] κρίσις ἔβλαψεν[17] πνεῦμα μὴ ὂν δίκαιον, καὶ ἐβάρυνεν[18] δεσμοῖς.[19]

20:5 Τῷ μόνῳ Θεῷ ἀοράτῳ,[20] πατρὶ τῆς ἀληθείας, τῷ ἐξαποστείλαντι[21] ἡμῖν τὸν σωτῆρα[22] καὶ ἀρχηγὸν[23] τῆς ἀφθαρσίας,[24] δι᾽ οὗ καὶ ἐφανέρωσεν ἡμῖν τὴν ἀλήθειαν καὶ τὴν ἐπουράνιον[25] ζωήν, αὐτῷ ἡ δόξα εἰς τοὺς αἰῶνας τῶν αἰώνων. ἀμήν.

---

[1] ἀδελφή, ῆς, ἡ, sister
[2] πεῖρα, ας, ἡ, attempt, experiement
[3] ἀθλέω pres act ind 1p, compete
[4] γυμνάζω pres mid/pass ind 1p, train, undergo discipline
[5] βίος, ου, ὁ, life
[6] στεφανόω aor pass sub 1p, crown
[7] ταχύς, εῖα, ύ, quick, quickly
[8] ἐκδέχομαι pres mid ind 3s, expect await
[9] μισθός, οῦ, ὁ, reward
[10] συντόμως, adv, promptly, readily
[11] ἐμπορία, ας, ἡ, business, trade
[12] ἀσκέω imp act ind 1p, practice, engage in
[13] θεοσέβεια, ας, ἡ, piety, godliness
[14] εὐσεβής, ές, godly, pious

[15] κερδαλέος, α, ον, profitable, gainful
[16] θεῖος, θεία, θεῖον, divine
[17] βλάπτω aor act ind 3s, harm, injure
[18] βαρύνω imp act ind 3s, burden, weigh down
[19] δεσμός, οῦ, ὁ, bond, fetter
[20] ἀόρατος, ον, unseen, invisible
[21] ἐξαποστέλλω aor act ptcp m.s.dat., send out, send away
[22] σωτήρ, ῆρος, ὁ, savior
[23] ἀρχηγός, οῦ, ὁ, ruler, prince
[24] ἀφθαρσία, ας, ἡ, incorruptibility, immortality
[25] ἐπουράνιος, ον, heavenly, in heaven

ADDITIONAL RESOURCES FOR FURTHER STUDY

1 Clement

Bakke, Odd Magne. *"Concord and Peace": A Rhetorical Analysis of the First letter of Clement with an Emphasis on the Language of Unity and Sedition.* WUNT 2/143. Tübingen: Mohr Siebeck, 2001.

Bowe, Barbara Ellen. *A Church in Crisis: Ecclesiology and Paraenesis in Clement of Rome.* Minneapolis: Fortress, 1988.

Breytenbach, Cilliers and Laurence L. Welborn. *Encounters with Hellenism: Studies on the First Letter of Clement.* AGJU 53. Leiden: Brill, 2004.

Erhman, Bart D. *The Apostolic Fathers, Vol. 1.* Edited by Jeffrey Henderson. LCL 24. Cambridge: Harvard University Press, 2003.

Grant, Robert M. and Holt H. Graham. *The Apostolic Fathers: A New Translation and Commentary.* Vol. 2. New York: Thomas Nelson, 1965.

Gregory, Andrew. "1 Clement: An Introduction." *Expository Times* 117, no. 6 (March 2006): 223–30.

Hagner, Donald A. *The Use of the Old and New Testaments in Clement of Rome.* NovTSup 34. Leiden: Brill, 1973.

Harnack, Adolf von. *Einführung in die Alte Kirchengeschichte.* Leipzig: J. C. Hinrichs Buchhandlung, 1929.

Herron, Thomas J. *Clement and the Early Church of Rome: On the Dating of Clement's First Epistle to the Corinthians.* Seubenville: Emmaus Road, 2008.

Herron, Thomas J. "The Most Probable Date of the First Epistle of Clement to the Corinthian." Studia Patristica 21 (1989): 106–21.

Lampe, Peter. *From Paul to Valentinus: Christians at Rome in the First Two Centuries.* Translated by Michael Steinhauser and edited by Marshall D. Johnson. Minneapolis: Fortress, 2003.

Lindemann, Andreas. *Die Apostolischen Väter I: Die Clemensbriefe.* Handbuch zum Neuen Testament 17. Tübingen: Mohr Siebeck, 1992.

Lona, Horacio E. *Der Erste Clemensbrief.* Kommentar zu den Apostolischen Vätern 8. Göttingen: Vandenhoeck & Ruprecht, 1998.

Louth, Andrew. *Early Christian Writings: The Apostolic Fathers.* Translated by Maxwell Staniforth. 1968 edition. Reproduced by Hardmondsworth, Middlesex: Penguin, 1987.

Maier, H. O. *The Social Setting of the Ministry as Reflected in the Writigns of Hermas, Clement and Ignatius.* Waterloo: Wilfrid Laurier University Press, 1991.

Russell, E. A. "Godly Concord: en homonoia (1 Clement 9.4)." *Irish Biblical Studies* 11 (October 1989): 186–96.

van Unnik, E. C. "Is 1 Clement 20 Purely Stoic?" *Vigiliae Christianae* 4 (1950): 181–89.

Welborn, Laurence L. "On the Date of First Clement." *Biblical Research* 29 (1984): 35–54.

2 Clement

Donfried, Karl Paul. "The Theology of Second Clement," *Harvard Theological Review* 66 (1973): 487–501.

———. *The Setting of Second Clement in Early Christianity.* NTS 171. Leiden: Brill, 1974.

Erhman, Bart D. *The Apostolic Fathers, Vol. 1.* Edited by Jeffrey Henderson. LCL 24. Cambridge: Harvard University Press, 2003.

Grant, Robert M. and Holt H. Graham. *The Apostolic Fathers: A New Translation and Commentary.* Vol. 2. New York: Thomas Nelson, 1965.

Lightfoot J. B. ed. and trans. *The Apostolic Fathers: Clement, Ignatius, and Polycarp.* 1889–1890 edition. Reproduced by Grand Rapids: Baker Books, 1981.

Lindemann, Andreas. *Die Clemensbriefe.* Handbuch zum Neuen Testament 17. Tübingen: Mohr Siebeck, 1992.

Louth, Andrew. *Early Christian Writings: The Apostolic Fathers.* Translated by Maxwell Staniforth. 1968 edition. Reproduced by Hardmondsworth, Middlesex: Penguin, 1987.

Pratscher, Wilhelm. *Der Zweite Clemnsbrief.* Kommentar zu den Apostolischen Vätern 3. Götttingen: Vandenhoeck & Ruprecht, 2007.

Tuckett, Christopher, eds. *2 Clement: Introduction, Text, and Commentary.* Oxford Apostolic Fathers. Oxford: Oxford University Press, 2012.

Made in the USA
Middletown, DE
01 April 2018